KB016308

한빛미디어

즐기며 배우는 우리말 이야기

우리말이 보인다

구법회 지음

보고사

한글은 세계 제1의 으뜸 글자로 각광받고 있다. 세계의 한국어 사용자 수는 12위권에 진입한 가운데 한류 문화 열풍과 함께 한국어를 배우려는 사람들이 나날이 늘어나고 있다. 그런데 우리는 정작 한글과 우리말을 바르게 잘 쓰고 있는지 되돌아 볼 필요가 있다. 우리는 한글과 우리말이 세계 공용어가 될 것을 믿으며, 이를 바르게 쓰고 잘 가꾸어 나가는 노력을 기울여야 할 때다.

▎책을 펴내며

이 책은 우리 말글을 바르게 잘 가꾸어 한글을 훗날 온 인류가 함께 썼으면 하는 바람을 가지고 썼다. 책이름 '우리말이 보인다'는 우리말의 미래가 보인다는 뜻이다.

세종대왕께서 한글을 만드신지 568돌이 되었다. 지금 우리는 과연 한글과 우리말을 바르게 쓰고 잘 가꾸어 가고 있는지 되돌아 살펴 볼 때가 아닌가 생각한다. 거리에는 대학 나온 사람도 잘 알기 어려운 외국어와 외래어 간판이 우리 생활을 불편하게 하고, 생활과 밀접한 관계가 있는 공공 기관의 이름까지 줄임말 영어로 간판을 달아 불편을 겪기도 한다.

우리 말글 생활을 살펴보면 한글맞춤법이나 표준어 규정에 어긋나는 말들이 쓰이기도 하고, 신문은 신생 외래어를 자꾸 생산하며 방송은 필요 이상의 외래어를 남발하고 있다. 또한 국어사전에 오르지 않은 인터넷 통신언어를 노출시켜 우리말 발전에 역기능을 하는 경우도 있다.

한글이 온 누리와 함께 하려면 우리 자신부터 바르게 쓰고 우리말을 바르게 가꾸어 가는 노력이 필요하다. 이 책에서는 '우리말 바르게 가꾸기'를 바탕으로 한글과 우리말을 세계 공용어로 만들어 가기 위한 노력을 기울인다.

지은이는 『구법회의 우리말 바로 보기』(대한, 2004), 『우리말 돋보기』(보고사, 2007)에 이어 단행본으로는 이번이 세 번째 내놓는 책이 된다.

비슷한 종류의 책을 세 번째 내 놓으면서 읽는이들에게 도움을 드려야 할 터인데 걱정이 많았다. 그래서 지은이는 『우리말 돋보기』를 펴낸

이후에도 우리 말글생활에 관심을 갖고 계속 자료를 모았다. 학회활동을 하면서 우리말 관련 칼럼을 일간 신문이나 전문잡지에 꾸준히 게재했다. 이 원고들을 모아 분류하여 시사성이 살아있는 글들을 골라 이 책에 실었다. 따라서 이미 검증된 글이 많다는 점에 위안을 갖고 감히 이 책을 내놓는다.

이 책은 크게 네 마당으로 나누어 전체 열 마디로 엮었다.

첫째 마당에서는 우리가 모두 알아야 할 훈민정음과 한글에 대한 기초 지식을 다루었고, 정겹고 친근한 우리말 사랑방, 어원, 토박이말과 쉬운 말 쓰기 등 우리 말글에 가까이 다가서기를 시도했다.

둘째 마당은 한글과 우리말을 바르게 가꾸기 위한 방안으로 어문규범 중 한글 맞춤법과 표준어 규정, 표준발음, 어법에 어긋나기 쉬운 말들을 바로잡아 우리 말글 바로 쓰기에 초점을 두었다.

셋째 마당에서는 우리 말글 생활이나 신문 방송에서 잘못 쓰이는 말, 그리고 요즘의 골칫거리로 마구 남용되는 외래어, 외국어를 우리말로 다듬어 쓰는 방안을 제시했다.

넷째 마당은 '한글을 온 누리에'란 제목으로 글쓴이가 신문과 우리말 잡지에 투고했던 우리말 관련 칼럼들을 선별해서 실었고, 한글의 세계화 방안과 세계 공용어의 가능성을 타진했다.

우리 한글은 세계 언어학자들이 인정하는 제1위의 으뜸글자이고, 사용자 수로 본 한국어의 위상도 세계 제12위권이다.

이 책을 읽는 이들이 한글과 우리말을 바르게 다듬고 가꾸어 이를 온 누리에 펴 나가는데 함께 힘을 모았으면 한다.

2014. 10. 9. 한글날에
인천 청학골에서   다솔 구법회

▌차례

7

둘째 마당

우리말 바로 쓰기

셋째 마당

우리말 다듬기

첫째 마디 바로잡아야 할 말들

13

한글과 우리말 사랑

[돌담길의 봄날 홀로]

:: 글쓴이 ::

훈민정음

우리는 세계 으뜸문자인 한글을 가지고 편리하게 쓰고 있어서 행복하다. 한글의 원래 이름은 훈민정음(訓民正音)이다. 이는 '백성을 가르치는 바른 소리'라는 뜻이며, 줄여서 '정음(正音)'이라고도 한다.

훈민정음은 1446년(세종28년) 9월에 제정·공포하였으며, 또 이것을 해설한 책의 이름이기도 하다.

훈민정음의 제자 원리를 보면 지구촌 현대 언어학자들이 혀를 내두를 정도로 과학적이고 체계적이다. 만든 글자와 그 결합의 철학적 배경은 성리학적 이론인 삼극지의(三極之義)와 이기지묘(二氣之妙)에 바탕을 두고 있다. 삼극은 천·지·인 삼재를 말하고, 이기는 음(陰)·양(陽)을 말한다.

우선 천지인(天地人)의 '·하늘, ㅡ땅, ㅣ사람'의 모양을 따서 여기에 획을 더해 기본 모음 10개를 만들었다.

자음은 음양 5행을 배경으로 발음기관과 소리 내는 방법이나 위치에 따라 글자를 만들었다. 5행에 따라 아설순치후(牙音-어금닛소리, 舌音-혓소리, 脣音-입술소리, 齒音-잇소리, 脣音-입술소리)를 기본자음의 초성 글자를 만들었다. 조음 방법에 따라 반설음과 반치음을 더하고, 이들을 소리의 맑고, 흐리고, 탁한 정도에 따라 같은 자음을 병서하거나 겹받침을 만들어 10개의 모음과 결합하여 쓰도록 했다.

이렇게 만든 훈민정음은 당시 모음이 ㅏ, ㅑ, ㅓ, ㅕ, ㅗ, ㅛ, ㅜ, ㅠ, ㅡ, ㅣ, ‧ 11개, 자음은 ㄱ, ㅋ, ㆁ, ㄷ, ㅌ, ㄴ, ㅂ, ㅍ, ㅁ, ㆄ, ㅸ, ㅈ, ㅊ, ㅅ, ㆆ, ㅇ, ㄹ, ㅿ 으로 28자였다. 현대에 와서는 모음 ‘‧’와 자음 ‘ㆁ, ㅸ, ㅿ’ 등 네 글자는 쓰지 않아 한글자모는 24자가 되었다.

글자이름 '훈민정음'과 함께 필요에 따라 '훈민정음' 책에 대해서도 따로 알아 둘 필요가 있다. 글자이름 '훈민정음'과 구별하기 위해 책이름은 '훈민정음 해례본'이라고도 한다.

'훈민정음 해례본'은 목판본류로 서울 성북구 간송미술관에 1책이 소장되어 있으며, 국보 70호로 지정되었고, 1997년 10월 유네스코 세계기록유산으로 등록되었다. 그런데 지난 2008년 7월 경상북도 상주시 낙동면에서 이와 똑같은 훈민정음 해례본(상주본)이 발견되어 간송미술관에 소장된 안동본에서 일부 손상된 부분을 보완할 귀중한 자료인데, 소유권 다툼으로 이 책의 행방을 몰라 난처한 상태에 있다.

훈민정음 해례본은 정인지, 신숙주, 성삼문, 최항, 박팽년, 강희안, 이개, 이선로 등 집현전의 8명의 학자가 집필하였으며 내용은 크게 두 부분으로 나뉜다.

제1부는 세종이 지은 것으로 책의 본문에 해당된다. 본문의 내용은 새 글자를 만든 목적을 밝힌 훈민정음 서문과, 새 글자 28자를 초성 17자와 중성 11자로 나누어 차례로 예를 들어 설명한 다음에 이들을 결합하여 우리말을 표기하는 방법을 예를 들어 제시했다.

제2부는 세종의 명에 따라 젊은 학자들이 지은 본문을 해설한 부분이다. 새 문자의 제작원리를 설명한 제자해, 음절의 첫소리를 적는 자음 17자를 설명한 초성해, 모음 11자를 설명한 중성해, 음절 끝 자음을 설명한 종성해, 초성‧중성‧종성이 결합하여 음절을 적는 방법을 설명한 합자해, 새 문자로서 낱말을 적는 예를 보인 용자례의 6장으로 나뉜다.

끝에는 정인지의 훈민정음해례본 서문이 붙어있다.

훈민정음은 전체 분량이 본문 4장, 주석과 정인지의 서문 29장으로 된 33장에 지나지 않으나, 이론 전체의 논리가 정연하고 서술이 과학적이다. 문자를 만든 원리와 과정에 대해 설명이 있는 문자는 한글뿐이다. 인류가 사용하거나 사용했던 수백의 문자 중에서 그 기원과 과정을 정확 하게 알 수 있는 문자는 한글뿐이고, 또 그 기원과 과정에 대해 정확하게 기술하고 있는 인류 역사상 유일한 책이 『훈민정음』이다.

문자를 만든 원리와 문자사용 설명에 나타나는 훈민정음 이론은 현대 세계 언어학자들이 지구촌 제일의 으뜸글자로 높이 평가하고 있다.

언문의 뜻

　'언문'을 표준국어대사전에서 찾아보면 두 가지 뜻이 나온다. 첫째는 어문(語文)과 같은 뜻으로 '말과 글을 아울러 이르는 말'이고 두 번째 뜻은 '상말을 적는 문자라는 뜻으로, 한글을 속되게 이르던 말'이라고 되어 있다.

　일반적으로 사람들은 두 번째 뜻만을 올바른 풀이로 받아들여 훈민정음을 업신여겨 일컫던 말로 알고 있다. 그러나 요즘엔 이 뜻을 전혀 배제할 수는 없으나 '사람들이 늘 하는 말을 적은 글'이라고 해석하여 '어문'과 비슷한 뜻으로 보는 견해가 설득력을 얻고 있다.

　우리가 쓰는 말글 이름에 배달말, 우리말·한국어·국어, 언문·언서·반절·국문·한글 등이 있으며, 한글을 암클·중글로 일컫기도 했다.

　언문(諺文)을 한자 사대주의자들이 숭상하던 진서(眞書)와 견주어 쓰다 보니 낮잡아 보는 인상이 있다. 그러나 글자의 과학성이나 편의성으로 보면 한문은 이 언문의 저 아랫길에 있다. 국어사전들이 보통 '언문'을 '상말을 적은 글자'란 뜻으로 예전에 '한글'을 속되게 이르던 말이라고 하는데, 그 풀이에 무리가 있는 듯하다.

　'상말'을 '상놈들이 쓰던 말'이라고 한다면 '양반·귀족'이 쓴 말이 따로 있다는 것인데, 과연 그들이 쓴 말이 따로 있었던가? 몇몇 궁중말을 빼고는, 낱말 선택의 차이는 조금 있었겠지만 그들만 쓰는 말이 달리 있었을 리가 없다. 그러니까 '상말'이 상놈만이 아니라 양반·귀족들이 두루 쓰는 말이므로 '언문'을 비록 '상말'이라 해도 결국은 온 백성이 두루 쓰는 말과 글이 곧 '언문'이라는 것이다.

최근 〈조선시대 언문의 제도적 사용 연구〉(한국문화사)란 책에서 저자 김슬옹은 '조선왕조실록'(27대 1967권 948책)에서 947건의 '언문'기사를 찾아내 쓰임의 실태를 짚은 바 있다. 여기서 '언문'이 나라에서 만든 공용문자인 훈민정음을 일컫는 말이었으며, 한문이 공용문자로서의 비중이 높았지만 교화·실용 정책 쪽에서는 언문이 더 떳떳하고 널리 쓰였음을 밝혀냈다. 임금의 행정·발표·외교문서에서도 언문을 쓴 바 있고, 왕실, 사대부 집안 여성한테는 언문이 주류 문자였으며, 백성들도 언문으로 된 상언·서장·소장으로 의사표시를 했고, 언문'이란 이름 역시 '비칭'이 아니라 '통칭'이었음도 짚어낸다. 언문과 관련된 낱말 갈래로 언간·언찰·언교·언록·언요·언해·언석·언번·언역 들이 있었다.(최인호)

그래서 '언문'은 "전날 우리나라 백성들이 일상적으로 하던 말을 적은 글자, 곧 '훈민정음'을 달리 일컫던 말"정도로 풀이해야 한다는 견해가 설득력을 얻고 있다.

훈민정음, 과연 세종이 만들었나?

우리는 세종이 훈민정음을 만들었다고 말하면서도, 이에 대한 명확한 결론을 내리지 못하고 있다. 흔히 훈민정음은 세종과 집현전 학자들이 공동으로 만들었거나 집현전 학자들이 만들고 세종이 이를 도와 준 정도로 이해하고 있다. 그러나 이것은 오해이며 훈민정음은 세종이 거의 홀로 만들었다는 주장이 설득력을 얻고 있다.

훈민정음 창제 작업은 당시 상황에서 공식적으로 진행할 수 없었고 따라서 세종 홀로 만들 수밖에 없었다는 것이다.(박영규, 2004.)

세종이 훈민정음을 만들고 집현전 학자들 중 일부가 도움을 주었을 것으로 보고 있다. 그것도 세종이 단독으로 은밀히 훈민정음을 만들어 가는 과정에서 세종의 질문에 답하는 정도의 도움을 주는 정도로 보는 것이다.

만일에 세종이 홀로 비밀리에 창제 작업을 진행하지 않았다면, 적어도 실록에 그것에 관한 언급이 한마디라도 있어야 하는 것이 당연하다. 그러나 세종이 훈민정음을 반포할 때까지 글자 창제에 대한 언급이 한마디도 없다. 임금의 공식적인 말과 행동이 모두 기록되던 당시에 훈민정음 창제와 같은 중대한 사업 과정의 기록이 전혀 없었다는 것은 세종이 이 일을 홀로 비밀리에 진행했음을 입증하는 근거가 된다. 세종이 이일을 홀로 극비리에 진행해야만 했던 이유는 훈민정음 공표에 반대했던 최만리의 상소문을 보아도 짐작할 수 있다.

세종이 집현전에 모아 기른 인재들 가운데 정인지, 성삼문, 최항, 박팽년, 이개, 신숙주, 강희안, 이선로 등을 궁중의 정음청(언문청)에 따로 모아 그들의 도움을 받으면서 글자 만들기를 주도했다.

그때 집현전의 부제학인 최만리가 대표가 되어 신석조, 김문, 정창손, 하위지, 송처검, 조근 등과 함께 새 글자 만들기를 반대하는 상소문(1444)을 올렸는데 그 내용은 크게 여섯 가지이다.

첫째, 조선은 대대로 대국인 중국의 문물을 본받고 섬기며 중화의 제도를 지켜왔는데 한자와 다르게 소리글자를 만드는 것은 중국과 법도를 함께하는 우리로서 부끄러운 일이다.

둘째, 한자와 다른 글자를 가진 몽고, 서하, 일본, 서번(티베트), 여진 등은 하나같이 오랑캐들뿐이니, 새로운 글자를 만드는 것은 스스로 오랑캐가 되는 일이다.

셋째, 이두는 한자를 함께 쓰기 때문에 문자라도 알게 되는데 새 글자는 이보다 더 수준이 낮고 그저 쉽기만 한 것이라 어려운 한자로 된 중국의 높은 학문과 멀어져 우리의 문화 수준을 떨어뜨리게 된다.

넷째, 송사에 억울한 경우가 생기는 것은 한자를 잘 알고 쓰는 중국사회에서도 흔히 있는 일이며, 한자나 이두가 어려워서가 아니라 관리의 자질에 따른 것이니 새 글자를 만들 이유가 되지 못한다.

다섯째, 새 글자를 만드는 일은 온 백성과 선조와 중국에 묻고 심사숙고해야 하는데 그런 신중함이 전혀 없이 졸속하게 추진하고 있다.

여섯째, 학문과 수도에 정진해야 할 동궁(문종)이 인격 성장과 정치에 무관한 글자 만들기에 정력을 소모하는 것은 옳지 못하다.

상소문의 핵심은 '사대주의'와 '권위'이다. 당시 대부분의 유학자들은 성리학을 삶의 지표로 삼고 대국인 중국을 섬기는 것을 당연히 여겼다.

그들의 학문 바탕은 유학과 한자였으며 평민은 이두 정도나 알고, 천민은 그것조차 모르는 무식쟁이였다.

만일 훈민정음을 만들어 한문서적을 훈민정음으로 번역하여 쉽게 글을 배우고 익힌다면 그들은 그 때까지 누리던 학문적 권위를 잃게 되고 권력의 상당 부분까지 잃게 될 것을 염려했던 것이다. 이러한 생각들이 최만리 등이 훈민정음을 거부한 근본적인 이유라 할 수 있다.

세종은 이런 현실을 미리 꿰뚫고 있었다. 새 문자를 만들기 위해 미리 대신들과 논의를 거쳐 진행한다면 시작도 하기 전에 엄청난 반대에 부딪혀 시작조차 어려웠을 것이며 대신들은 중국 사신들의 힘을 빌려 임금을 압박할 수도 있는 일이었다.

이런 점으로 미루어 글자 만드는 일은 세종이 단독으로 진행하면서 정인지 등의 도움을 받았다는 주장이 힘을 얻고 있다.

그러면 세종은 정말 문자를 창제할 만한 언어학적 지식과 소양이 있었는가?

이 점에 대해서 의문을 갖는 이들도 있는 것 같다. 세종은 최만리의 상소문을 보고 "네가 운서(韻書)를 아느냐? 사성칠음(四聲七音)에 자모가 몇이나 되느냐?"고 물어 운학에 대한 무관심을 꼬집었다. 최만리의 언어적 가치관의 논리적 결함을 지적하고 이두의 한계를 정확하게 지적했다.

이는 세종이 이두에 대해서도 깊이 연구했고 언어학 서적도 두루 섭렵했음을 의미한다. 최만리에게 "내가 운서를 바로잡지 않으면 누가 이를 바로잡을 것이냐"는 말에서도 언어학에 대한 자신감과 자부심을 엿볼 수 있다.

『홍무정운 역해』와『동국정운』,『훈민정음』의 서문에 세종의 언어학적 가치관이 고스란히 반영되어 있다. 정인지를 비롯한 당대의 언어학자들이 모두 세종의 영향을 받은 것인데, 세종의 언어학에 대한 깊이와 지식은 당대 최고였음을 확인시켜 준다.

　이런 점으로 미루어 훈민정음은 세종이 혼자 만들었으며 정인지 등 집현전 학자들의 도움을 약간 받았을 것이라는 주장이 설득력이 있다.

뿌리 깊은 나무 "지랄하고 자빠졌네!"

　서울방송(SBS)이 2011년 연말에 방영한 연속극 '뿌리 깊은 나무'는 한글이 만들어지고 반포되기까지의 시련과 고통의 과정을 박진감 있게 잘 그려냈다는 시청자들의 호평을 받았다.

　여기서 세종(한석규)은 가끔 궁중에서 쓰지 않는 속된 말이나 욕을 하여 시청자들을 웃기거나 당황하게 한다. 강채윤(장혁)이 궁 안에 들어와 아버지의 원수인 임금의 목에 칼을 댔다가 자결하려는 순간 금위대장 무휼에게 칼로 저지당하는데, 세종은 "날 죽이러 온 놈이 자결이라? 아주 지랄을 하고 있구나!"라고 상스런 욕을 한다. 이에 강채윤은 "욕 한번 차지게 잘 하십니다."라고 대꾸하는 장면이 나온다. 결국 강채윤은 훈민정음을 반포하는 날, 나인 소이가 목숨을 거두며 전해 준 훈민정음 해례를 반포식에 전달하고 역시 목숨을 거두는 주요 인물로 묘사된다.

　새로운 글자를 만드는데 반대하는 신하들이 세종에게 "은밀히 만든 글자를 공개하시고 포기한다는 교지를 내려 주시옵소서."라고 상소하자, 거기에 대한 임금의 답은 "지랄하고 자빠졌네! 하하하."였다. 이 말을 들은 극 중의 대신들은 깜짝 놀라는 표정이었지만 이 장면을 보는 시청자들은 막힌 속이 뻥 뚫리는 듯 후련한 느낌을 가졌을 것이다.

　세종은 또 어떤 일이 잘 풀리지 않을 때 궁중 나인들이 있는 앞에서 "이런, 우라질!"과 같은 속된 말을 하면 나인들은 놀라서 "마마!" 하면서 상스런 말을 제재하려 든다. 임금은 말을 뱉어 놓고는 "우라질"이 맞는 지 "오라질"이 맞는지 고개를 갸우뚱 해 보이기도 한다. '우라질'은 '일 이 뜻대로 안되거나 마음에 안 들 때 혼자서 욕으로 하는 말'이고, '오라 질'은 '오라에 묶여 갈 만하다는 뜻으로, 미워하는 대상이나 못마땅한 일에 대하여 비난하거나 불평할 때 욕으로 하는 말'로 그 뜻이 약간 다 르다.

"이런, 우라질!", "아주 지랄을 하고 있구나!", "지랄하고 자빠졌네!".

이와 같은 속된 말을 세종 임금이 궁중에서 실제로 했는지는 알 수 없지만 훈민정음과 관련지어 생각해 볼 수 있는 매우 의미 있는 대사다.
우리는 이런 대목에서 작가가 이 극을 더 재미있게 하기 위해서 양념 으로 넣은 대사처럼 생각할 수도 있다. 그러나 이는 좀 더 깊이 생각해 보면 훈민정음이 궁중이나 사대부들이 쓰는 말만을 적고자 만든 글자가 아니라, 모든 백성들의 말을 담아 두루 익혀 쉽게 쓸 수 있는 글자라는 대왕의 큰 뜻을 암시하는 대사가 아닌가 생각해 본다.(2011. 12. 22.)

한글의 이름 유래

'한글'은 우리나라에서 모든 국민이 함께 쓰는 우리나라 고유의 글자 이름이다. '한글'을 세종 임금이 처음 만들어 반포한 때의 이름은 '훈민정음'이었다. 이것이 그때부터 시간이 흐르면서 정음(正音)·언문(諺文)·언서(諺書)·반절(反切)·암클·중글·아햇글·상말글·배달글·가갸글·국서(國書)·국문(國文)·한자(韓字)·조선글 등 다양한 이름으로 불리어졌다. 특히 언문이라는 명칭은 세종 당대부터 쓰였는데, 한글이라는 이름이 일반화되기 전까지는 이 이름이 널리 쓰였다.

이응호 님(개화기의 한글운동사 : 1975)에 따르면 한글의 별칭은 훈민정음을 포함하여 무려 17가지나 된다.

그 중에서 대표적인 것 몇 가지를 골라 그 뜻을 살펴보기로 한다.

① 정음(正音) : 정인지의 서문에서 사용하였으며, '훈민정음'을 줄여 쓴 말로 '바른 소리'라는 뜻이니 글자의 이름으로는 부족한 점이 있다.

② 반절(反切) : 한글의 쓰임새를 가지고 일컫는 말이다. 한자로써 한자의 음을 나타내는 방법으로 한자(漢字) 둘을 가지고 한자의 음을 나타내는데 앞글자의 첫소리만 따고, 뒷글자에서는 첫소리를 뺀 나머지만 따서 음을 나타내는 방법이다.

|보기| 學 … 胡覺反 또는 胡覺切 … ㅎ + ㅏ ⇒ 학

③ 언문(諺文) : 언문은 '상말글자'란 뜻으로 한글을 낮추어 일컫는 말이다. 이에 대해 한자는 '진서(眞書)'라 하여 높이는 말로 쓰기도 하였다.

④ 암클 : '암'은 여성을 낮추어서 일컫는 말이다. 남자들은 한자[진서]를 배우고, 아이들과 여자들은 쉬운 글자나 배우고 쓴다는 남존여비의 사고방식에서 나온 말이다.

⑤ 중글 : 한글이 천대받고 박해를 받을 때, 절에서 스님들이 한글을 가르치고 불경도 번역하며 신도들에게 교리도 가르쳤다. 이에 '중들의 글자'란 뜻에서 비롯된 이름이다.

⑥ 국문(國文) : '국가문자'란 말의 준말로 고종황제가 종묘에서 자주독립을 맹세하고 법적으로 붙인 이름인데, 개화기의 법령에 '본국문' 또는 '국문'으로 썼다.

⑦ 배달글 : '배달민족의 글자'란 뜻에서 일컫는 글자의 이름이다.

(이응호, 1975)

특히 위 ③에서와 같이 언문은 최근까지도 한글을 낮추어 일컫는 말로 알려져 왔으며 보통 그렇게 가르치고 또 배웠다. 물론 업신여김의 뜻을 가지고 있는 것도 사실이나 이런 고정 관념을 버리고 그 실체를 들여다보아야 한다는 견해에 대해 위 '언문의 뜻'에서 밝힌 바 있다.

이러한 근거나 정황으로 보아 이제는 '언문'을 한글을 속되게 부르던 말로 단정하는 풀이는 재고돼야 할 것으로 보인다. 한글은 근대화 과정에서 민족의식의 각성과 더불어 '국문'이라고 주로 부르다가 '한글'이라는 이름으로 통일되었다.

1908년 주시경(周時經)을 중심으로 '국어연구학회'가 만들어졌으나, 일제의 탄압에 못 이겨 바로 '배달말글몯음'으로 이름을 고친 후, 1913년 4월에는 다시 그 이름을 '한글모'로 고쳤다.

이때부터 '한글'이라는 이름이 쓰이기 시작한 것으로 추정되며, 널리 쓰이게 된 것은 1927년 한글사에서 펴낸 『한글』(7인의 동인지)이라는 잡지 이름에서부터인 것으로 알려져 있다.

'한글'의 '한'은 '하나' 또는 '큰', '한울'의 뜻이니, 훌륭한 우리말을 쉽게 널리 익혀 쓰라는 뜻으로 권위를 세워 준 이름이다. 이는 세종의 훈민정음 창제 정신과도 통하는 훌륭한 이름이라 하겠다.

한글의 자모

한글의 기본 자모는 자음이 14자, 모음 10자로 모두 스물 넉 자이다.
자모의 순서와 이름은 다음과 같다.

|자음 14|
ㄱ(기역) ㄴ(니은) ㄷ(디귿) ㄹ(리을) ㅁ(미음) ㅂ(비읍) ㅅ(시옷) ㅇ(이응)
ㅈ(지읒) ㅊ(치읓) ㅋ(키읔) ㅌ(티읕) ㅍ(피읖) ㅎ(히읗)

위 자음의 이름을 읽을 때 가장 많이 틀리는 것이 'ㄱ, ㄷ, ㅅ'이다.
이것은 다른 자음의 이름이 모두 ㅣ와 ㅡ로 통일되어 있는데 이들은 '기
윽, 디읃, 시읏'이라 하지 않고, ㄱ(기역), ㄷ(디귿), ㅅ(시옷)으로 되어 있
기 때문이다. 이것은 최세진이 「훈몽자회」를 지으면서 한글 자모의 이
름을 지을 때, '윽, 읃, 읏'의 발음을 가진 한자가 없어서 이와 발음이
비슷한 '역, 귿, 옷'의 발음을 가진 한자를 사용했기 때문이다. 그 후
관습에 따라 우리가 불러오던 대로 그렇게 정한 것이므로 틀리지 않도
록 주의하며 이를 따라야 한다.

또 음절의 끝소리 규칙에 따라 ㅅ[시옫], ㅈ[지읃], ㅊ[치읃], ㅋ[키윽],
ㅌ[티읃], ㅍ[피읍], ㅎ[히읃]으로 읽는 것도 알아두어야 한다. 특히 ㅌ[티

읃]은 [티귿]으로 잘못 읽는 경우가 있다.

|모음 10|
ㅏ(아) ㅑ(야) ㅓ(어) ㅕ(여) ㅗ(오) ㅛ(요) ㅜ(우) ㅠ(유) ㅡ(으) ㅣ(이)

모음 10개 외우기는 더욱 쉽다. 입을 벌리는 모양에 따라 외우기 쉽도록 배열되어 있다. 이렇게 우리 한글 기본 자모의 수는 스물 넉자가 기본이지만 위의 자모로써 적을 수 없는 소리는 두 개 이상의 자모를 어울러서 적도록 하여 다음 16글자가 추가된다.

|겹자음|
ㄲ(쌍기역) ㄸ(쌍디귿) ㅃ(쌍비읍) ㅆ(쌍시옷) ㅉ(쌍지읒)

|겹모음|
ㅐ(애) ㅒ(얘) ㅔ(에) ㅖ(예) ㅘ(와) ㅙ(왜) ㅚ(외) ㅝ(워) ㅞ(웨) ㅟ(위) ㅢ(의)

겹자음이나 겹모음의 순서는 반드시 기억할 필요가 있는데, 그것은 우리가 사전을 찾을 때 우리말을 자모의 순으로 배열했기 때문이다.

지금까지 공부한 자모의 순을 사전에 올리는 순으로 다시 늘어놓으면 다음과 같다.

|자음| ㄱ ㄲ ㄴ ㄷ ㄸ ㄹ ㅁ ㅂ ㅃ ㅅ ㅆ ㅇ ㅈ ㅉ ㅊ ㅋ ㅌ ㅍ ㅎ
|모음| ㅏ ㅐ ㅑ ㅒ ㅓ ㅔ ㅕ ㅖ ㅗ ㅘ ㅙ ㅚ ㅛ ㅜ ㅝ ㅞ ㅟ ㅠ ㅡ ㅢ ㅣ

위에서 겹모음의 순서도 앞 모음과의 결합 순서의 의해 규칙적으로 배열하였으므로 순서를 외우는데 어려울 것이 없다. 다음 ( )속에 넣은 겹모음들을 그 앞의 기본 모음과 비교해 보면 그 순서를 금방 알아차릴 수 있다.

ㅏ(ㅐ) ㅑ(ㅒ) ㅓ(ㅔ) ㅕ(ㅖ) ㅗ(ㅘ ㅙ ㅚ) ㅛ ㅜ(ㅝ ㅞ ㅟ) ㅠ ㅡ(ㅢ) ㅣ

이렇게 해서 자음은 기본자음 14개 겹자음 5개로 모두 19개이고, 모음은 기본 모음 10개에 겹모음 11개를 더하면 21개, 결국 우리말 자모의 수는 자음 19개 + 모음 21개 = 40개이다.

자모의 순을 기억할 때 몇 가지 원칙만 터득하면 그 순서가 까다롭지 않다. 자음의 경우는 홑자음 ㄱ 다음에 겹자음 ㄲ 이 오고 ㄷ 다음에 ㄸ 이 온다.

모음의 경우도 단모음 10개의 순서를 외우면 겹모음도 같은 순서로 배열되므로 그리 어렵지 않다. 다만 ㅐ 가 'ㅏ+ㅣ'인지, 'ㅣ+ㅓ'인지를 구별할 줄 알 면 순서는 쉽게 정해진다. 물론 'ㅏ+ㅣ'이기 때문에 ㅏ 다음에 배열되었다. 특히 세 개의 자모를 어우른 글자인 'ㅙ(ㅗ+ㅏ+ㅣ)' 와 'ㅞ(ㅜ+ㅓ+ㅣ)가 어느 자리에 있는가를 잘 살필 필요가 있다.

다시 한 번 강조하거니와 한글 자모의 순서는 우리가 사전을 찾을 때 꼭 필요하므로 누구나 머릿속에 익혀 두어야 편리하다.

한글날

한글이라는 이름은 언문, 반절, 가갸글, 국문 등으로 불러 오던 훈민정음을 1910년대에 주시경을 중심으로 한 국어 연구가들이 세계에 으뜸가는 글, 큰 글, 하나밖에 없는 글이라는 뜻으로 지어서 쓰게 된 것이다.

한글날의 시초는 조선어학회(지금의 한글학회)가 중심이 되어 훈민정음 반포 8회갑(回甲)이 되는 해인 1926년(병인년 : 丙寅年) '가갸날'이라 이름 지어 부르다가, 1928년 이를 한글날로 고쳐 부르게 되었다. 곧 오늘의 한글학회가 1926년 음력 9월 29일(양력으로 11월 4일)을 가갸날이라 하고, 그날 서울 식도원(食道園)에서 처음으로 기념식을 거행한 것이 시발점이다. 이 해는 훈민정음이 반포된 지 480년이 되는 해였다.

당시는 우리가 일제에 국권을 빼앗기고 억눌리어 있던 때라 민족정신을 되살리고 북돋우기 위하여 한글날을 제정하여 기념하기로 했던 것이다. 음력 9월 마지막 날인 29일을 한글날로 정한 것은 『세종실록(世宗實錄)』 28년(1446) 9월조의 "이 달에 훈민정음이 이루어지다(是月訓民正音成)."라고 한 기록을 근거로 했다. 이름을 가갸날이라 한 것은 그때 아직 한글이라는 말이 보편화하지 않고, 한글을 '가갸거겨'하는 방식으로 배울 때였기 때문이다.

1931년에는 그 동안 음력으로 기념해오던 한글날을 양력으로 고치기로 하고 율리우스력으로 환산하여 10월 29일을 한글날로 정했다. 그러나 이 환산 방법에 의문이 생겨 1446년의 음력 9월 29일을 당시에 우리

나라에서 쓰던 그레고리력으로 다시 환산한 결과 10월 28일과 일치하여 이날을 한글날로 정하고 기념식을 가졌다.

그러다가 경북 안동에서 훈민정음 해례본의 원본이 발견되었다. 그런데 그 정인지의 서문에 '세종 28년 9월 상순'이라고 날짜가 적혀 있다. 역시 정확한 날짜는 아니나 애초에 9월 그믐으로 잡았던 것에서 20일 정도 앞당길 필요가 생기게 된 것이다. 그래서 10월 29일에서 20일을 앞당겨서 10월 9일을 한글날로 정하게 되었다.

한글날을 양력 10월 9일로 확정한 것은 1945년 우리나라가 광복이 되고 나서였다. 그리고 1946년에는 한글날을 법정공휴일로 지정하여 거국적인 기념행사를 하였다.

그 후 1970년 6월 15일 대통령령으로 공포된 '관공서의 공휴일에 관한규정'에서 공식 공휴일이 되었다.

그러다가 1990년에 어이없는 한글날 시련이 닥쳐왔다. 공휴일이 많아 산업 발전에 장애가 된다는 경제 단체의 주장에 따라 정부는 법정공휴일을 축소하기로 하고, 그해 8월에 국무회의에서 한글날을 국군의 날과 함께 법정공휴일에서 제외하여 한글날이 단순한 기념일로 격하되었다. 그 후 한글을 사랑하는 온 국민들과 한글 관련 단체의 꾸준한 한글날 국경일 제정 운동의 결과로 2005년 12월 29일에 국회에서 '국경일에 관한 법률'을 개정하여 2006년부터 한글날이 국경일로 다시 승격됐으나 공휴일로 지정되지는 않았다.

이에 한글학회를 비롯한 한글단체들은 한글날이 세계에 자랑할 으뜸 국경일임을 널리 알리고 서명 운동을 벌이는 등 끈질긴 노력과 함께 온 국민의 목소리가 더해져, 한글날을 법정 공휴일로 되돌려 줄 것을 정부에 요청하였다. 드디어 2012년 말 법정 공휴일로 재지정되어 2013년 한글날부터 시행함으로써 한글 사랑 정신을 드높이게 되었다.

한말글 이야기

우리는 아침에 잠에서 깨어나면서부터 저녁에 다시 잠들 때까지 수시로 말을 한다. 말은 자신의 생각이나 마음을 표현하는 수단이므로 정상적인 일상생활을 하기 위해 반드시 필요한 의사소통의 도구다.

말을 한자말로 언어라 하는데 넓은 뜻의 언어는 말뿐만 아니라 글, 감정이나 의사 표시를 하고자 하는 표정, 동작까지 포함하기도 한다. 그러나 우리가 말이나 언어라고 하면, 아주 좁은 의미로는 입말을 뜻하지만 보편적으로 글까지 포함시켜 입말과 글말을 아울러서 쓰는 경우가 많다.

여기서는 우리 겨레가 쓰고 있는 우리말과 글의 이름을 어떻게 부르고 있는지, 또 그것을 어떻게 불러야 타당한 것인지를 살펴보고자 한다.

먼저 우리말은 한자어로 국어라 하고 한국어라고도 한다. 국어는 우리나라 사람이 우리말을 일컬을 때 쓰는 말이고, 한국어는 다른 나라말과 견주어 말할 때 외국어와 구별하기 위해서 쓰는 경우에 흔히 쓰인다. 이때 국어나 한국어나 말과 글을 모두 포함해서 쓰는 경우가 대부분이다. 초·중등학교 학생들이 배우는 교과서의 이름도 국어다.

국어라는 이름은 우리말, 우리글이란 뜻으로 우리 겨레끼리 쓰는 데는 별 문제가 없다.

그러나 국어라는 말이 홀로이름씨(고유명사)가 아니기 때문에 달리 공통적으로 부를 수 있는 새 이름이 필요하다. 중국 사람들은 중국어를 한어(漢語)라 하는데 일본 사람들만 일본어를 국어라 한다. 특히 일제 강점기에 황국신민 정책에 따라 일본어를 국어라 하고 우리 말글은 조선어라 하여 낮추어 불렀다. 이것은 우리 말글 말살 정책으로 이어져 그들이 쓰던 국어란 말을 우리가 답습했다는 점에서 국어라는 이름이 부정적인 인상을 주니까 국민이나 국어라는 말을 홀로이름인 우리말로 바꾸자는 주장이 나온다.

그러면 우리말을 국어라 하지 않고 홀로이름으로 바꾼다면 어떤 이름이 좋을까?

우리 겨레가 쓰는 말이라 하여 '겨레말'이란 말이 있고 배달민족이 쓰는 말, 곧 우리 민족이 쓰는 말이라 하여 '배달말'이란 말이 있다. 남과 북의 말글 통합을 위해 진행되고 있는 『겨레말 큰사전』 편찬 사업이 진행되면서 '겨레말'이란 말이 살아나는 조짐을 보이지만 일부에서 쓰일 뿐이며, 배달말도 사용 빈도가 낮다.

여기에 '한말'이란 말이 하나 더 쓰이고 있다. 일상의 말글 생활에서는 아직 쓰이지 않지만 국어학계와 주로 한글을 연구하는 학자들이 우리말의 이름을 '한말'로 쓰고 있다. 이 말은 우리 글자의 이름인 한글과 잘 어울려 호응을 얻고 있다.

> "'한말'은 우리 겨레, 곧 한겨레의 말이란 뜻으로 쓰이는데요,
> 우리 겨레의 문자를 '한글'이라고 한 것과 같은 맥락이랍니다."

위의 글은 '제30회 한말연구학회 전국 학술대회'의 안내 인사말 앞에서 따온 것이다. '한말'은 『표준국어대사전』에 '한-말01(韓-)[한 : -]「명사」『언어』=한국어.'라고 간단히 나와 있다. 이러한 풀이는 '한말'의 뜻이 왜

곡되었다고도 볼 수 있다. 글쓴이는 우리말을 우리 옛 조상들이 '한말'이라고 쓴 사례를 찾지 못했지만, 위에 든 '한말연구학회'의 안내 글을 보면 '한말'의 '한'을 한자 '韓'으로 써서는 안 된다는 점이다. 이 사전에서는 그저 '한국어'와 같은 뜻이라고 풀이했으니까 그렇게 적었는지 모르나 '한말'은 '한글'의 '한'처럼 '크다, 하나, 한울[天]'의 뜻으로 쓴 것이다. 그렇다면 여기서 굳이 한자 '韓'을 써서는 안 되는 것이다.

그러니까 우리말의 홀로이름은 '한말', 우리글은 지금 우리가 쓰고 있는 '한글'로 구별해 쓰자는 것이 학계의 추세다. 지금까지는 '한글'이라고 하면 어떤 경우는 글이나 글자를 뜻하고, 더 넓은 뜻으로 쓸 때는 우리말까지 포함해서 써 왔으며 분명한 선을 긋는 의미 규정을 하지 않았다. '한글학회'라고 하면 우리글만 연구하는 학회가 아니라 우리말에 대해서도 함께 연구하는 일을 하고 있는 것을 예로 들 수 있다.

그러나 이제는 우리말과 우리글을 구별해 쓰고 이들을 묶어서 부를 때는 '한말글'로 부르도록 하자는 견해가 있으며, 이미 학자들은 이 말을 학회나 모임 이름으로 사용하고 있다. 이 낱말이 아직 사전에 오르지 않은 아쉬움이 있지만 우리가 널리 사용하면 '한말글'이란 말이 사전에도 오르고 우리의 말글 생활에도 용어를 구분해 쓰는 데 더욱 편리해질 것이다.

결국 우리말의 이름은 '한말', 우리글의 이름은 '한글'로 구별해 쓰고, 우리말과 우리글을 합친 이름은 '한말글'로 부르자는 것이다.

인터넷 신문 《인천인》 2010. 4. 15.

오리지널 사인펜

:: 롤 미게 ::

자린고비

자린고비의 사전적 의미는 '다라울 정도로 인색한 사람을 낮잡아 이르는 말'이다. '노인한테 부동산이 수월찮게 많나 봅니다. 있는 놈이 자린고비 노릇은 더한다니까.(『부초』, 한수산)'처럼 쓰인다.

자린고비 이야기는 설화 형태로 구전되어 오늘날에 이르고 있으며 그 어원에 대해서는 두어 가지 견해가 있다. 구전자료가 전국적으로 널리 분포되어 있으며, 지역으로 보면 청주의 자린고비가 가장 유명하다.

가장 흔한 이야기로는, 어느 날 자린고비가 조기 한 마리를 사왔다. 그러나 그것은 먹기 위한 조기가 아니었다. 조기를 천정에 매달아 놓고 한 번 쳐다보고 밥 한 술을 먹었다. 두 번을 쳐다보지도 못하게 하였다. 또 북어장수가 자린고비의 거동을 보려고 북어 한 마리를 대문 안에 던져주었다. 그랬더니 '어느 놈이 밥을 많이 먹게 하려고 밥벌레를 갖다 놓았다.'고 소리치며 북어를 거름더미에 파묻어 버렸다.

또 다른 이야기로는 지독한 구두쇠인 어떤 영감이 며느리에게 장을 지키도록 했는데 이것이 자꾸 줄어드는 것을 이상히 여겨 스스로 지키고 있었다. 그때 파리가 앉았다 날아가는 것을 보고 어느 만큼인가를 쫓아가 결국 파리를 잡아 뒷다리에 묻은 장을 빨아먹고 왔다는 내용이 있다. 도망가던 파리가 어정대던 곳이라서 '어정개', 자린고비 영감이 파리를 놓치고 "아차 이제 놓쳤구나!"하였다고 해서 '아차지고개'라는 이름이 붙었다는 등의 지명전설과 연결되기도 한다.

자린고비 이야기는 예부터 전승되어오던 것으로서 문헌 설화에도 종종 나타나며 어원도 그 견해가 다르게 나타난다.

대표적인 문헌설화로 『태평한화골계전』의 이야기를 보면 청주의 구두쇠와 충주의 구두쇠가 만나 청주 구두쇠가 충주 구두쇠에게 문종이를 주었다. 나중에 이를 돌려주었는데 충주 구두쇠는 그 창호지에 묻은 자기네 밥풀을 돌려달라고 했다는 이야기가 있다. '자린고비'라는 말의 어원은 어느 지독한 구두쇠 양반이 부모제사 때 쓸 제문의 종이를 아껴 태우지 않고 접어두었다가 두고두고 써서 지방에 쓰는 '아비 고(考)', '어미 비(妣)'자가 절었다는 말로부터 '저린고비' > '자린고비'라는 말이 생겨났다는 설이 있다.

「자린고비 이야기」는 인색한 사람을 가리키는 자린고비를 내세워 그의 행위를 다룬 과장된 전설이다. 충주 지역에는 '자린고비'와 관련된 전설이 많다. 자린고비는 조륵(趙肋)이란 실존 인물에 결부시켜 그 이야기가 전하기도 한다. 조선 인조(仁祖, 1595~1649)때 태어난 자린고비 조륵의 묘가 충북 충주시 신니면 대화리 화치마을에 있다.

조륵은 평소 모든 물건을 아끼고 절약하는 사람이었다. 하지만 조륵은 아끼고 검소하게 살면서 모은 모든 재산을 자신이 치부하지 않고 주위의 어려움에 처한 사람들을 도와주었다고 전해진다. 이런 조륵의 행적에 감동을 받은 사람들은 그 행적을 기리기 위해 자인비[慈仁碑] 즉 어질고 덕이 많은 사람을 기리기 위하여 세운 비를 세웠다고 한다.

후세 사람들은 이 비를 자인[어진사람]의 옛비라는 뜻으로 자인고비(慈仁古碑)라 부르게 되었는데 이 말이 자린고비로 바뀌게 되었다고도 한다.

굴비를 천장에 매달아놓고 밥 한술 먹고 천장의 굴비 한번 쳐다보았다는 일화, 또 파리가 된장에 앉았다가 날아가는데 파리 뒷다리에 묻은 된장이 아까워 파리를 잡으러 쫓아가다가 강 쪽으로 날아가자 더 이상 쫓아가지 못하고 "장이 날아간다. 장이 날아간다!"라고 외쳤다고 전해지는 이야기도 조륵의 검소한 생활의 일화로 기록하고 있다.

1981년 충주시에서 간행한 『내고장 전통가꾸기』에는 「자린고비」로, 2002년 충주시에서 간행한 『충주의 구비문학』에는 「자린고비 이야기」라는 제목으로 각각 수록되어 있다.

자린고비는 옛날부터 우리나라 전국 방방곡곡에서 많이 배출되어 가난을 슬기롭게 극복하고 부자가 된 사람들의 일화와 애환을 남겨 놓았는데 그 중에서도 조륵의 절약 생활은 대표적인 '자린고비'였다고 전해지고 있다.

원래 자린고비의 뜻은 아니꼬울 정도로 인색한 사람을 얕잡아 이르는 말이지만 요즘 우리가 생활이 좀 넉넉하다고 하여 낭비하는 습관을 경계하는 의미로 되새겨 보는 것도 좋을 듯하다.

달 이야기

　달은 지구에 딸린 유일한 위성이다. 이런 달의 사전적 의미나 물리학적인 뜻 이외에, 예부터 전해오는 신화나 민속, 풍습 등 달에 관한 이야기는 무수히 많다.

　우선 어원부터 살펴보면 달의 고어는 '보름'으로 추정한다. 보름의 어근 '볼–'이 달의 뜻을 지니고 있었으나, '보름'의 뜻이 축소되어 15일을 가리키게 되었고, '달[月]'은 꽉 차는 날만을 가리키게 된 것으로 여겨진다.(서정범)

　달에 대한 대표적인 신화로 '연오랑과 세오녀'를 들 수 있다. 신라 아달라왕 4년, 동해변에 사는 연오랑과 세오녀 부부는 바위를 타고 일본으로 건너가 왕과 왕비가 되었다. 이들은 해와 달의 정기를 가지고 있었으므로 신라에서는 해와 달이 빛을 잃었다. 그래서 신라의 왕은 사신을 보내어 그들을 오라고 했으나 오지 않고 세오녀가 짠 비단을 보내주면서 하늘에 제사를 지내도록 하였다. 사신이 돌아와 그대로 했더니 해와 달이 빛을 되찾았다고 한다. 이 신화에서 달의 정기인 세오녀는 여성이므로 달은 여성을 상징하고 있음을 알 수 있다. 이처럼 동양 문화에서 해는 양(陽), 달은 음(陰)에 속한다.

　고대의 일월 신앙은 고려와 조선을 거쳐 민속 신앙으로 이어지는데, 무속신앙에서 남녀의 짝으로 표현되는 일월천신은 위 신라의 '연오랑과 세오녀'이야기의 모습과 그 맥을 같이한다.

종교적으로 보면 유교에서는 달의 상징성을 직접 나타내 보이지 않으나 사대부의 시조에서 달은 청량(淸凉)하며 맑고 은은한 군자의 덕을 상징하는 것으로 노래했고, 때로는 제왕의 밝은 식견이나 품성을 달에 견주기도 했다.

불교에서는 달에 대해 더 상징성이 강하다. 『월인천강지곡』이나 『월인석보』는 석가모니의 공적을 찬양한 책이다. 여기서 달그림자[月印] 또는 달빛이 불법을 상징했음을 보여준다. 또 달은 해와는 달리 어둠 속에서 빛나는 점으로 해서 무명(無明)에서 유명(有明) - 곧 불교적 무지를 벗어나게 해주는 힘을 상징하기도 한다.

달의 상징성으로 인해 달에 대한 세시 풍습이 지금까지 전해지는 것도 있다. 정월 대보름날 달을 보고 소원을 빌고, 농사를 점치는 세시 풍습이 있었다. 대보름날 초저녁이면 홰에 불을 붙여서 될 수 있는 대로 달을 먼저 보기 위해 뒷동산에 올라간다. 보름달이 솟을 때에 횃불을 땅에 꽂고 합장하여, 풍년·과거급제·결혼·출산 등 저마다 자신의 소원을 빌었다. 그러면 소원이 성취된다고 믿었다. 보름달을 보고 1년 농사를 미리 점치기도 하는데 달빛이 붉으면 가물고, 희면 장마가 있을 징조라고 한다. 달의 대소·고저로도 점을 쳤는데, 북쪽으로 치우치면 두메에 풍년, 남쪽으로 치우치면 바닷가에 풍년이 든다고 한다. 달의 사방이 두꺼우면 풍년이 들 징조이고, 얇으면 흉년이 들 징조이며, 차이가 없으면 평년작이 될 것이라고 한다. '달집태우기'에서 그 타는 모양을 보고도 풍흉을 점쳤다.

부녀자들의 강강술래를 비롯한 몇몇 지방의 원진무(圓陣舞)는 달이 가지는 영생이라는 관념이 구체화 된 것이라고도 한다. 이들 춤은 기본적으로 달춤으로 특히 강강술래는 매우 미세한 묘사를 통해 달이 차고 기우는 모습을 재현하고 있다. 그리하여 달은 재생 또는 부활의 기본적 원형으로 또 다른 영생의 상징성에서 그 중심을 차지한다.

　달은 고요한 밤에 뜨므로 차가운 느낌과 더불어 외로움이나 슬픔, 소외의 감정으로도 표현되지만, 어둠을 밝힌다는 뜻에서 우리에게 지혜로움과 희망을 주는 상징물로 숭상 받고 있다.

벚꽃

올해는 긴 겨울을 지낸 나무들이 다른 해보다 일찍 기지개를 펴고 겨울잠에서 깨어나는 듯하다. 봄을 알리는 전령사 개나리, 진달래, 철쭉, 산수유꽃, 벚꽃 등이 예년보다 일찍 피기 시작한 것이다.

우리나라는 근래에 벚꽃을 각처에 많이 심어 지자체별로 개화시기에 맞추어 벚꽃 축제를 한다. 그런데 벚꽃의 개화가 예년보다 빨라지니 축제 행사를 앞당기는 등 바쁘게 움직이는 모양이다.

벚나무의 꽃. 봄에 화창하게 피는 분홍색, 또는 하얀색 꽃잎이 유명하다. 4월 초, 즉 개나리가 지고 진짜 봄이 왔구나 할 무렵에 피어서 며칠간 나무를 뒤덮다가 꽃이 떨어지고 잎이 나며 진다. 만발할 때 거리의 모습이 매우 아름다워서, 이때를 위해 벚나무를 심는지도 모른다.

벚꽃은 일본의 국화(國花)라고 알려져 있지만, 사실 법으로 정해진 일본의 국화는 없다. 또한 일본 황실을 상징하는 꽃은 국화(菊花)고, 일본 내각을 상징하는 문양은 오동나무다. 하지만 자위대나 경찰의 계급장이나 휘장에 벚꽃이 사용되는 등 사실상 국화 취급을 받고 있다. 벚꽃이 일본 문화의 상징으로 자리잡은 것 또한 부인할 수 없다.

벚꽃의 자생지에 대해선 의견이 분분하다. 임진왜란 이전까지 일본에는 벚꽃이 존재하지 않았다는 설이 있는가 하면, 그 기원이 제주의 왕벚나무라는 주장이 있고, 백제 때부터 또는 임진왜란 때 전파되었다는 주장, 일제강점기 때 일본이 강탈해갔다는 등의 주장들이 있으나 명확한 근거는 없는 것 같다.

벚꽃과 벚나무, 벚꽃나무라는 용어가 함께 쓰이고 있지만, 벚꽃나무는 비표준어이며 벚꽃과 벚나무도 구분해서 사용해야 한다. 분명히 말하자면, 벚나무에 피는 꽃이 벚꽃이고, 벚꽃이 피는 나무는 벚나무다. 한편 그 열매는 버찌이다.

벚꽃과 벚나무를 북한에서는 '벗꽃', 벗나무'로 적고 이를 규범어로 정하고 있다. 벚꽃과 벚나무, '벗꽃', 벗나무'가 남북에 모두 널리 쓰이는 상황에서 어느 것이 타당한지를 판단하려면 그 말의 역사적 흐름을 살펴볼 필요가 있다.

표준국어대사전에 '버찌'의 옛말로 '멎'이 등재되어 있다. 중세국어에서 '멎'은 "가ᄇᆞ야온 龍애 니근 머지 곳답도다(두시-초1481)"처럼 쓰였다. 또 『표준국어대사전』과 북의 『조선말대사전』에 모두 '버찌'의 준말로 '벚'이 올라 있다. 이것이 근대 문헌에 나타난 형태는 '벗'(역어유해, 1690) > '벝'(물명고, 1824)으로 나타난다. 문헌을 통해 본 표기는 '멎 > 벗 > 벚'으로 변화해 왔음을 알 수 있다. 이 낱말은 중세국어의 형태인 '멎'을 통해서 '벚꽃', '벚나무'의 '벚' 끝소리가 'ㅈ'이었음을 알 수 있다. 이러한 말의 변화를 고려할 때 북에서 쓰는 '벗꽃, 벗나무'보다는 우리 표준어 '벚꽃, 벚나무'가 원래의 형태와 가까운 것으로 보인다.(고대영, 2014)

남쪽의 '벚꽃'이나 북쪽 '벗꽃'이나 우리의 봄을 더욱 아름답고 화사하게 해주고 있건만, 통일의 봄은 아직 멀어만 보인다. 『겨레말큰사전』이란 남북 공동 편찬 사업이 완료되면 이런 낱말들의 표기도 통일될 것으로 보인다.(2014. 4. 16.)

낙동강 오리알

'낙동강 오리알'이라는 속담 같은 우리말이 있다. 우리는 대화 중에 "낙동강 오리알 신세가 됐네."라는 말을 쓸 때가 있는데 이 말은 요즘 말로 '왕따, 외톨이'가 됐다는 뜻과 비슷하게 쓰인 것이다.

어떤 이는 외동딸을 혼자 미국에 유학 보내고, 여름 방학 때 부녀가 만나 여러 가지 대화를 하게 되었다고 한다. 이때 아버지가 대화 도중 자신의 신세를 말하며 "낙동강 오리알 됐네."라고 했다.

그랬더니 딸이 의아해 하면서 "낙동강 오리알이 뭐예요?"라고 물으니, "주소? 경상북도 낙동강 오리읍 쯤 될 거야."라고 얼버무렸다는 일화가 있다. 이는 세대 차이에서 오는 어이없는 대화라고도 볼 수 있으나 우리가 '낙동강 오리알'이라는 말을 쓰면서도 그 뜻이나 유래를 정확히 아는 사람은 드문 것 같다.

원래 낙동강 오리알의 뜻은 '어떤 무리에서 떨어지거나 뒤처져 처량하게 남게 된 신세를 비유하여 이르는 말'이다.

'낙동강 오리알'이란 말은 한국 전쟁(6·25) 때 군대에서 유래했다고 한다. 국군과 유엔군이 방어 진지를 점령하고 '더 이상 물러서지 않겠다.'는 결의를 다지고 있던 1950년 8월 4일. 낙동강변 낙정리(낙동리)에 배치된 국군 제1사단 12연대 11중대 앞에는 1개 대대 정도의 인민군이 낙동강을 건너기 위해 총질을 하며 안간힘을 쓰고 있었다. 당연히 이를 막기 위한 국군과 인민군 사이에 치열한 총격전이 벌어질 수밖에 없었다.

그 때 마침 유엔 항공기가 포탄을 퍼부어 적의 진지를 불바다로 만들어 버렸다. 사기가 오른 국군 용사들은 기관총을 계속 쏘아댔다. 이때 항공기에서 떨어지는 포탄과 국군의 사격으로 적이 쓰러지는 모습을 바라보던 11중대장(강영걸 대위)은 갑자기 큰 소리로 "야! 낙동강에 오리알 떨어진다."고 소리쳤다. 그 후 '낙동강 오리알'은 국군 용사들이 인민군을 조롱하는 뜻으로 널리 쓰이게 되었다고 한다. 요즘은 '외톨이나 왕따 신세'를 비유할 때 쓰는 말이 된 것이다.

《국방일보》 2011. 1. 11. 참고

'띠'에 대한 오해

　2013년에 태어난 아기는 모두 계사년(癸巳年) '뱀띠'인가? 이것은 '띠'에 대한 잘못된 인식에서 비롯된 오해이다.

　사주(四柱)나 궁합을 보려면 육십갑자(六十甲子)에 의한 생년, 생월, 생일, 생시의 간지를 알아야 한다. 이것은 음력에 따라 만든 것이다. 육십갑자는 줄여서 육갑이라고 하는데 천간(天干) 10개, 지지(地支) 12개를 순차로 배합하여 60가지로 늘어놓은 것이다. 천간, 지지를 줄여서 간지라하고 그래서 10간 12지가 된다. 여기서 '띠'를 가르는 것은 지지이다.

|천간(天干)|

　갑(甲)·을(乙)·병(丙)·정(丁)·무(戊)·기(己)·경(庚)·신(辛)·임(壬)·계(癸)

|지지(地支)|

　자(子)·축(丑)·인(寅)·묘(卯)·진(辰)·사(巳)·오(午)·미(未)·신(申)·유(酉)·술(戌)·해(亥)

|띠|

　자(쥐)·축(소)·인(호랑이)·묘(토끼)·진(용)·사(뱀)·오(말)·미(양)·신(원숭이)·유(닭)·술(개)·해(돼지)

천간과 지지를 결합하여 짝을 맞추어 나가면 60가지에서 끝이 난다. 이것은 사람의 한 평생 주기와 거의 맞아 떨어져, 사람 수명이 짧던 옛날에는 60갑자를 살면 한 평생을 잘 누렸다는 의미에 환갑이라 하여 잔치를 하고 장수를 축하했다. 환갑이나 회갑이란 갑자년에 태어난 사람이 60년을 살아 갑자년 생일을 맞았다는 뜻과 통한다. 을축년에 태어난 사람은 음력으로 60년 뒤 을축년 자기 생일이 환갑이 된다.

|육십갑자(六十甲子)|

갑자, 을축, 병인, 정묘, 무진, 기사, 경오, 신미, 임신, 계유, 갑술, 을해,
병자, 정축, 무인, 기묘, 경진, 신사, 임오, 계미, 갑신, 을유, 병술, 정해,
무자, 기축, 경인, 신묘, 임진, 계사, 갑오, 을미, 병신, 정유, 무술, 기해,
경자, 신축, 임인, 계묘, 갑진, 을사, 병오, 정미, 무신, 기유, 경술, 신해,
임자, 계축, 갑인, 을묘, 병진, 정사, 무오, 기미, 경신, 신유, 임술, 계해

요즘 신세대들은 외우기 좋게 양력으로 생일을 지낸다. 태어난 날을 양력으로 하여 첫돌과 생일을 양력으로 치르면 날짜에 착오가 없다.

그런데 생일은 양력으로 차리고 태어난 해의 '띠'를 따지는 데에는 착오가 생길 수 있다. 예를 들어 2013년 1월 1일에 태어난 아기는 무슨 띠일까? 이날은 음력으로 2012년 11월 20일이다. 2012년은 임진년이므로 이 아기는 용띠가 되는 것이다. 그런데 방송에서는 2013년 새해가 되었다고 떠드니까 음력은 설날이 돼야 새해인데 이를 착각하여 계사년 '뱀띠'라고 말해 주는 부모도 있다. 양력으로는 새해가 되었지만 달력으로 보면 2013년 2월 9일(음 12월 29일)까지는 임진년이므로 이때까지 출생한 아기들은 모두 용띠이다.(2013. 1. 20.)

화냥년

요즘은 잘 쓰이지 않지만 화냥년이란 말이 있다. 제 남편이 아닌 남자와 동침하는 짓인 이른바 서방질을 하는 계집을 화냥년이라고 한다. 이 말의 정확한 유래는 알 수 없으나 몇 가지 설이 있어 화냥년이란 말의 내력을 추정해 볼 수 있다.

첫째, 화냥년이라는 말은 고려시대 몽고의 침입으로 고려가 몽고의 속국이 되었을 때 고려의 여인들을 몽고에 공물로 바쳤는데, 그 후 이 여인들이 다시 고려로 돌아오면서 '고향으로 돌아온 여인'이라는 뜻에서 '환향녀(還鄕女)'라고 부른데서 유래한다는 설이다. 그 후 이 말이 발음이 변해 화냥년이란 말이 생겨났다는 것이다.

둘째, 1627년(인조 5) 정묘호란과 1636년(인조 14) 병자호란 때 조선의 여인들이 청나라로 끌려가서 정조를 잃고 자결하지 못하고 살아서 돌아오자 '고향으로 돌아온 여인'이란 의미로 '환향녀'라 부르던 데서 유래했다는 것이다. 즉 정조를 잃은 불결한 여인이라고 낮추어 욕하는 의미로 '화냥년'이라고 불렀다는 일설이다. 그러나 이들 이야기는 어떠한 근거도 없는 속설이라고 단정하는 학자들이 있다.(김민수, 조항범, 김무림)

셋째, 김무림은 '화냥'은 '화랑(花娘)'에서 유래했다고 주장한다.

중국어 학습서인 『박통사(朴通事)』를 번역한 『박통사언해(朴通事諺解)』(1677)에 '화냥년'이란 말이 나오며, 중국에서는 당대(唐代)의 문헌에 이미 '花娘'이란 말이 나타나므로, 만주족에 의한 병자호란과 '화냥'이란 말의 유래를 연결시키는 것은 옳지 못하다고 주장한다.

위 세 가지 설을 살펴보면 세 번째 이야기가 가장 오래 된 것으로, 학문적으로 근거가 있으므로 '花娘'이 '화냥'의 어원일 가능성이 있다. 그러나 중국문헌에 쓰인 용례를 보면,

> · 화낭(花娘)에게 막 밖으로 나가 있다가 손님을 절하여 맞으라고 명하였다.
> · 화낭(花孃) 12인이 가무에 능하여 명성이 자자한데 악부에 속하였다.

등으로 되어 있어 그 의미에 있어서 우리가 생각하는 '화냥, 화냥년'의 뜻과 일치하지 않는다.

이들 중 신빙성이 있는 것으로는 둘째에서 볼 수 있는 말의 내력인데 민간 어원설이지만 글쓴이는 역사가 뚜렷한 이야기, 곧 병자호란의 수모를 당한 이후에 억울하게 누명을 쓰게 된 여인을 일컫는 말이 '화냥년'이었을 것으로 추정한다.

『표준국어대사전』에는 '화냥'과 '화냥년'의 뜻을 다음과 같이 풀이하고 있다.

> · 화냥
> 「명사」서방질을 하는 여자. [<花娘<〈만〉hayan]
> · 화냥-년
> 「명사」'화냥'을 비속하게 이르는 말.
> [화냥년<박언>]←화냥[<花娘<〈만〉hayan]+년]

여기서 '화냥'의 어원은 일차적으로 한자어 '花娘'에 있으며, 다시 한자어 '花娘'은 만주어 'Hayan[하얀]'에 그 어원이 있음을 짐작할 수 있다. '화냥'의 어원이 만주어 'Hayan'에 있다고 하는 것은 이 단어의 유래가 병자호란(丙子胡亂, 1636년)에 의한 것이라는 설을 뒷받침해 준다. 즉, 만주족의 청나라 군사가 조선의 부녀자들을 겁탈하면서, 겁탈한 여인들을 'Hayan'이라고 했다는 것에 유념하게 된다. 발음이 '하얀<환양'으로 변화했을 가능성도 배제할 수 없다.

　이 내력의 역사적 배경을 좀 더 살펴보면, 1636년 후금(後金)은 국호를 청(淸)으로 바꾼 후, 정묘약조에서 설정한 형제관계를 폐기하고 새로 군신관계를 맺어 공물과 군사 3만 명을 지원하라고 요구했다. 이에 조선이 거부하자 12만 군사를 이끌고 조선을 침략하여 병자호란을 일으켰다.

　대군에 밀린 조선군은 남한산성에 1만 3천의 군사로 진을 쳤지만 세력의 열세로 45일 만에 항복하고, 인조는 삼전도에서 무릎을 꿇고 청과 군신의 의(義)를 맺는 한편, 소현세자와 봉림대군을 청에 볼모로 보내는 수모를 당했다.

　이 전쟁으로 청나라 군대인 되놈들에게 전리품으로 끌려갔던 여인들 중 속전(贖錢)을 물거나 도망쳐 고향에 돌아온 여인들이 많았다. 당시에 되놈들에게 강제로 끌려간 많은 부녀자들은 그들에게 성적인 굴욕을 당해 더럽혀진 몸으로 고국에 돌아오지 못하거나 돌아왔다가 가문의 손상된 명예와 주변의 눈살 때문에 다시 되돌아갈 수밖에 없었던 비극의 여인들도 있었다. 그리고 당시 사회는 그녀들을 받아들일 만큼 가문의 명예나 사회의 도덕이 너그럽지 못했다.

　이때 그나마 어렵사리 고향으로 돌아온 여인들을 '환향녀(還鄕女)'라 불렀는데, 되놈에게 몸이 더럽혀졌다 하여 욕하는 말투로 '환향년<화냥년'으로 부르게 되었다는 이야기가 설득력이 있다.

노적가리

'노적가리'는 순수한 토박이말은 아니다. 이 말은 '露積'이라는 한자어에 '가리'라는 토박이말이 붙어서 된 말이다. 여기서 노적은 '이슬 로'에 '쌓을 적'자를 써서 한데 쌓아 둔 곡식 더미를 뜻하고 '가리'는 곡식이나 땔나무 등을 쌓은 더미를 뜻하는 말이다. 이처럼 '가리'가 붙는 말은 흔치는 않으나 '낟가리, 나뭇가리, 볏가리' 등이 있다.

노적가리에 대해선 몇 가지 전설이 전해지고 있다. 그 중 하나가 임진왜란 당시 노적봉 전설이다.

이순신 장군은 지금의 전남 목포시 유달산에 진을 치고 왜적과 대치하고 있었다. 전투에서 서로 간의 대치상황이 지속되면 가장 어려운 문제가 되는 것이 식량이다. 장군은 식량문제를 고려했을 때 여기서 더 싸움이 길어지면 아군이 힘들 수도 있다고 생각하였다. 그래서 군사들에게 "산쏙대기에 짚을 옮기도록 하어라."라고 명하었다.

군사들은 영문을 모른 채 부지런히 짚을 산쏙대기로 날라서 옮겼다. 군사들은 장군의 명령에 따라 산쏙대기와 큰 바위를 짚과 섶으로 빙 둘러싸서 식량무더기로 위장하였다. 이를 본 왜군의 장수는 "아직도 저렇게 식량이 많이 있구나. 이 싸움이 장기전으로 가면 우리가 불리하겠구나."라며 되뇌었다. 그가 보기에 아군의 식량은 차고 넘쳐 보였던 것이다. 왜의 장수는 풍부해 보이는 식량에 압도되어 더 생각해 볼 겨를도 없이 그대로 부대를 돌려 후퇴하였다고 한다.

그래서 유달산의 큰 바위로 된 봉우리를 지금도 노적봉이라 부른다. 이 노적봉 전설은 식량이 풍부함을 과시하여 적으로 하여금 싸움을 포기하고 후퇴할 마음을 일으키게 하는 작전의 하나로 알려진다.

또한 임진왜란 때 한두 예가 더 알려져 있는데 경기도 남양주시 덕소 건너편의 노적봉은 변협 장군이, 경기도 고양시에 있는 행주산성에는 권율 장군이 같은 목적으로 노적가리를 만들었다고도 한다.

이외에도 살수대첩에서 을지문덕이 수나라 군사가 바닷길을 건너 침공했을 때 볏짚을 쌓아 위장하였더니 수나라 군대가 그것을 군량미로 잘못 알고 방비가 튼튼하다고 생각하여 후퇴, 청정강 하구로 상륙하게 되었다는 이야기도 전해진다.

노적가리란 말은 현대에 와서 널리 쓰일 일은 없을 것으로 보이나 우리 선조들이 쓰던 말을 알아두는 것, 여기에 붙은 '가리'의 뜻 정도는 알아두면 좋을 것이다.

김치와 기무치

　우리 밥상에 오르는 여러 전통 음식 가운데 김치만큼이나 꾸준히 자기 자리를 지켜온 음식도 드물다. 김치는 그 하나만으로도 한 끼니를 거뜬히 해결할 수 있을 정도로 우리 주식인 밥과 짝을 이루며 필수적인 반찬으로 최고의 자리를 차지해 왔다.

　'김치'란 말은 조선시대에 접어들면서 어원이 되는 단어가 나타나기 시작하였는데, 여기에는 두 가지 설이 있다. 첫 번째는 김치를 뜻하는 한자인 '함채(鹹菜)'에서 '감채', '김채', '김치' 순으로 변화하였다는 것이고, 두 번째는 채소를 소금물에 담근다는 뜻의 '침채(沈菜)'가 '팀채' 또는 '딤채'가 되었고, 이것이 '짐채', '김채'의 순으로 변화되어 오늘날의 '김치'가 되었다는 것이다.

　김치는 무, 배추, 오이, 열무 등의 채소를 낮은 농도의 소금에 절여 고추, 파, 마늘, 생강, 젓갈 등의 양념을 혼합하여 저온에서 발효시켜서 먹는 식품으로 우리 식탁에서 빼놓을 수 없는 음식 중의 하나다.

　우리 선조들은 예부터 수분이 많은 채소를 오래 저장하기 위한 수단으로 여러 가지 방법을 고안했던 것 같다. 여기에서 채소를 소금에 절여 여러 가지 양념으로 섞어 먹는 방법을 개발하였고 이것이 오늘날의 김치가 되었을 것으로 추정한다.

　김치는 여러 종류의 식재료를 이용하여 만든 발효식품으로 각종 무기

질과 비타민이 풍부해 영양학적으로도 우수하다. 젖산균에 의해 장(腸)을 정화하는 작용을 하고 소화를 도와주며, 식욕을 증진시키는 역할을 한다. 특히 김장 김치는 채소가 부족한 겨울철에 비타민의 공급원이 되어 우리 몸에 영양의 균형을 이루게 한다.

지역과 계절, 주재료에 따라 김치를 담그는 방법이 여러 가지로 발달했으며, 세월이 흐르면서 맛과 기호에 따라 이제는 전보다 더 다양한 종류의 김치를 담가 먹게 되었다.

그런데 어이없게도 일본 사람들이 '기무치'라는 것을 만들어 이것이 김치의 원조라고 홍보하며 기무치를 내세운 적이 있다.

한일 양국의 김치와 기무치 전쟁은 1988년 서울올림픽으로 거슬러 올라간다. 당시 김치가 올림픽의 공식 식품으로 지정되자 일본은 '기무치가 김치의 원조'라며 대내외적인 홍보전을 펼쳤다. 그 후 1993년 일본을 방문 중인 빌 클린턴 미국 대통령의 공식 만찬에서도 기무치를 선보였다고 한다.

김치와 기무치는, 재료는 물론 담그는 방법이나 숙성 과정에서도 큰 차이가 있다. 한국의 김치는 고춧가루와 마늘, 젓갈 등의 양념이 어우러져 젖산균에 의해 자연 발효된 건강식품인 반면, 일본의 기무치는 정제된 소금으로 간을 한 절임 배추에 화학첨가물이 들어간 겉절이와 비슷한 식품이다. 젖산 발효과정도 없어 김치에 비해 영양이나 기능 면에서도 김치에 현격히 뒤떨어진다.

한국과 일본은 지난 26년 동안 세 차례의 김치전쟁을 벌였다. 1차는 1996년 김치의 국제 표기가 도화선이 됐다. 일본은 국제식품규격 표준으로 '기무치(kimuchi)'를 등록하기 위해 국제심사단에 청탁 로비를 하는 등 갖은 노력을 벌였지만, 국제식품규격위원회(CODEX)는 결국 '종주국'인 한국의 손을 들어줬다. 국제식품규격위원회는 2001년부터 일본도 김치를 수출할 때 'kimuchi(기무치)'가 아닌 'kimchi(김치)'로 표기하도록 했다.

2차 싸움은 김치의 규격이 문제가 됐다. 하지만 당시에도 '젓갈을 넣고 발효'시키는 한국의 김치가 표준으로 인정받았다.

마지막으로 2005년 중국산 김치의 기생충 알 파동이다. 이것은 중국산 김치에서 납과 기생충 알이 검출됐다고 해서 한동안 식당이나 급식소에서 국산인지를 확인하기도 하고 우리나라에서도 상품김치를 아예 꺼리는 분위기였다. 그런데 이 중국산 김치에 대해 일본 누리꾼들은 아예 한국 김치를 문제 삼아 모함하였다.

일본의 일부 누리꾼들은 기이한 뇌 사진을 올려놓고 '김치를 먹은 한국 사람의 뇌'라면서 '기생충 알이 발견된 김치는 세상에서 가장 위험한 음식'이라고 비하했다. 또 일본 정부에 '한국산 김치 수입 전면금지'를 촉구하기도 했다. 이로 인해 한·일 누리꾼 사이에 김치 전쟁이 민족 분쟁으로 비화된 적이 있다.(≪WEEKEND≫ 2013. 11. 8.)

하지만 2013년 김치의 유네스코 인류무형유산 등재로 일본의 '기무치가 원조'라는 꼼수는 먹혀들지 않을 뿐만 아니라 설 자리를 잃게 됐다.

최근 우리나라에서 전통음식에 대한 신세대의 관심이 부족하고 입맛이 서구화되면서 김치 소비는 계속 줄고 있다. 여기에 값싼 중국산 김치의 성장세가 우리 김치시장을 한때 위협하기도 했다.

그러나 영국 유력지 가디언은 '김치 종주국 한국에서의 하락세와는 달리, 세계 시장에서 김치의 영향력은 점점 커지고 있다. 김치는 포브스지(誌)의 2013년 10대 음식 트렌드로 선정되는 등, 아시아를 넘어 미국과 유럽으로 영향력이 확대되고 있다.'고 보도함으로써 우리 김치의 위력을 인정하고 있다.

서방

'서방'은 국어사전에 ① 남편을 낮잡아 이르는 말 ② 성에 붙여 사위나 매제, 아래 동서 등을 이르는 말. ③ 벼슬이 없는 사람의 성 뒤에 붙여 이르는 말 등 크게 세 가지 뜻을 지니고 있다.

그 쓰임새를 보면 '그 과부가 서방을 얻었다네.–①, 박 서방은 회사에 나갔니?–②, 김 서방! 이리 와 앉게.–③'처럼 쓰인다.

그런데 이 '서방'이란 낱말이 순수 토박이말이냐 한자어냐에 관해 그 견해가 엇갈린다. 『표준국어대사전』에도 옆에 '書房'이라는 한자를 괄호 안에 써 넣어 한자어로 다루고 있다.

그러나 어원을 연구하는 학자들의 어원사전이나 연구 내용을 보면 '서방'은 한자어가 아닌 토박이말이란 것이 더 신빙성이 있다.

옛날에 "서방맞다·서방하다(시집가다)·서방맞히다(시집보내다)"라고 했다. 지금도 함경도에서는 "서방재(신랑)·서방가다(장가가다)·서방보내다(장가들이다)"라고 한다.

여기에 쓰인 '서방'이란 말은 순우리말이다. 그런데도 우리네 국어사전들은 기어이 '서방'에다가 '書房'이라는 한자말을 달아놓았다. "남편은 일은 안 하고 책방에서 글이나 읽는 사람이어서"란다.

사위를 부를 때 '김 서방, 박 서방!'이라고 한다. 호사가들은 그 '서방'에

다가 '西房'이라는 한자를 붙이기도 한다. "사위를 서쪽 방에 묵게 했기 때문"이란다.(정재도)

이 글을 보면 중국에 '書房'이란 말이 있으니까, 뜻이야 맞건 틀리건 소리라도 같으니까, 우리말 '서방'이 바로 그 '書房'이라고 주장하는 것이라고 한다. 중국 '書房'은 소리는 같아도 뜻은 '서재, 서실, 서점'이지 '남편'이라는 말이 아니다.

'서방'의 '서'는 "사벌·사불(상주), 서라벌·서벌(경주), 소부리(부여), 솔부리(송악·개성), 쇠벌·새벌(철원)"들의 '사·소·솔·쇠·새'처럼 'ㅅ' 계통 말로 "새롭다, 크다"라는 뜻도 있다고 한다. '서방'의 '방'은 "건설방(오입판 건달), 만무방(염치없는 사람), 심방(만능 무당), 짐방(싸전 짐꾼), 창방(농악의 양반 광대)"들의 '방'이며 '房'이 아니고, '사람'이란 뜻의 우리말이라는 것이 정설에 가깝다. 그래서 '서방'은 '書房'이 아니고 "새 사람, 큰 사람"이란 뜻이란 것이 정재도 님의 주장으로 신빙성이 있다.

서정범의 『국어어원사전』에도 서방을 '書房, 西房'에서 비롯됐다고 보는 견해가 있다면서, 이를 부정하고 우리의 고유어가 어원일 것으로 추정하고 하고 있다.

고서에 나오는 '셔방 : 댱가들며 셔방 므조믈 婚姻ᄒ다 ᄒᄂ니라<釋6:16), 셔방ᄒ다(시집보내다(騾小6:16), 셔방마디다(倭上41)' 등의 예를 들었으며, '방'은 서동요에 나오는 서동방(西童房)의 '방'과 같이 인칭접미사에 해당된다고 하여 그 의미를 '書房'의 방과 구별하였다.

이러한 근거들을 종합해 보면 '서방'은 원래 우리 토박이말로 쓰이던 말이므로 한자어가 아닌데도 불구하고 중국의 뜻 다른 한자 '書房'이 소리가 같다하여 사전에 한자어로 올린 것이 그대로 남아 내려온 것으로 보인다.

정자와 누각

우리나라에는 산 좋고 물이 좋아 운치 있는 곳에는 정자(亭子)나 누각(樓閣)이 있다. 또한 마을 어귀에 심은 정자나무란 것도 있어 사람들이 쉬거나 악귀를 물리친다는 믿음으로 마을의 수호신 같은 역할을 했다. 우리가 여행을 하다가 어느 마을에서 정자나무를 만나면 그 마을이 평화로워 보이고 인심이 후할 것 같아 쉬어가고 싶은 충동을 받는다.

옛 정자나 누각을 보면 우리 조상들이 자연과 함께 호흡하고 풍류와 낭만을 즐길 줄 아는 정신적으로 여유로운 삶을 살아왔음을 보여주고 있다.

정자나무는 마을 입구에 심는 큰 나무로 수령이 오래된 것들이며, 수종은 느티나무, 은행나무, 팽나무, 단풍나무 등이 있는데 충청남도 금산군 추부면 요광리에 있는 정자나무(은행나무)는 천 년이 넘는 나이를 가진 천연기념물이며 우리나라에서 두 번째로 큰 나무라는 기록이 있다. 이처럼 오래된 정자나무는 관련 설화나 전설이 전해져 내려오기도 한다.

정자는 정자나무와 달리 경치가 좋은 곳에 놀거나 쉬기 위하여 지은 집으로 벽이 없이 기둥과 지붕만 있다. 정자는 경치가 좋은 곳에 짓기 때문에 사방이 확 트여 있어 주위의 경관을 만끽하며 그 안에서 놀거나 쉴 수 있다. 옛날 선비들은 정자에서 술을 마시며 시를 읊거나 대화를 나누기도 하고 풍류를 즐겼으며 임금의 별장으로 쓰인 것도 있다.

우리나라는 예부터 관동팔경이라 하여 관동지방, 즉 강원도를 중심으로 한 동해안에 있는 8개소의 명승지가 있다. 이는 간성의 청간정(淸澗亭), 강릉의 경포대(鏡浦臺), 고성의 삼일포(三日浦), 삼척의 죽서루(竹西樓), 양양의 낙산사(洛山寺), 울진의 망양정(望洋亭), 통천의 총석정(叢石亭), 평해(平海)의 월송정(越松亭)을 일컫는다. 그 중에 청간정, 망양정, 총석정, 월송정 등이 정자이니, 이들이 자리 잡은 곳이 모두 자연 경관이 수려한 곳이다.

한편 누각은 휴식을 취하거나 놀이를 하기 위해, 산이나 언덕, 물가 등에 높이 지은 다락집을 가리킨다.

경복궁 안에 있는 경회루를 비롯해 남원의 광한루, 밀양의 영남루, 진주의 촉성루 등 전국에 유서 깊은 누각이 많이 있다. 경회루(慶會樓)는 우리나라 대표적인 누각으로 태조가 외국 사신의 접대장소로 쓰기 위하여 소규모로 지었던 것을 1412년(태종12년)에 개축하였다. 임진왜란에 불탄 것을 고종 때 경복궁을 재건하면서 이 경회루도 지었다. 1985년 국보 224호로 지정되었다.

이처럼 정자와 누각은 그 쓰임새와 건축 모양도 비슷하나 다락마루를 만들어 더 높은 곳에서 조망할 수 있도록 지은 것이 누각이다. (2012. 10. 2.)

고수레

　고수레는 산이나 들에서 음식을 먹거나 무당이 푸닥거리를 할 때에 귀신에게 먼저 바친다는 뜻으로 음식을 떼어 '고수레' 하고 허공에 던지며 외치는 소리를 가리킨다. 이는 민간 신앙적 행위로 흔히 '고시래'라고도 하는데 고수레가 표준어이다.

　고수레에 대한 어원이나 기원설은 여러 가지가 있다. 『표준국어대사전』에 고시(高矢)는 단군 때에 농사와 가축을 관장하던 신장(神將)의 이름으로, 그가 죽은 후에도 음식을 먹을 때는 그에게 먼저 음식을 바친 뒤에 먹게 된 데서 유래한다고 적혀 있다.

　다음은 고씨례(高氏禮)에서 비롯된 것이라는 설로 여러 가지 이야기가 있다. 이는 고씨(高氏)라는 성을 가졌던 여인의 넋을 위로하는 이야기로 전개되는 것이 일반적이다.

　의지할 곳 없는 고씨라는 노파가 들에서 일하는 사람들의 호의로 끼니를 이어 가며 연명한다. 얼마 뒤 고씨 노파가 세상을 떠나자 들일을 하던 사람들은 죽은 고씨 노파를 생각하고 음식을 먹기 전에 첫 숟가락을 떠서 "고씨네!" 하고 허공에 던져 그의 혼에게 바치게 되었다고 하며, 그 뒤로 이 행위가 전국에 퍼졌다는 것이다.(경상북도 안동 지방)

　그러나 경기도 양평에서 채록된 유래는 매우 복잡한 것이어서 여러 가지 측면을 시사하고 있다. 고씨 성을 가진 어느 대갓집의 하녀가 겨울에 냇가로 빨래하러 갔다가 떠내려 오는 복숭아를 먹고 임신하여 사내아이를 낳는다.

이름을 복숭아에 연유하여 '도손(桃孫)'이라 짓는다. 도손은 장성함에 따라 총명하여졌지만, 천한 출신이므로 주위의 멸시를 받는다. 그리하여 중국으로 가서 풍수를 배우던 중, 그의 선생이 어머니(고씨)가 운명하게 됨을 가르쳐 주어 고국으로 돌아온다. 어머니의 시신 묻을 곳을 찾아 전국을 돌다가 자리가 좋은 김제 만경들에 몰래 장례를 지내고 중국으로 다시 건너간다.

그 뒤, 어느 해에 만경들에 흉년이 들었는데, 도손 어머니 묘의 옆에 있는 논 주인이 임자 없는 무덤이 된 그 묘를 치장하여 준다.

이것이 계기가 되어 그 사람의 논은 흉년을 벗어나게 되고, 이 소문이 번져 그 근처 논 주인들이 몰려들어 임자 없는 무덤을 손보아 주는 일에 참여하자 그들 역시 흉년을 벗어난다.

그 뒤 매년 그 묘는 치장되었고, 먼 곳에서 이 소문을 들은 농부들은 그곳까지 갈 수가 없어, 대신 들에서 음식을 먹을 때면 첫 숟가락을 떠 도손 어머니의 영혼에 바치게 되었다는 이야기다. 역시 어원은 '고씨네 〈고수레'의 형태로 보는 것이다.(『한국민족문화대백과』 참고)

우리는 이들 이야기에서 나타나는 원시적 생활양식의 단면을 엿볼 수 있다. 고수레를 하지 않고 음식을 먹으면 반드시 체하거나 혹은 재앙을 받게 된다는 속신이 있는 것으로 미루어 "고수레!"하는 그 행위 자체는 귀신에게 빌어 재앙을 물리침을 위한 주술로 이해된다.

이러한 신비를 해결하려는 합리주의에서 비롯된 것이 이 고수레 설화이다. 그런 점에서 이 설화는 일종의 유래 설명 설화의 성격을 띠고 있다.

농작물의 풍요를 기원하는데 이 설화가 관련되게 된 것은 그만큼 생활이 농경 시대에 들어온 이후라고 추정할 수 있다. 즉 원시적 생활양식에서부터 훨씬 뒤의 시대로 내려오면서 원시적 희생으로 바치던 주언(呪言)이 조상 숭배나 풍요와 관련짓게 된 것은 민간 신앙의 자연스런 변화라 하겠다.

연애와 애인

　'애인'과 '연애'라는 낱말의 뜻이 달라졌다. 국립국어원은 '애인'의 뜻을 '이성 간에 사랑하는 사람'으로 『표준국어대사전』에 기록했던 것을, '서로 열렬히 사랑하는 사람'으로 바꾸었다.

　'연애'는 '남녀가 서로 애틋하게 그리워하고 사랑함'에서 '연인관계인 두 사람이 서로 그리워하고 사랑함'으로, '연인'은 '서로 사랑하는 관계에 있는 남녀'에서 '서로 열렬히 사랑하는 관계에 있는 두 사람'으로 개정했다.(2012. 11.)

　'남녀, 이성'이라는 이성애 중심적으로 풀이되던 낱말이 '사랑, 연인'으로 대체되면서, 성적 소수자끼리의 사랑도 존중하는 방향으로 변한 것이다. 이 변화는 ㄱ대학교 다섯 명의 학생들의 노력으로 일어났다. 이들이 국민신문고를 통해 제안한 내용을 국립국어원이 받아들인 것이다.

　'연애'가 남녀 간의 사랑만을 가리키는 근대적 '개념'으로 성립된 것은 일본에서 영어 'Love'를 '연애'로 번역하면서부터였다. 원래 일본의 전통 속에서 남녀 간의 사랑은 육체적 결합과 분리되지 않았다. 『만엽집』과 같은 문학 작품집에 실린 사랑의 노래는 일단 서로 만나 성적으로 결합한 이후 헤어진 남녀의 그리움을 노래하는 것이 일반적이었다. 남녀의 사랑이라고 하면 곧바로 성적인 결합을 연상했던 풍토에서는, 서양의 기사도와 같이 상대로부터 멀리 떨어진 곳에서 영혼의 순정을 바치는 사랑의 형식은 이해되기 어려웠고, 따라서 그러한 사랑을 표현하는 말은 기존의 남녀 간 사랑을 가리키는 표현과는 달라야 한다고 생각되었던 것이다.

1910년대 초반 서서히 모습을 드러내기 시작했던 이 '연애'라는 어휘는 1920년대 초반에 이르면 폭발적인 유행어로 자리 잡는다. 대대적인 유행어로 번지기 이전까지 '연애'는 '애(愛)', '애정(愛情)', '친애(親愛)', '상사(相思)', '사랑' 등의 어휘들이 흔히 쓰였다. 이 가운데 '연애'와 가장 가까운 뜻으로 사용된 우리말은 '사랑'과 '상사(相思)'였던 것으로 보인다. 그러나 '상사(相思)'는 '연애'가 세력을 확대하면서 점차 용례가 줄어들었고, 1920년대에 이르면 '연애'와 '사랑'이 남녀 간 열정을 가리키는 낱말로 가장 많이 사용되는 용어가 된다. '사랑'이 신에 대한 애정이나 모성애를 포괄하는 광범위한 의미를 가진데 비해, '연애'는 남녀 간의 애정을 독립시켜 일반화시킨 어휘였다.

이때에 확고하게 자리잡은 '연애'와 '애인', '연인'의 뜻이 국어사전에서 남녀 간의 애정에 뿌리를 두어 풀이한 내용이 90년 만에 바뀐 것이다.

이들 낱말의 뜻을 바꾸는데 노력한 ㄱ양은 "동성애의 유의어로 동성연애라는 단어는 있지만, 이성애의 유의어로 이성연애라는 말은 없다. 또 '이성교제에 관한 상담' 등 아직도 연애라는 게 이성 간 이뤄지는 걸로 여기는 사람들이 많다"면서 "우리가 쓰는 언어를 바꾸는 것과 비례해 누군가의 권리가 늘어난다는 것을 알았으면 좋겠다."고 말했다고 한다.

동성연애, 동성 결혼 등의 색다른 풍습은 서양에서부터 출발했지만 우리나라까지 영향을 미쳐, 성 소수자의 인권도 존중해야 한다는 의미에서 이런 낱말의 정의가 바뀐 것으로 해석할 수 있다. 언어는 시대의 흐름에 따라 변한다는 언어의 역사성의 한 단면으로도 풀이 된다.(2013. 3. 24.)

한글 달력이 없다

　　1980년대 정도로 기억된다. 한글학회에 볼 일이 있어서 학회 사무실에 들른 적이 있다. 사무실에 들어서니 학회 한쪽 벽에 '월중 행사표'라는 칠판이 있었다. 그 당시는 학교나 공공기관의 사무실에는 이런 월중 행사표를 달아 놓는 것이 관례처럼 되어 있었다. 그 달의 중요한 일들을 작은 칠판에 표를 만들어 걸고 달이 바뀔 때마다 지난달 것을 지우고 월을 바꿔 쓰고 그 달의 주요 행사를 적어 직원들이 알 수 있도록 하는 것이다.

　　그런데 학회 행사표가 다른 사무실과는 특이한 점이 있었다. 보통 위 칸에 날짜를 아라비아 숫자로 적고 그 아래 칸에 요일, 맨 아래 세로로 긴 칸에는 행사 내용을 간단히 적었다.

　　여기서 한글학회 월중행사표의 다른 점은 요일 표시였다. 당시 월중 행사표는 한자로 '日, 月, 火, 水, 木, 金, 土'라고 적는 것이 관례였다. 그리고 일반 달력엔 요일을 한자로 쓰거나 영어로 앞 머리글자를 따서 'SUN, MON, TUE, WED, THU, FRI, SAT'를 덧붙이기도 하였다. '월, 화, 수, 목, 금, 토'를 한글로 쓴 경우는 예나 지금이나 거의 찾아보기 힘들다.

　　그런데 학회의 월중행사표에 써 붙인 요일 표시는 아주 특이했다. 일요일은 빨간 글씨로 'ㅇ', 그 다음은 'ㅜ, ㅎ, ㅅ, ㅁ, ㄱ, ㅌ'라고 써 놓았는데 너무 신기하고 그 발상이 좋아서 한참 들여다보았다.

한글 자모 하나로 1주일의 요일을 구별해 나타낼 수 있으니, 이렇게 우수한 한글을 두고 왜 달력에 한자와 영어를 쓰는가 한탄하기도 했다. 일요일은 공치는 날이니 빨간 글씨로 'ㅇ', 수요일이 공휴일이면 빨간 분필로 'ㅅ'이라고 쓰면 된다. 월요일은 첫소리가 일요일과 같이 소리값이 없는 'ㅇ'으로 시작되지만 이를 구별하기 위하여 두 번째 모음인 ㅜ를 썼는데, 첫소리가 아니라는 표시로 ㅓ같은 글자를 쓸 때 ㅜ의 세로획을 왼쪽으로 약간 삐치는 글자를 써서 구분하였다. 이런 좋은 발상을 누가 했는지 사무실 누구에게 묻고 싶었지만 분위기가 모두 바쁘고 진지해서 볼일만 보고 감탄을 연발하며 그냥 돌아 왔다.

요즘 학회에 가보면 월중행사표가 걸려 있기는 한데 매직 글씨로 쓰는 흰 칠판에 가로 쓰기를 하고 요일을 한글로 썼을 뿐이다. 80년대에 붙였던 것과 달라진 것은 분필 칠판이 아니라는 것, 가로쓰기를 했다는 것이 좀 나아졌다고 할 수 있을까? 한글자모 하나로 요일 표시를 했던 옛날 칠판이 그립다. 얼마나 간편하고 보기 좋은가?

요즘엔 손전화기에도 일정표를 만들 수 있고 탁상 달력, 수첩 등 일정표 메모 도구가 다양해서 그런지 작은 칠판에 쓰는 월중행사표는 거의 쓰지 않는 것 같다. 그러나 달력은 예나 지금이나 쓰고 있는데 우리나라 달력의 요일 표시는 예전에 한자로 하던 것을 요즘은 약속이나 한 듯이 위에 든 영어 앞 글자 3자씩을 쓰고 있다. 한글을 쓰는 나라에서 한글 달력을 볼 수 없다는 것은 이상한 일이다.

깍쟁이의 어원

깍쟁이는 이기적이고 인색한 사람이나 아주 약삭빠른 사람이라는 뜻으로 쓰인다.

> (1) 그는 아주 <u>깍쟁이</u>여서 돈이 많아도 가난한 사람을 도와주는 일이 없다.
> (2) 그 사람은 어리숙하게 보이지만 여간 <u>깍쟁이</u>가 아니다.

위 (1), (2)는 현대국어에서 '깍쟁이'의 사전적 의미를 알 수 있는 예문이다. 그런데 깍쟁이의 어원을 살펴보면 '깍정이'가 변해서 된 말이라고 알려져 있다.

깍정이는 원래 서울의 청계천과 마포 등지의 야산에서 거주하면서 구걸을 하거나 사람이 죽어 장사를 지낼 때 무덤 속의 악귀를 쫓는 행동을 해서 상주로부터 돈을 뜯어내던 모리배들을 가리키는 말이었다. 그러나 그 뜻이 축소되고 변질되면서 이기적이고 얄밉게 행동하는 사람이란 뜻으로 쓰이게 되었다.

깍정이패의 유래는 조선 건국 시기까지 거슬러 올라가야 그 어원을 찾을 수 있다. 이성계가 조선을 세우고 한양에 도읍을 정한 뒤에 경범자들의 얼굴에 먹으로 죄명을 새긴 다음에 석방을 한 일이 있다고 한다.

그러다보니 이 전과자들은 얼굴의 흉터 때문에 보통 백성들과 사회생활을 제대로 할 수 없으니 그들끼리 소집단으로 모여 살게 되었다. 이들이 모여 살던 곳이 청계천 부근이었다. 옛날에는 청계천에 흘러들어 온 모래와 흙이 많아 이들을 긁어모아 작은 산을 만들었는데 이 인공산을 조산(造山)이라 했다. 그들은 이곳에 굴을 파고 함께 모여 살았다. 이 토굴 속에 사는 땅꾼들은 서로 패거리를 지어 잔칫집이나 초상집을 찾아다니며 구걸을 하고 명절 때에도 여기저기 다니면서 거지 생활을 했다.

그런 사람들 중에도 어떤 이는 돈을 모아 장사를 하기도 했는데 한결같이 '상여도가' 즉 근래의 장의사(지금은 대형 장례식장으로 변함)를 차렸다고 한다. 이렇게 청계천 등지의 조산에 모여 살면서 거지 생활을 하거나 장의사를 하면서 악귀를 쫓는다고 돈을 뜯는 사람들을 깍정이라고 불렀다.(뜻도 모르고 자주 쓰는 우리말 사전; 이재운 편저)

깍쟁이의 어원은 이 깍정이가 변한 말로 보고 있다. 소리는 비슷하게 변했지만 뜻의 차이는 매우 큰 편이다.

총각

　요즘은 겉모습만 보고 총각인지 아닌지를 구별하기가 힘들다. 그래서 그런지 총각이나 처녀란 말의 쓰임의 빈도수가 옛날보다 줄어들고 있다. 부름말(호칭어)과 가리킴말(지칭어)에서는 더욱 그러하다.

　총각은 결혼하지 않은 성년 남자를 가리킨다. 요즘엔 청소년들의 성장 속도가 빨라서 초등학교나 중학교에 다니는 학생 체격이 어른답게 커 보이는 경우가 흔하다. 그러면 어른들이 대견스러워서 "이 녀석 벌써 총각 티가 나네. 장가보내야겠구먼."하며 농담을 하기도 한다.

　옛날에는 총각을 외형을 보고 구분하기가 쉬웠다. 조선 시대에는 기혼 남성은 상투를 틀었고 총각은 머리를 길게 더벅머리로 늘어뜨리거나 땋고 다녔다.

　그래서 더벅머리 총각, 떠꺼머리총각이란 말도 생겨났다. 떠꺼머리총각은 더벅머리 총각과는 좀 다르다. 더벅머리는 머리를 더부룩하게 그냥 늘어뜨린 것이지만, 떠꺼머리는 머리를 땋아서 길게 늘인 것을 가리킨다. 떠꺼머리는 대부분 처녀건 총각이건 시집 장가갈 나이가 지난 노총각 노처녀들의 머리 모양이기 때문에 옛날엔 미혼자와 기혼자의 구별이 쉬웠다고도 할 수 있다.

　초상이 나면 요즘에도 시골에선 굴건 제복을 하기도 한다. 이때 남자 상제들은 요즘 모두 굴건을 쓰는데 총각은 어른이 아니라 하여 건을 쓰지 못하는 것이 옛날 유교 풍습이다. 총각 상제는 아녀자들과 마찬가지로 머리에 베헝겊을 쓰고 장례에 참여했다. 여기서도 총각과 기혼자가 구별되는 부분이다.

총각은 한자말로 '총(總)'은 '거느리다, 모두'의 뜻을 지니고 있으며 '각(角)'은 뿔이라는 뜻이다. 그런데 원래 '총'은 '꿰맬 총', '상투짤 총' 등으로 쓰이던 글자다.

총각의 어원은 다음과 같이 정리할 수 있다.

'총각'은 원래 15세기 문헌에서는 '머리를 땋아서 묶는 일'이라는 뜻으로 쓰였다. 그러니까 위 '상투짤 총'과 관련이 있다. 또 동사로 '총각하다'란 말이 쓰였는데 이것은 '성인이 되기 전에 머리를 땋아 두 뿔 모양으로 묶다'라는 뜻이었다.

옛날 중국과 우리나라에서 아이들이 머리를 양쪽으로 갈라 뿔 모양으로 동여맨 것을 '총각(總角)'이라 했으며, 이러한 머리를 한 사람을 '총각'이라 불렀다고 한다. 위에서 총각이라는 한자의 뿌리를 캐 보아도 총각의 머리 모양과 일치하는 바가 있어서 유력한 어원으로 추정된다. 또 한 줌 크기로 모아 잡아맨 미역을 '꼭지미역' 또는 '총각미역'이라 한다.

'총각'의 이러한 의미는 옛 문헌에서도 찾아볼 수 있다. '총(總)다'라는 동사는 『소학언해』에서 '비단을 찢어서 상투밑을 매고 남는 것은 뒤에 드리우는 것'으로 풀이하고 있으며 '각(角)'은 『사성통해』에서 '상투'로 풀이하고 있다. 한편 『신자전』에서는 '총각'을 '쌍상투'라고 풀이하고 있다.

'총각'은 이처럼 머리 모양을 가리키는 말이었다. '총각'이 오늘날과 같이 '혼인 전의 남자'를 뜻한 것은 19세기 말의 문헌에 처음 나타난다.

(1) 총각 總角 총각아 總角兒 『한불자전(1880년)』

(2) 총각(總角, 成童) 노총각(老總角) 『국한회어(1895년)』

(3) 나탁 즉시 갑쥬를 정계고 슈렴동으로 즛쳐오니 가장 용 총각이오
『셔유긔(19세기)』

(홍윤표, '총각의 어원')

국어사전에는 1920년에 간행된 『조선어사전』과 문세영의 『조선어사전』(1938년)에 올라 있는데 '관례를 행하지 못하고 머리털을 땋아 늘인 남자'로 뜻풀이되어 있다. 『표준국어대사전』에는 '결혼하지 않은 성년 남자'로 풀이했다.

고자

고자(鼓子)라는 말은 생식기가 불완전한 남자로 고환에 문제가 있음을 뜻한다. 고자의 어원에 대해서는 네 가지의 설이 있다.

첫째, 사전에도 나오는 한자어인 고자(庫子)라는 말이 생기게 된 어원이다. 고자(庫子)는 조선시대에 각 창고를 지키고 출납을 맡아본 하급관리를 의미한다고 한다. 그런데 궁중에서의 고자는 곧 환관이었고 그 환관은 또 불알 없는 사람이었으니 그래서 그만 창고지기인 고자(庫子)가 '생식 기관이 불완전한 남자를 뜻하는 고자(鼓子)로 되어 버렸다는 해석이 있는 것이다.

고자질과도 관련이 있다고 하는데 이는 환관들의 역할을 보아 생겨난 말인 듯싶다. 고자질이 바로 환관들이 하는 짓이라는 의미를 부여하고 있는 것이다.

둘째는 힌두어 고자(khoja)에서 왔다는 설이다. 인도 동부의 뱅골 지방에서는 인접 국가에서 사람을 잡아다가 거세해서 다른 나라에 노예로 팔았다고 한다. 이것이 고자라는 명칭과 함께 남지나 방면으로 퍼져서 우리나라에까지 이르게 됐다는 설이다. 여기에 근거하면 원래 고자는 거세당한 노예를 가리키는 말이 된다.

셋째, 고자는 진나라 때 환관인 조고(趙高)의 자식이라는 뜻이라고 한다. 사슴을 가리켜 말이라고 하면서 지록위마의 고사를 만들어내며 권세를 누렸던 환관 조고를 빗대어 나쁜 놈이라는 의미로 사용되었다는 설이다. 환관은 아들이 있을 수 없는데 아들이 있다고 해서 욕하는 말로 고자라 했다는 것이다. 이때에도 고자의 한자가 고자(高子)이므로 신빙성이 떨어진다.

넷째, 목수들이 기둥을 깎기 전에 먹줄의 금을 치게 되는데, 그때의 먹통을 이르는 말이라고도 한다. 먹통을 예전에는 '고즈' 또는 '먹고즈'라 했다고 한다. 그런데 이 고자가 바로 8자 같은 모양을 하고 있고 남성의 불알을 연상시킨다고 하여 고자와 연관시킨 설이다.

이렇게 고자의 어원에 대한 설은 여러 가지가 있지만 어느 것이 확실한 어원이라고 단정하기는 어렵다. 이런 여러 가지 설을 지니고 있는 고자(故子)는 현대 국어에서 '생식기가 불완전하여 성적 능력이 없는 사내'를 가리는 말로 쓰이고 있다.

똥이란 말은 더럽지 않다

똥은 지저분한 말 같지만 사람을 포함한 모든 동물들이 배설을 원활하게 하지 못하면 병에 걸리거나 생명에 위협을 줄 수도 있는 꼭 필요한 배설물이다. 똥과 대변은 토박이말과 한자어라는 차이를 빼 놓고는 같은 뜻을 지닌 말이다. 그러나 그 쓰임새를 보면 여러 모로 다르게 쓰이고 있으며 낱말의 품위나 느낌, 등급 따위에서 많은 차이를 보인다.

이 토박이말과 한자어가 공존하는 대부분의 낱말들은 토박이말이 먼저 생기고 중국에서 한자가 들어오면서부터 한자어를 만들어 쓴 것들이 많다.

그런데 한자는 양반 계층의 사대부들이나 배울 수 있었고 상인(常人)이나 여성, 하류 계층은 한자를 배우고자 해도 여러 여건상 배우기 힘들었다. 그러다보니 말글 생활에서도 양반이나 고위층은 한자어를, 서민층은 토박이말을 위주로 쓰는 현상이 두드러졌을 것으로 추정할 수 있다.

그 근거로 같은 우리말이라도 한자어로 쓰면 점잖고 품위 있는 말이 되고, 토박이말을 쓰면 격이 낮거나 상스러운 말이 되는 경우도 있다. '대변'이란 낱말의 사전 풀이를 보면 '똥을 점잖게 이르는 말'이라고 되어 있고 '똥'은 몇 가지 주변의미도 있지만, 중심의미는 '사람이나 동물이 먹은 음식물을 소화하여 항문으로 내보내는 찌꺼기'로 풀이하고 있다.

'똥'이라는 풀이에 상스럽다거나, 속되거나 급이 낮은 말이라는 풀이는 나와 있지 않다. 다만 선조(先祖) 때부터 한자어를 더 숭상하고 토박이말보다는 이른 바 '문자(한자어)' 쓰는 사람을 유식하게 대접해 왔기 때문에 같은 낱말이 계층을 가르고, 어떤 토박이말은 그 품격을 낮추는 의미로 변질되기도 하였다.

그 영향으로 우리 말글생활에서는 '대변 좀 보고 오겠습니다.' 또는 '화장실에 다녀오겠습니다.'라고 말하면 품위 있는 말이고 '똥 좀 누고 오겠습니다.'라고 말하면 무식한 사람이 된다. '설사(泄瀉)했다'고 말하면 유식한 표현이지만 '물찌똥이 나왔다.'고 말하면 무식한 사람으로 낮춰 보는 게 현실이다. 우리가 어렸을 때는 '설사'라는 한자어를 몰라 '물찌똥'이라 했다. 이는 국어사전에 올라있는 토박이말이다.

우리말의 역사를 돌이켜 보면 한자어가 대접을 잘 받을 수밖에 없지만, 이제는 '똥'을 '대변'이라하지 않고 '똥'이라고 말하는 것도 언어의 민주화라 할 수 있다. '똥'은 더럽고 '대변'은 깨끗한 것이 아니기 때문이다.

이러한 차별적 언어는 현대 국어에서도 토박이말을 쓰느냐 한자어를 쓰느냐에 따라 높임의 정도를 구분하는 말도 있다. 아버지의 높임말은 '부친'이고 남의 어머니를 높여 부를 때는 '자당(慈堂)'이라고 한다. '선생님 댁에 간다.'고 해야지 선생님 집에 간다.'고 하면 실례가 된다. '집'의 높임말은 '댁'이기 때문이다.

이런 현상은 한사를 쓸 수밖에 없었던 시절에서부터 한글을 쓰고 있는 현대국어에까지 영향을 끼쳐 한자사대주의의 한 단면이 그대로 전승되었음을 의미한다.

[클라이밍은 처음 말기

:: 첫째 마디 ::]

높새바람과 하늬바람

요즘은 바람을 동풍, 서풍, 남동풍 등 방위에 따라 이름 지어 부른다. 그런데 우리 선조들은 농촌이나 어촌에서 계절이나 방위, 바람의 세기에 따라 고유한 이름을 지어 불렀다.

높새바람은 늦여름에 동해방면에서 태백산맥을 넘어 불어오는 북동쪽 또는 동북동쪽의 고온 건조한 바람을 가리킨다. 옛말로 높새란 북동을 뜻하는데, 북쪽을 높[高], 또는 뒤[後]라 하였고, 동쪽을 새[沙]라 했다. 그쪽에서 불어오는 북동풍을 높새바람이라고 하였다.

유럽에서는 알프스를 넘어 북쪽 경사면으로 불어 내리는 고온 건조한 바람을 푄이라고 하는데, 한국의 지방풍으로 여름에서 초가을에 걸쳐 차고 습기를 띤 한대해양성 기단인 오호츠크해 고기압이 세력을 넓혀 태백산맥을 넘어 서쪽으로 불어 내리면서 '푄현상'을 일으켜 고온 건조한 바람이 되는 것이 바로 높새바람이다.

이 바람이 불면 날씨가 맑고 기온이 높아지며 매우 건조해진다. 이 시기는 벼농사에 중요한 때이므로 예로부터 영서 지방의 농민들은 초목이 말라 죽으니 녹새풍(綠塞風)이라고도 하고, "7월 동풍 벼를 말린다." 하여 살곡풍(殺穀風)이라고도 하였다.

주로 태백산맥 서쪽의 경기도를 중심으로 충청남북도와 황해도에 걸쳐 영향을 미치며, 때로는 서해안 및 도서지방과 평안남북도까지 그 영향이 확대될 때도 있다.

일정 지역에서 그 지역의 특수한 조건으로 인하여 나타나는 바람을 지방풍 또는 국지풍(局地風)이라 하는데, 우리나라의 지방풍으로 예로부터 잘 알려진 것 중의 하나가 높새바람이다.

하늬바람은 맑은 날 서쪽에서 부는 서늘하고 건조한 바람을 말한다. '하늬'는 뱃사람의 말로 서쪽을 가리키기 때문에 이렇게 부른 것이다. 습하고 무더운 '된마(동남풍)'에 상대되는 바람이다. 무더운 여름철에 부는 하늬바람은 말의 느낌만큼이나 실제로도 상쾌한 느낌을 주는 바람이다.

그밖에도 센 북풍은 '된바람', 북서풍은 '된하늬바람'이라고 부른다. 이런 이름들은 주로 바람과 생업에 관계가 깊은 뱃사람들이 지어낸 것이다.

바람 이름과 그 방위는 그 섬의 위치와 지형에 따라 약간의 차이는 있으나, 마파람(남풍)·샛바람(동풍)·가수알바람(서풍) 등과 같이 구별해서 불리었다. 지금도 농어촌 노인들로부터 이런 바람의 이름들을 간혹 들을 수 있다.

고드름

고드름 고드름 수정 고드름
고드름 따다가 발을 엮어서
각시방 영창에 달아 놓아요.

(유지영 작사, 윤극영 작곡의 동요)

이런 동요를 부르며 자랐던 세대는 '고드름'을 보면 이에 대한 향수가 있으며 어린 시절을 생각하게 한다.

예전엔 고드름이라고 하면 겨울철에 눈이 많이 내린 날이나 다음날 초가지붕 아래 주렁주렁 매달린 것을 연상한다. 그러나 요즘엔 고드름 보기가 힘들다. 대도시의 아파트 동네에선 더욱 그렇다. 그런데 글쓴이는 최근 이상한 고드름을 본 적이 있다.

모처럼 눈이 많이 내린 어느 날 아파트 단지 안에 세워 둔 차를 운행하려고 나와 보니 차가 온통 눈으로 덮여 있었다. 유리창의 눈을 대강 치우고 운전석 문을 열면서 보니 자동차 아래로 기다란 고드름이 주렁주렁 매달려 있었다.

시골 초가지붕 밑에서 보던 그 고드름이 생각났다. 그러나 자동차에 매달린 고드름은 운치가 없었다. 이처럼 향수를 자아내기도 하는 고드름의 어원은 과연 무엇일까?

'고드름'은 눈 녹은 물이 처마 끝이나 바위 모서리로 흘러내리면서 얼어 늘어진 얼음 덩어리를 말한다. '얼음 기둥'과 같은 모양이어서 '빙주(氷柱)'라고도 하고, 처마나 바위에 달려 있는 형상이어서 '현빙(懸氷)'이라고도 한다.

　이렇듯 '고드름'을 뜻하는 한자어의 어원은 분명하나, 토박이말로 불리는 '고드름'의 어원은 쉽게 드러나지 않는다.

　'고드름'의 옛 형태를 추정하여 그 뿌리를 캐는 주장으로 다음 세 가지 설이 있다.

> ① 형용사 '곧다(直)'의 어간 '곧-'이나 그 관형사형 '곧은'에 명사 '어름'이 붙어서 '곧다(直)+어름'이 변해서 '고드름'이 되었다는 주장 : 이탁(1946), 안옥규(1989 : 32), 홍윤표(1994), 조항범(1997 : 324-325), 백문식(1998 : 39), 고동호 외(2002)
> ② 명사 '곶(串)'과 '어름'이 결합하여 '곶+어름'이 '곳+어름' → '곧+어름' → '고드름'의 과정을 거쳤다는 주장 : 김민수 외(1997 : 84), 조항범(2001)
> ③ '빙(氷)'을 뜻하는 명사 '곧'+어름'의 형태에서 비롯되었다는 주장 : 서정범, 2000 :49-50.

　글쓴이는 위의 세 가지 설 중에서 ②의 견해를 지지하며 타당하게 보고 있다.

　이 견해는 우선 함경 방언을 토대로 '고드름'의 기원형을 '고저름'으로 잡았다. 그리고 '고저름'을 '곶'과 '어름'으로 분석하고 '곶'이 기원적으로 '꼬챙이'나 '좁고 길게 뻗은 산줄기'를 가리키는 '곶(串)'과 같은 것으로 보았다. 물론 '어름'은 '氷'의 뜻이다. 그리고 '곳갈, 곳챵이' 등과 같은 합성어 속에서는 '곶'이 '뾰족함'을 가리키는 요소로 사용된다는 점을 들어 '고저름'을 '뾰족한 얼음'으로 해석하였다.

이 견해에 따르면 현대국어의 '고드름'은 18세기에 보이는 '곳어름'으로 직접 소급하는 것으로 보았다.

즉 '곳+어름[곧어름]'에 대한 단어 경계가 모호해지면서 '고더름'으로 표기되고 '고더름'이 여러 음운 변화를 거쳐 '고드름'으로 정착한 것으로 본 것이다.(조항범, 2003 참고)

모꼬지

'모꼬지'는 놀이나 잔치 또는 그 밖의 일로 여러 사람이 모이는 것을 뜻하는 말이다. 옛말에 '몯다'란 말이 있었는데 이를 현대어로 고치면 '모이다'라는 뜻이다. 이 '몯다'에서 나온 말로 '몯가지'가 있는데, 이 말의 형태가 변해서 된 말이 요즘의 '모꼬지'로 보고 있다.

'모꼬지'와 같은 의미로 '모듬'이나 '모임'이라는 단어도 쓰인다. 이 두 단어의 역사는 '모꼬지'만큼은 길지 않아서 그런지 문헌에 나타나는 용례가 드물다. '모듬'은 동사 어간 '몯-[會(회)]'에 명사를 만드는 접미사 '-음'이 결합된 파생명사다. '모듬' 역시 '모꼬지'처럼 지금 잘 쓰이지는 않는데, 요즘은 겨우 '모듬회', '모듬찌개'라는 말에서 그 흔적을 찾아볼 수 있다. '모임'은 '모이-'라는 동사 어간에 명사를 만드는 접미사 '-ㅁ'이 결합된 파생명사다. '모임'은 '모꼬지'나 '모듬'과는 달리 빈번하게 사용되고 있다. '모임'이라는 단어는 사적인 회합과 공적인 회합 모두에 두루 사용된다. '모꼬지'나 '모듬'이 잘 쓰이지 않는 것은, 이 '모임'이라는 단어에 그 세력을 빼앗겼기 때문으로 볼 수 있다.

'모꼬지'가 주로 잔치나 놀이와 같은 사적인 모임에 제한적으로 쓰였으므로, 사적인 모임이든 공적인 모임이든 제한 없이 쓰이는 '모임'이라는 단어에 밀려나 세력을 잃게 된 것이다. 그렇다고 돌잔치나, 회갑 잔치 등과 같은 모임을 '모꼬지'라고 표현해서 안 될 것은 없다. 이러한 의미로 '모꼬지'를 살려 쓰는 것은 오히려 권장할 만하다.

　1980년대 이후 대학가에서는 외래어와 한자어를 버리고 거기에 알맞은 새로운 낱말을 만들어 쓰거나, 우리 토박이말을 고유어를 찾아내어 그것으로 대체하여 쓰는 우리말 사랑 운동을 꾸준히 전개해 왔다. 이렇게 쓰기 시작한 말들이 모두 정착되지는 못했으나, '새내기'나 '동아리'와 같은 말들은 지금도 바르게 잘 쓰이고 있다.

　'모꼬지'는 '엠티(M.T.)'라는 외래어를 대신하는 말로 쓰고 있다고도 한다. 그러나 이것은 의미의 차이 때문에 걸맞지 않다.

　'엠티'는 'Membership Training'의 준말로 모임이긴 하지만 공식적인 단체의 구성원이 친선 도모와 화합을 위하여 함께 수련하는 모임이기 때문이다. '엠티'는 '단체 수련 모임'이므로 '사사로운 모임'인 '모꼬지'로 대신해 쓰기는 어렵다.

　'엠티'를 우리말로 바꾼다면 '○○ 수련회' 또는 '○○연수회'정도로 써야 할 것이다.

　"그 친구가 이번 시험에 합격해서 농산물품질관리사 자격증을 땄다더니 오늘 저녁에 모꼬지를 한다고 초대했어요."

　토박이말 '모꼬지'를 살려 쓰려는 노력은 바람직한 일이나 위의 예처럼 그 뜻에 맞게 써야 이 낱말이 빛을 볼 수 있을 것이다.

못밥과 곁두리

　요즘은 잘 쓰이지 않지만 농사일과 관련된 밥의 이름도 여러 가지가 있다. 들에서 농사일을 하다가 먹는 밥을 들밥이라고 하는데 그 중에서도 모내기를 하다가 들에서 먹는 밥이 못밥이다.

　이렇게 일꾼들을 먹이려고 짓는 밥을 '일밥'이라고 하고, 특히 품을 사서 쓰고 먹이는 밥은 '품밥'이라고도 한다. 농사일 중에도 모내기는 마을 사람들이 품앗이로 서로 다르게 날을 잡아 차례로 함께 일하며 그 해 농사의 출발에 해당하는 주요 행사에 해당한다. 따라서 못밥도 다른 농사일 때보다 더 푸짐하게 반찬을 차려 마을 아낙네들이 모내는 집의 일을 도와 모내는 들판으로 머리에 이고 나온다.

　모내기를 할 때는 물론이지만 농촌에서 농사일을 하며 끼니 이외에 참참이 먹는 음식을 곁두리라 한다. 새 때마다 먹는 참이라 하여 새참이라고도 불렀다. 모내기철 같은 중요한 농사일에는 못밥도 반찬이 많고 푸짐하지만 곁두리도 음식이 먹을 만하다. 국수나 밥이 나오기도 하지만 떡을 하는 경우도 있고 반드시 일꾼들을 위한 막걸리가 곁들여진다.

　그러나 가족끼리 텃밭이나 건넛밭에서 감자나 캐고 콩이나 심는 정도의 일에도 곁두리가 나오긴 하지만 비교적 간단하다. 잘 나오면 국수, 거기에 말아 먹을 수 있는 밥이 나오면 속이 든든하다. 이보다 좀 부실한 경우는 찐 고구마나 감자, 계절에 따라 다르지만 옥수수, 찐 단호박 따위가 나온다. 먹을 것이 넉넉하지 못했던 시절, 그래도 곁두리는 농촌에서 일하면서 기다려지는 향수어린 음식이다.

또 곁두리라고 부르지는 않지만 밤에 먹는 '밤참'이라는 것이 있다. 요즘에 한자말을 써서 '야식(夜食)'이라고 하는 것과 같은 것이다.

농촌에서 농한기인 겨울철에는 가마니를 짜거나 새끼를 꼬았다. 가마니는 다음해에 농사를 지어서 넣을 벼와 쌀을 담을 것이고, 새끼는 가마니를 짜는데 쓰거나 초가지붕을 잇는 등 여러 용도로 쓰인다. 할머니의 구수한 옛날 얘기를 들으며 온 가족이 넓은 방에 둘러 앉아 새끼를 꼰다. 밤 10시정도가 되면 배가 고파 오는데 이때 나오는 것이 밤참이다. 주로 김치를 함께 넣어서 끓인 국수를 먹는데 글쓴이 고향(김포지역)에서는 이것을 '털랭이국수'라 했다. 이때도 사정에 따라 밤참이 달라지는데, 시원한 동치미와 함께 나오는 찐 감자나 고구마도 별미였다. 라면은 훨씬 뒤 1960년대 후반에 나온 듯하다.

못밥은 품앗이 때 먹는 주요 음식이며 곁두리나 새참, 밤참 모두가 농촌에서 필요한 것이었으며, 향수어린 음식 중의 하나다.

진솔

'진솔'은 ①옷이나 버선 따위가 한 번도 빨지 않은 새것 그대로인 것을 일컫는 말이며, 원래는 ②봄가을에 다듬어 지어 입는 모시옷을 가리키는 말이다.

순수한 토박이말 '진솔'이란 순수한 토박이말을 요즘 젊은 층이나 어린이, 청소년들은 그 뜻을 잘 모르거나 필요한 때에 살려 쓰지 못하는 듯하다.

하얀 모시옷을 차려 입은 어르신들을 보면 상당히 깔끔하고 품위 있는 느낌이 든다. 모시옷은 모시풀 껍질의 섬유로 짜서 만든다.

그리고 '춘포(春布)'란 것이 있는데 이것은 명주와 모시풀 껍질 섬유를 씨실과 날실로 교차시켜 짠 고급 직물이다. 또 모시옷 가운데 '진솔옷'이라는 것이 있는데, 이것은 위에서 풀이한 진솔의 두 번째 뜻인 ②봄가을에 다듬어 지어 입는 모시옷을 가리킨다.

이런 뜻의 '진솔'은 다음과 같이 쓰일 수 있다.

(1) 아내가 내어 온 것은 금년에 새로 지은, 윤이 치르르 흐르는 진솔이었다.
(2) 그들은 모시 진솔 두루마기를 입었다.(이기영, 〈봄〉)

요즘 흔히 쓰일 수 있는 '진솔'은 ①'옷이나 버선 따위가 한 번도 빨지 않은 새것 그대로인 것'을 뜻하는 말이다.

우리 속담에 '빨아 다린 체 말고 진솔로 있거라.'라는 말이 있다. 이것은 자기가 세탁해서 다림질했다는 티를 내지 말고, 진솔처럼 항상 본성을 지니고 남에게 생색을 내지 말라는 뜻이다. 여기서 뜻하는 진솔은 한 번도 빨지 않은 새 옷을 말하는 것이다.

이런 뜻으로는 다음과 같은 용례를 들 수 있다.

(3) 그녀는 이 옷을 진솔인 채로 해마다 고쳐 짓는 게 일이었다.
(4) 아직 진솔로 입을 만하니 더 입다가 빨아라.

위 (3), (4)는 새로 샀거나 지은 옷을 빨면 이른바 중고품 같은 느낌이 드니까 새 옷으로 더 입기 위해 진솔 상태를 유지하려는 뜻이 담겨 있다.

'첫물에는 옷이 잘 더러워지지 않으니까 좀 더 있다가 빨아라.'라는 말은 무슨 의미일까? 여기서 '첫물'이란 말이 옷을 새로 사서 입고 빨기 전까지를 뜻하므로 '진솔'과 같은 뜻으로 쓰인 것이다.

새 옷은 때가 잘 안타고, 한번 빨기 시작하면 옷이 잘 더러워지니까 진솔일 때 더 오래 입으라는 뜻이다.

대걸레와 마포

학교나 직장에서 청소할 때 쓰이는 자루 달린 걸레가 있다. 예전엔 조그만 방을 걸레로 훔치던 것을 요즘엔 넓은 실내 공간이나 복도를, 서서 걸레질할 수 있도록 만든 청소 도구다. 그런데 이것이 예부터 있던 것이 아니라서 그런지 그 이름조차 통일되어 있지 않다. '마포(麻布)', '마포걸레', '마포자루', '대걸레' 등으로 불리는데 요즘은 '마포'란 말이 거의 통용되고 있는 듯하다. 그러나 이 걸레는 '대걸레'라 불러야 옳다.

글쓴이가 1970년대 중반 인천의 어느 초등학교에 근무할 때는 이것을 '대걸레'라고 불렀는데, 요즘은 학생들에게 '대걸레'를 가져오라고 하면 고개를 갸우뚱하며 '마포요?' 하고는 가져온다. 이것은 요즘 '대걸레'라는 말은 사라져 가고 '마포'란 한자어가 통용되고 있음을 입증해 준다.

'마포'는 '삼실로 짠 피륙(천)'이나 '삼베'를 가리키는 한자다. 이 걸레에 자루가 달리지 않았다면 '마포'라고 불러도 상관이 없겠으나, 이것엔 긴 자루가 달렸으므로 '마포'란 이름은 적당치가 않다. 그렇다고 '마포자루'라고 부르면 우리말의 조어법상 '마포가 달린 자루(대)'를 의미하므로, 이것도 말의 앞뒤가 바뀌어 부적절하긴 마찬가지다.

그러면 결론은 다시 1970년대로 돌아가서 '대걸레'란 이름이 얼마나 좋은가? '긴 막대 자루가 달린 걸레'란 말이다. 토박이말이면서도 부르기 좋고 합리적이다.

저잣거리

저자는 시장의 토박이말이다. 지금은 ①시장에서 물건을 파는 가게 ②큰 길거리에 아침, 저녁으로 반찬거리를 사고팔기 위해서는 장을 뜻하는 말로 쓰인다. 그러니 저잣거리라 하면 가게가 죽 늘어서 있는 거리 또는 장거리라는 말이다.

저자는 각지에서 각양각색의 사람들이 모이는 곳이므로, 혼란스럽고 복잡한 무질서의 모습을 연상시킨다. 그러나 무질서 속의 질서, 이것이 저자의 모습이다. 난장(亂場) 또는 난전(亂廛)이라는 말이 따로 있었던 것으로 보아 저자는 본래 어지럽지 않다는 뜻이 있다고 보고 있다. 따라서 저자는 질서와 무질서의 공간이라 할 수 있다.(한국문화상징사전 : 동아출판사 참고)

15세기 국어에서는 '져자, 져재'가 쓰였고 그밖에 옛말로 '저직, 저재, 져제' 등이 있다. 『훈몽자회』에 저자의 뜻으로 새긴 한자말을 보면 시(市), 점(店), 부(埠), 전(廛) 등이 있다. 여기서 점은 고정 점포를 가리키며, 부는 배가 닿는 부둣가에 있는 시장, 전은 시장 가운데의 빈터로서 저자방이라고도 했다. 허(墟)라는 한자어도 시장이라는 뜻이어서 허시(墟市)라고 하면 장시라는 말과 같은 뜻이다.

시와 장은 같은 뜻의 말이지만, 문헌상으로 보면 시대가 내려올수록 시보다는 장이라는 말을 더 많이 썼다. 저자에 가는 것을 한자말로 행시

(行市)라 하며, 장이란 말을 써서 '장보러 간다.'고 할 때에는 간장(看場), 또는 간지[看集]라고도 했다. 여기서 지[集]는 장과 마찬가지로 저자를 뜻하고, 주로 외방 각처에 돌아가며 서는 정기 시장을 말한다.

요즘은 저잣거리를 텔레비전 사극에서 가끔 보게 된다. 임금이 민생을 살피러 사복을 하고 단출한 호위병들과 함께 저잣거리에 나오기도 하고, 고관대작이 가마를 타고 저잣거리를 지나는 모습을 보기도 한다.

가게가 죽 늘어서서 물건을 팔고 사는 상가(商街)나 재래시장 같은 곳이 바로 저잣거리에 해당하는 말이다. 선조들이 쓰던 저잣거리라는 토박이말은 언제부턴가 사라지고 상가나 재래시장이라는 말을 쓰니 한자말이 토박이말을 몰아낸 형국이다.

저잣거리!

되살려 다시 쓰고 싶은 우리말다운 토박이말이다.

미주알고주알

"어제 선 봤다는 남자 어땠니?"

"응, 별로 맘에 안 들었어. 처음 만나자마자 어찌나 미주알고주알 캐묻는지 짜증이 났어."

위 대화에서 선을 본 여자는 초면에 상대방이 지나치게 속속들이 캐물어서 남자가 맘에 들지 않았던 모양이다. 여기서 '미주알고주알'이란 아주 사소한 일까지 따지면서 속속들이 캐고 드는 모양이나 어떤 일을 속속들이 얘기하는 모양을 가리키는 말이다.

"그 사람이 우리 집 사정을 미주알고주알 캐묻는 바람에 난처했어."와 같이 '미주알고주알'은 '캐묻다'와 같은 동사와 잘 어울려 쓰인다.

원래 '미주알'은 항문에 닿아 있는 창자의 끝부분을 가리키는 말이다. 그러므로 이 말은 사람 속의 처음부터 맨 끝부분까지 속속들이 훑어본다는 뜻이다. 뒤에 붙은 '고주알'은 별 뜻 없이 '미주알'과 운율을 맞추기 위해 쓰인 말이다.

'미주알고주알'과 비슷한 말로는 '시시콜콜히'가 있다.

우리말에는 '미주알고주알'처럼 운율을 맞추어 덧붙여 쓰는 말들이 더러 있다. '울긋불긋, 아롱다롱, 이러쿵저러쿵, 알쏭달쏭, 오순도순, 얼씨구절씨구'와 같은 말들이 비슷한 예이다. 이처럼 비슷한 모양의 말

을 겹쳐 운율을 맞추는 말이 있는가 하면 '너울너울, 깡충깡충, 나풀나
풀, 울렁울렁, 가물가물, 우글우글, 철썩철썩, 딸랑딸랑'처럼 같은 말을
겹쳐 모양이나 소리를 흉내 내는 말을 만들어 쓰이는 말들도 많이 있다.

헹가래

축구나 야구 경기에서 우승을 하면, 이긴 선수들이 팀을 우승으로 이 끈 감독과 기쁨을 함께 나누며 자축하는 뜻에서 헹가래를 친다. 헹가래 는 이처럼 운동경기에서 큰 승리를 하거나 대학에 어렵사리 합격을 했 다거나 할 때 그 주인공을 높이 던져 올렸다 받았다 하는 일로 기쁘고 좋은 일을 축하하는 행위이다.

골프에서는 우승의 주인공에게 샴페인을 터뜨려 뿌려주고, 물속에 뛰 어들기도 하는 데 이와 비슷한 풍습이다.

그런데 이 헹가래의 뜻을 『표준국어대사전』에는 '사람의 몸을 번쩍 들어 자꾸 내밀었다 들이켰다 하는 일. 또는 던져 올렸다 받았다 하는 일. 기쁘고 좋은 일이 있는 사람을 축하하거나, 잘못이 있는 사람을 벌 줄 때 한다.'라고 되어 있다.

그러니까 헹가래는 기쁘고 좋은 일이 있을 때 축하하기 위해 하는 행 위뿐만 아니라 잘못 있는 사람을 벌줄 때도 한다. 또 그 방법이 던졌다 받았다 하는 것만이 아니라 네 활개를 번쩍 들어 앞으로 내 밀었다 들였 다 하는 행위도 한다는 것이다.

『큰사전』(1957)에서 헹가래를 '내밀었다 들였다'하는 행위로만 기술하 고 있는 것도 '던져 올렸다 받았다'하는 의미가 나중에 생긴 것이라는 것임을 암시한다.(조항범, 2004) 또 요즘은 잘못한 사람을 벌주기 위해 헹가래를 치지는 않는다.

헹가래의 어원은 흙을 떠서 던지는 데 쓰는 농기구 '가래'를 사용하는 동작, 곧 가래질에서 비롯됐다는 설이 있다.

가래는 논밭 농사일에서 때 밭고랑을 파 올리거나 도랑을 칠 때 쓰는 농기구이다. 아랫부분에 삼각 모양의 쇠 날을 끼운 넓죽한 부분에 긴 자루가 달려 있고 양 옆으로 가는 동아줄을 달아 두 사람이 잡아 당겨 흙을 퍼 올리도록 만들었다. 가운데에서 가랫자루를 쥐고 조정하는 역할을 하는 사람을 가래장부라 한다.

가래꾼들은 손발이 서로 맞아야 가래질을 잘 할 수 있다. 그래서 본래의 가래질에 들어가기 전에 '헛가래질'을 하는데, 이것은 마치 골프 선수들이 공을 치기 전에 '빈 스윙'을 하는 예비동작과 비슷하다. 그러나 골프와는 달리 '헛가래질'은 일 시작하기 전에 몇 번만 한다.

이 동작이 헹가래에서 '몸을 내밀었다 들였다'하는 동작과 비슷하고 '헛가래'라는 말이 발음이 비슷해서 헹가래의 어원으로 보는 것이다.

헹가래는 '헛가래(허+ㅅ+가래)'가 '헌가래 > 헨가래 > 헹가래'처럼 소리가 변해 왔을 것으로 추정하는 것이다.

헹가래와 헛가래질과의 동작이 비슷하고 그 발음이 비슷하여 이런 어원설이 나온 것 같으나, 헹가래의 말소리 변화에 따른 문헌적 근거도 찾기 어려우므로 이를 헹가래의 어원으로 받아들이기는 어렵다.

닭똥집

　술꾼이라면 포장마차 술집에서 닭똥집을 한 번쯤 술안주로 먹어 본 경험이 있을 것이다. 어떤 사람은 소주 안주로 닭똥집을 즐겨 찾기도 한다.

　오래 전 배불리 먹지 못하던 시절에 값싸게 먹을 수 있는 안주였는데, 먹거리가 풍부한 요즘도 대폿집에서 닭똥집은 술꾼들이 자주 찾는 안주 중의 하나다.

　이 닭똥집이란 말이 고상하지는 않지만 오랫동안 이어오는 술안주로서 술꾼들에겐 정겹게 느껴진다. 그런데 어떤 대폿집 주인 아주머니가 안주 식단표에 '닭똥집'이라고 쓴 글자를 '똥'에 가새표를 하고 '변'이라고 고쳐 써 놓았다고 한다. '똥'은 더럽고 저속하다는 느낌이 들어 손님들에게 보다 좋은 인상을 주고자 '변'이라고 고쳤을 것이다. '닭똥집'이 '닭변집'이 된 것이다.

　'닭변집'은 물론 국어사전에도 없는 말이다. 그러면 그 술집 손님들의 반응은 어떠했을까? 어느 손님은 무심코 닭똥집이라고 부르며 안주를 시켜 먹을 때는 맛이 그렇게 좋았는데 닭변집이란 말을 보고는 오히려 똥이란 인식이 들면서 원래의 맛이 싹 달아나더라는 얘기가 있다.

　우리는 한자어와 토박이말을 예부터 두루 써 왔는데 같은 뜻의 낱말도 한자어는 권위 있는 말로, 토박이말은 서민층의 말로 쓰이거나 속된 말로 굳어진 경우도 있다. '집'의 높임말은 '댁'이고 대변, 소변은 고상한 말이며 똥, 오줌은 속된 말로 취급하는 경향이 있다.

그러나 국어사전을 보면 똥은 '사람이나 동물이 먹은 음식물을 소화하여 항문으로 내보내는 찌꺼기'라고 풀이했고, 한자어 변(便)은 '대변과 소변을 아울러 이르는 말. 주로 대변을 이른다.'라고 풀이했다.

위 풀이를 보면 똥이나 변이나 모두 동등한 자격의 낱말로 똥은 토박이말, 변은 한자어로밖에는 달리 인식되는 것이 없다.

그런데 닭똥집의 풀이를 보면 '닭의 모래주머니를 속되게 이르는 말'이라 하여 닭똥집을 속어로 분류했다. 이는 닭 모래주머니가 생물학적 용어이고 닭똥집은 이를 요리하여 만든 음식이라는 점에서 차이를 둔 것 같은데 이는 닭똥집에 대한 풀이가 미흡할 뿐 속된 말로 분류한 것은 아쉬운 점이 있다.

닭똥집은 우리에게 친숙한 말이며 닭 모래주머니와는 다르게 음식으로 만들어 먹는 다른 뜻을 내포하고 있다. 국어사전에서는 이러한 음식으로서의 닭똥집 풀이를 곁들이고 '속되게 이르는 말'이란 속어 분류의 풀이는 삭제함이 옳다고 생각한다.

해거리

　해거리는 한 해를 거름 또는 그런 간격을 뜻하는 말이다. 이 낱말은 '해+거리'로 이루어진 파생어로, 접사 '거리'는 하루 이상의 기간을 나타내는 명사 뒤에 붙어 '주기'의 뜻을 더하는 말이다.

　"이 대회는 해거리로 열린다.", "나무에 거름을 잘 주었더니 아직 해거리도 하지 않고 해마다 왕성한 결실 능력을 보여주고 있다."처럼 쓰인다.

　이 낱말은 농업 용어로 주로 쓰이는데 열매가 많이 열림 또는 그런 현상으로 한 해에 열매가 많이 열리면 나무가 약해져서 그다음 해에는 열매가 거의 열리지 않는 것을 말한다.

　해거리 하는 나무는 해거리 동안 모든 에너지 활동의 속도를 늦추면서 오로지 재충전하는 데에만 온 신경을 기울인다. 그리고 1년 동안의 휴식이 끝난 다음 해에 나무는 어느 때보다 풍성하고 실한 열매를 맺는다.

　이때 과일나무에서 과일이 많이 열리는 해를 성년(成年), 아주 적게 열리는 해를 휴년(休年)이라고 한다.

　감이나 감귤나무 종류는 해거리가 잘 일어나고, 복숭아·배·앵두·포도 등은 별로 문제가 되지 않는다. 성년에는 꽃도 많이 피고 과일도 많이 열리므로, 과일을 맺는 데 많은 양분을 소비한다. 다음해의 꽃이 될 꽃눈의 분화가 시작되는 8월경까지도 과일의 성장이 계속되기 때문에 꽃눈의 분화가 불량해지고 꽃의 소질(素質)도 떨어져서 다음해는 과

일이 잘 안 열리는 휴년이 된다. 그러나 휴년에는 결실이 잘 안되기 때문에 나무의 양분이 과일의 성장에 소모되지 않으므로 꽃눈의 분화가 잘 되어 다음해에는 성년이 되어 열매가 많이 열리게 된다.

해거리를 방지하기 위하여 관리방법을 개선하고, 해거리가 적은 품종을 선택하기도 한다. 관리 방법으로 성년에 과일나무의 가지치기를 많이 하고, 꽃과 어린 과일을 솎아 줌으로써 해거리를 방지할 수 있다. 또 성년에 나무의 세력이 약화되지 않도록 거름주기에 주의하고, 되도록 빨리 수확하며 빨리 낙엽 지는 것을 방지하면 해거리를 최소한으로 막을 수 있다.

농사하는 사람의 처지에선 해거리를 막으려 애쓰지만, 우리는 해거리의 지혜를 나무에서 배우기도 한다. 해거리 휴식이라는 것은 어떤 것을 포기해야만 내일을 위한 자양분을 얻을 수 있다는 지혜를 일깨워준다.

지난 시간 동안 참 많은 일을 했다고 하지만 어쩌면 가장 중요한 일 한 가지를 놓치고 있었는지도 모른다. 속도를 늦추고 잠시 쉬어 가는 동안 소소한 삶의 즐거움을 발견하게 되고 비로소 그 다음의 일을 생각할 수 있다.

어처구니

국어사전에 '어처구니'는 주로 '없다'의 앞에 쓰여 상상 밖의 엄청나게 큰 사람이나 사물을 뜻한다고 풀이돼 있다. '어처구니가 없는 일을 당하고 보니 한숨만 나온다.'처럼 쓰인다.

한편 어처구니없다는 '일이 너무 뜻밖이어서 기가 막히는 듯하다'로 풀이하고 있다. 이는 '어이없다'와 비슷한 말로 쓰이며, '약이 뒤바뀌는 어처구니없는 간호사의 실수로 상처가 도리어 덧나고 말았다.'처럼 쓰인다.

어처구니의 어원에 대한 이야기는 두어 가지가 전해진다.

하나는 '잡상(雜像)'이 어처구니의 유래가 되었다는 것이다. 잡상은 궁전이나 전각의 지붕 위 네 귀에 여러 가지 신상(神像)을 새겨 얹는 장식기와인데 경복궁이나 창덕궁 등의 궁궐 전각이나 숭례문의 기와지붕을 자세히 보면 사람이나 동물의 모양을 한 토우(土偶, 흙으로 만든 인형)들이 한 줄로 늘어서 있다. 이를 '어처구니'라고 불렀다 한다.

어처구니의 유래는 궁궐이나 성문을 짓는 기와 기술자들이 지붕의 마무리 일로 어처구니를 올리는데 이것을 실수로 잃어버리는 일이 있었다 한다. 옛날에 궁궐이 불에 타면 어처구니가 없어서 불에 탄 것이라고 생각했다는 것이다. 여기서 '어처구니없다'라는 말이 나왔다고 하는 이야기가 있다.

다음은 바윗돌을 부수는 농기계의 쇠로 된 머리 부분이 어처구니라고 알려져 있다. 이 막대 부분이 나무라서 돌을 부수다보면 종종 부러질 때가 있었다 한다. 그 머리 부분을 잃어버려서 일을 하지 못할 때 '어처구니가 없다'라는 말을 사용했다는 것이다.

또 맷돌을 돌리는 나무막대로 된 손잡이를 어처구니라 불렀다 한다. 맷돌을 돌리려고 하는데 정작 중요한 도구인 손잡이 곧 '어처구니'가 없어 맷돌을 돌릴 수 없게 되어 허탈해짐으로써 '어처구니없다'라는 말에 '어이없다'는 의미가 생겨났다는 이야기도 있다.

이들 '어처구니'의 유래나 어원설에 대해서 어원을 연구하는 학자들은 부정적인 견해를 보이고 있다.

> 19세기 말의 『한영자전(韓英字典)』(1897)에는 '어쳐군이'로 표기되어 나오며, '돈을 주조하는 데 쓰이는 놀랄 만한 기계'라고 기술되어 있고, 20세기 초의 『조선어사전』(1938)에는 '키가 매우 큰 사람의 별칭'으로 기술되어 있다. 그리고 20세기 초에 나온 소설류에서는 엄청나게 큰 기계를 '어처구니 기계', 엄청나게 큰 굴뚝을 '어쳐군이 굴둑'으로 표현해 놓았다.
> −중략−
> 20세기 초의 '어처구니'는 '엄청나게 큰 기계나 물건, 그리고 그와 같은 사람'이라는 의미여서 '어처구니가 없다'나 '어처구니없다'는 '엄청나게 큰 기계나 물건이 없다' 또는 '엄청나게 큰 사람이 없다'의 뜻이 되어 '어이없다'나 '기가 막히다'의 뜻과는 관련성이 적어 보인다는 것이다.(조항범, 2004)

이렇게 보면 지금까지 '어처구니'의 유래라고 알려진 이야기들은 어원으로서는 신빙성이 부족하다. 다만 '어처구니'가 20세기 초에만 해도 '엄청나게 큰 기계나 물건', '엄청나게 큰 사람'을 실제 뜻하고 있었음을 확인했으니 '어처구니가 없다'는 말은 보통 어이없이 엉뚱하게 큰일을 당했을 때 쓰인다는 점에서 일부 연관성을 엿볼 수 있다. '어처구니'의 어원에 대해서는 위 이야기를 포함해서 더 찾아 연구해 보아야 할 어휘이다.

마누라

'마누라'는 중년이 넘은 아내를 허물없이 이르는 토박이말이다. 근래엔 노년층에서나 좀 쓰이지 그 쓰임새가 줄어드는 추세이다. '마누라'는 아내를 직접 부를 때나 남과 이야기 할 때 가리킴말로도 쓰여 왔다. 그런데 이 말이 중년이 넘은 여자를 속되게 이르는 말로도 쓰이기 때문에 간혹 여자 쪽에서 거부감을 느끼기도 하는 것 같다.

　(1) 여보 마누라!
　(2) 우리 집 마누라는 장에 간 모양이야.
　(3) 그 마누라는 말투가 늘 그래.

위 (1)의 '마누라'는 남편이 자신의 부인을 직접 부르는 부름말이고, (2)는 제삼자에게 자신의 아내를 지칭한 가리킴말이며, (3)은 중년이 넘은 여자를 속되게 이르는 말의 보기이다.

(1), (2)와 같이 우리 조상들은 '마누라'를 친근감 있는 말투로 써 왔으나 근래에는 품위가 없다고 느끼는지 중년 이후에도 이 말을 기피하는 경향이 있다.

마누라의 어원에 대해서는 여러 가지 속설이 있다. 마누라는 '마주보고 눕는 여자'라든가 '마주한 누나', '마, 누우라'에서 왔다는 속설 등이 그것이다.

'마, 누우라'는 그럴 듯한 내력까지 곁들여 있어 흥미를 돋운다. 경상도가 고향인 신혼부부가 첫날밤을 맞게 되었다. 이때 신부가 너무 부끄럽고 두려워서 눕지 않고 앉아만 있었다고 한다. 이에 화가 난 신랑이 참다못해 "마, (이제)누우라."고 했다고 한다. 이렇게 '마, 누우라.'를 줄여서 '마누라'를 아내의 뜻으로 쓰게 됐다는 그럴듯한 속설이다.

실제로 마누라의 어원은 옛말 '마릭[宗]'에 호격조사 '-아'가 붙은 것이라든지, '만(첫째, 우두머리)'과 '오라[門]'가 결합하여 만들어진 말이라는 등 밝히기 어려울 정도로 여러 가지가 있다.

마누라의 옛말은 '마노라'인데 '한중록(閑中錄)'에는 '마노라'가 '왕, 왕대비, 세자, 세자빈' 등과 같은 궁중의 높은 인물을 직접 부르는데 쓰일 뿐만 아니라, '대비마노라, 선왕마노라, 웃전마노라' 등으로 궁중에서 많이 쓰였다. 궁궐 밖에서는 지체 높은 벼슬아치나 그 부인 등을 부르거나 가리키는 말로도 쓰였다.

조선시대에 '마노라'는 '마마'와 같이 쓰이던 아주높임말(극존칭어)이었다. 또 하인이 상전을 부르던 칭호로도 쓰였다.

그러다가 신분 제도가 무너지는 조선 후기에 들어와서는 늙은 부인이나 아내를 가리키는 말로 쓰이게 된 것으로 알려져 있다.

쉬운 말이 좋은 말

과거에는 한자말을 많이 쓰고 한자 4자성어를 섞어 쓰거나 우리말에 외래어나 영어를 섞어 쓰면 유식하다고 생각하던 때도 있었다. 요즘에도 우리말에 영어 쓰는 걸 자랑스럽게 생각하는 이들도 간혹 있는 것 같다. 말이란 듣는 사람이 들어서 알기 쉽고 편해야 한다.

공공기관에서 쓰는 공문서나 회의에서 쓰는 말투도 딱딱한 한자말이 많았다. 그러나 이제 공문서도 차츰 쉬운 말 쓰기로 바뀌어 가는 양상은 바람직하다.

'수신'을 '받음'이라 하고 수신처는 '받는 곳', '첨부'는 '붙임' 등으로 바꿔 쓰고 있다. 공무원들이 쓰는 말투로 '결재를 득(得)하다.', '사료(思料)되오니', '필(畢)하다' 등 아직도 사라지지 않는 딱딱한 한자말들이 꽤 있다. 일상생활 언어나 공공기관, 학교 등에서 아직도 쓰이는 한자말들을 예로 들어 본다.

· 금주, 금일 → 이번 주, 오늘
· 공차(空車) → 빈차
· 이하 여백 ⇒ 아래 빈칸 ⇒ 빈칸
· 노면 ⇒ 길바닥
· 병역을 필한 ⇒ 마친 사람

· 소환장 ⇒ 부름표
· 농협 구좌로 ⇒ 계좌로 입금시켜 주시기 ⇒ 넣어 주시기
· 행정 지도하에 ⇒ 행정 지도를 받아
· 고수부지 ⇒ 강턱, 둔치
· 하천 사방 공사 ⇒ 하천 모래막이 공사
· 수경재배 ⇒ 물가꾸기
· 반드시 열람하고 숙지한 후 ⇒ 자세히 안 후
· 견인 ⇒ 끎, 이끎
· 육교 ⇒ 구름다리
· 가급적 ⇒ 되도록
· 의법 조치 ⇒ 법에 따라 처리
· 계승하다 ⇒ 이어받다
· 경각심 ⇒ 깨우침
· 사료되오니 → 생각하오니
· 보합세(保合勢) → 주춤세, 멈춤세
· 춘계 소풍 → 봄소풍
· 공히 → 같이
· 하계 휴가 중 계획서 → 여름 방학 계획서
· 잔업 → 덧일
· 결재를 득하다 → 결재를 받다
· 조식, 중식 → 아침(식사), 점심
· 축결혼(祝結婚) → 결혼을 축하합니다

　위에서는 '→'표 왼쪽 말에는 한자어가 섞여 딱딱하므로 오른쪽 방향의 쉬운 말투로 바꿔 쓰는 것이 바람직하다.
　방송 용어도 쉬운 말로 고쳐 가는 추세인데 외래어를 남발하는 것은 고쳐 나가야 할 일이다. 스포츠 용어는 그 운동이 처음 시작된 나라의 말이 국제 공용어가 될 정도로 외래어가 많다. 스포츠 용어도 되도록

우리말로 바꾸어서 순화해 나가는 것이 바람직하며 일부분은 그렇게 노력을 하고 있다. 예를 들어 축구 경기 중계방송에서 '인저리타임'은 '추가시간'으로, "터치라인 아웃됐습니다."보다는 "옆줄 밖으로 나갔습니다."라고 하면 알기 쉽다. 또 배구경기에서 '스크린플레이'라는 용어가 있는데 시야 방해 행위를 가리키는 말이다. 이때는 심판이 이것을 우리말로 '시야 방해를 하지 말라.'고 주의를 주어 경고를 한 후, 그래도 계속 시야 방해를 하면 실점을 주면 된다.

이밖에도 법률 용어를 쉬운 우리말로 바꾸는 작업이라든가 행정용어를 순화하는 일은 계속돼야 한다. 그리고 국회의원 명패를 한글로 바꾸는 일은 오랜 노력 끝에 그 뜻을 이루었으니 다행스런 일이다. 사람 이름이나 가게 이름을 토박이말로 짓는 일 등 우리 주변에서 일고 있는 쉬운 말 쓰기의 실천이 '우리말 바르게 가꾸기 운동'의 밑거름이 될 것이다.

안내 방송 말씨

　요즘 방송이나 공공시설에서 안내하는 말, 컴퓨터 음성들이 전보다 쉬운 말을 쓰는 편이다. 방송에서 종전에 '일기예보, 기상통보'라고 하던 말을 요즘은 '기상 정보, 오늘의 날씨'라고 표현을 한다. 현대 감각에 맞고 친근한 표현이다. 그러나 아직도 필요 이상의 외래어나 딱딱하고 어려운 한자어를 쓰기도 한다.

　　(1) 이 교통사고로 2명이 사망하고, 3명이 중상을 입었습니다.
　　(2) 인천행 열차가 4번 홈으로 진입하고 있습니다.

　위 (1)은 종전에 우리가 방송을 통해서 뉴스를 들을 때 흔히 들어보던 말투다. 한자어 '사망'과 '중상'이란 말이 귀에 거슬린다. (2)는 전철을 타기 위해 기다릴 때 나오는 안내 방송이다. 이것도 7,8년 전에 쓰던 말이고 요즘은 쉽고 편안한 말로 바뀌었다.

　　(1)' 이 교통사고로 2명이 숨지고, 3명이 크게 다쳤습니다.
　　(2)' 인천 가는 열차가(타는 곳 4번으로) 들어오고 있습니다.

　요즘 방송은 위 (1)'처럼 한자어를 쉬운 토박이말로 바꾸어 말하는데 듣기 쉽고 편하다. (2)'에서도 '인천행'이라는 일본식 한자어를 '인천 가는'이라고 바꾸고 '4번 홈'은 '타는 곳 4번'으로 바꾸거나 말하지 않는 것이다. 승객은 이미 '타는 곳 4번에서' 기다리고 있기 때문에 말할 필요가 없는 것이다. '진입하고'라는 한자어보다는 '들어오는'이라는 토박이말이 훨씬 친근감 있다. 이런 안내 방송은 쉽고 편안한 말로 필요한 정보를 되도록 짧고 간단하게 알려 주는 것이 좋다. 안내 방송이 길고 지루하면 공해가 된다.

　　(3) 사고다발 주의 구간입니다.

　위 (3)은 요즘 자동차마다 달려 있는 길도우미(내비게이션)가 컴퓨터 음성으로 안내하는 말이다. 종전에 도로 표지판으로 '사고다발지역'이라고 써 붙인 적이 있었는데, 이 말을 다듬어 '사고 잦은 곳'으로 바꾸었다. 이 안내 음성도 당연히 '사고가 잦은 곳입니다. 주의하십시오.'라고 바꾸면 우리말답고 부드럽다.

갓길과 나들목

　고속도로에 주행선이나 추월선 등 정규 차선 바깥 길가 쪽으로 폭이 좁은 차선이 있는 곳이 있다. 이곳은 고속도로나 자동차 전용 도로의 유효 폭 밖의 가장자리 길이다. 위급한 차량이나 고장이 난 차량을 위한 길이므로 평상시의 주행이나 무단 주차를 금지하고 있다.

　이 좁은 길의 이름이 '노견', '길어깨'와 같은 어색한 말로 불리다가 이젠 '갓길'이란 말로 자리를 잡았다.

　1990년대 초에 고속도로 변에 '노견 주행 금지' 또는 '노견 주차금지'란 표지판을 붙였던 적이 있고, 그 후엔 또 '길어깨 주행 금지'라는 말도 쓴 적이 있었다.

　'노견(路肩)'은 일본식 한자말로 우리에게 익숙하지 않고, '길어깨'는 '노견'을 토박이말로 직접 옮긴 것인데 어색하긴 마찬가지였다. 그 후에도 여러 사람들의 따가운 지적을 받으면서 이를 대신한 좋은 말을 찾지 못하다가 '갓길'이란 말이 탄생하여 이제는 자연스럽게 널리 쓰이고 있다.

　그밖에도 '인터체인지'란 말이 '나들목'으로, '톨게이트'가 '표 사는 곳' 또는 '요금 내는 곳'으로 자연스럽게 바뀌어 가는 우리말의 모습은 매우 바람직하다.

　'인터체인지'는 고속도로를 달리다가 밖으로 빠져나가거나, 다른 길을 달리던 차가 고속도로로 들어올 수 있도록 만들어 놓은 길목이다. '나들목'은 '나다'와 '들다'의 동사 어간과 명사 '목'을 합쳐서 만든 합성어이다. '목'은 '길목'의 줄임말로, '길목'은 큰길에서 좁은 길로 들어가는 어귀를 뜻하는 것이니, 의미상으로도 '인터체인지'보다 훨씬 적합한 말이라 생각된다. 이제 '나들목'이란 말을 교통 안내를 위한 방송이나 생활 언어에만 쓸 것이 아니라 교통 표지판도 한글 안내인 경우는 '인터체인지'의 영어 약자인 'IC'를 쓰지 말고 글자수가 좀 늘어나더라도 '○○나들목'이라고 고쳐 썼으면 한다.

우리말 바로 쓰기

한글 맞춤법

어문규범

어문규범은 언어생활에서 따르고 지켜야 할 공식적인 기준을 정한 것으로 한글 맞춤법, 표준어 규정, 외래어 표기법, 국어의 로마자 표기법을 아우르는 말이다. 이를 어문규정이라고도 한다.

어문규범은 국어기본법이 2005년 1월 공포되고 7월부터 시행되었는데 이 법안에 들어 있다. 그 이전엔 '한글전용에 관한 법률'에 따라 위네 가지 규정을 따로 정하여 수정 보완하며 써 왔는데, 이 법률을 폐지하고 더 구체적이고 국어 발전에 도움을 주는 내용의 국어기본법을 만든 것이다.

국어기본법 제 3조에는 어문규범을 다음 3항과 같이 정의하고 있다.

┃제3조(정의)┃
이 법에서 사용하는 용어의 정의는 다음과 같다.
1. "국어"라 함은 대한민국의 공용어로서 한국어를 말한다.
2. "한글"이라 함은 국어를 표기하는 우리의 고유문자를 말한다.
3. "어문규범"이라 함은 제13조의 규정에 의한 국어심의회의 심의를 거쳐 제정한 한글 맞춤법, 표준어 규정, 표준어 발음법, 외래어 표기법, 국어의 로마자 표기법 등 국어사용에 필요한 규범을 말한다.

위 3항에서 어문 규범을 한글맞춤법, 표준어규정, 표준어발음법, 외래어표기법, 국어의 로마자표기법 등 다섯 가지로 나누어 놓았는데, 여기서 표준어발음법은 표준어 규정 제2부에 들어가 있으므로 실제로 어문규범을 바르게 나누면 1.한글 맞춤법 2.표준어 규정 3.외래어 표기법 4.국어의 로마자 표기법 이렇게 네 가지가 된다. 표준어 규정 안에 있는 '표준어 발음법'이란 말은 '표준 발음법'이라고 해야 맞는 말이다.

대부분의 사람들은 위에서 한글 맞춤법이나 표준어 규정은 어떤 규정인지 이해하고 있다. 그러나 3, 4의 경우는 이 규정을 혼동하는 이들이 있다. '3.외래어 표기법'은 쉽게 말하면 외래어 텔레비전을 한글로 쓸 때 '텔레비전'이라고 표기해야 하며 이를 '텔레비죤, 텔레비젼' 따위로 표기해서는 안 된다는 표기 규정을 일컫는 것이다. '4.국어의 로마자 표기법'은 우리말을 로마자로 표기할 때 통일해서 쓰기 위한 규정이다. 우리말로 된 도로 표지판, 역이름, 땅이름 따위를 외국인들도 알 수 있도록 표시해 주는데 주로 쓰인다. 예를 들면 '김포'를 'Gimpo'로 쓸 것이냐 'Kimpo'로 쓸 것이냐를 적는 기준을 정해 한글 자모와 로마자를 대비시켜 표를 만들고 낱말의 예를 들어 쓰는 이들이 서로 다른 표기를 하지 않도록 만든 규정이다.

정부는 이렇게 국어기본법 안에 어문규범을 넣어 국민들이 표준 어법을 지켜 쓰도록 규정하고 있다.

이 법은 2008, 2009년에 일부 개정, 보완했으며 2010년에는 국어 기본법 시행령을 공포하여 국어의 발전과 보전의 기반을 마련해 우리 문화의 삶의 질 향상을 도모하고 있다.

한글 맞춤법

1. 한글 맞춤법의 역사

우리가 지금 쓰고 있는 《한글 맞춤법》은 정부가 1988년 1월에 문교부 고시 제88-1호로 정한 것이며, '표준어 규정'은 고시 88-2호로 나온 것에 따르는 것이다.

그 이전까지는 일제 강점기인 1933년 조선어학회(지금의 한글학회)의 여러 학자들이 협의하여 만들었던 《한글 맞춤법 통일안》에 따라 우리의 말글살이를 해 왔다. 정부가 《한글 맞춤법 통일안》이후 55년 만에 그 통일안이 지녔던 문제점들을 정리하여 발표한 것이므로 당시까지 써 왔던 것과 다른 부분이 많아 혼란이 우려되기도 하였다. 각 조항별로 지적되는 문제점도 많이 있었지만 부분적 수정을 거쳐 확정된 《한글 맞춤법》은 우여곡절 끝에 새로운 탄생을 보게 되었다. 어떤 규정도 완벽할 수는 없지만 현행 《한글 맞춤법》에도 복잡한 사이시옷 규정이나 성과 이름을 붙여 쓰는 띄어쓰기 등 불합리한 규정이 지적되고 있다.

그러나 한글 맞춤법을 자주 고칠 수는 없는 일이므로 일정 기간 동안 그대로 쓰다가 새로운 개정안을 만들 때 이런 점들이 보완될 것으로 보인다.

이때 고시한 《한글 맞춤법》은 1년 동안의 유예 기간을 거쳐 1989년 3월1일부터 시행되어 오늘에 이르고 있으며, 지금은 위에서 밝힌 대로 표준어 규정, 외래어 표기법, 국어의 로마자표기법을 한데 묶어 이들을 어문규범이라 한다. 2005년 1월 국어기본법이 공포되어 7월부터 시행되면서 어문규범은 이 법 제3조에 들어 있다.

2. 한글 맞춤법의 원리

한글 맞춤법은 본문 6장과 '부록'으로 되어 있다. 제1장 총칙 제1항을 보며 맞춤법의 윤곽과 그 원리를 알아보도록 한다.

> 제1항 한글 맞춤법은 표준어를 소리대로 적되, 어법에 맞도록 함을 원칙으로 한다.

한글 맞춤법은 표준어를 올바르게 적는 법이란 뜻이다. 여기서 '표준어'란 '교양 있는 사람들이 두루 쓰는 현대 서울말'을 가리킨다. 이것은 '표준어 규정' 제1장 제1항에 명시해 놓았다.

표준어를 적는 원리는 두 가지로 설명할 수 있다.

하나는 '소리대로 적되'에 해당하는 말들은 그대로 소리 나는 대로 적으면 된다. 예를 들어 [나무], [김치]로 소리 나는 말들은 소리 그대로 '나무', '김치'로 적으면 된다.

그러나 뒤에 '어법에 맞도록 함을 원칙으로 한다.'라는 말을 지켜 쓰는 부분들은 조금 복잡하다고 느낄 수도 있다. 여기서 알아두어야 할 두 번째 원리는 여러 가지로 소리 나는 말은 그 기본 어형을 알고 그 형태를 밝혀 적어야 하는 경우가 많다는 것이다.

'값'이라는 낱말은 그 뒤에 어떤 조사가 붙느냐에 따라 [갑씨], [갑또], [감만], [갑쓸], [갑쎄] 등으로 소리 나며, '꽃'은 [꼬치], [꼬츨], [꼳또],

[꼰만] 따위로 소리 난다. 이것을 소리 나는 대로 적으면 한 낱말의 형태가 여러 가지로 변형되어 나타나게 된다. 곧 '값'은 [갑, 감] 등으로, '꽃'은 [꼬, 꼳, 꼰]과 같이 혼란스러운 형태를 보이게 되는 것이다.

그래서 그 기본 어형을 밝혀 '값이, 값도, 값만, 값을, 값에' 또는 '꽃이, 꽃을, 꽃도, 꽃만'으로 적으면 표기의 혼란을 줄이고 약속된 글자 생활을 하기에 편리한 것이다.

맞춤법이 간혹 까다로운 부분도 있지만 그 원리를 알고 익혀 쓰면 그렇게 어려운 것이 아니며, 우리 말글을 바르게 쓰겠다는 생각과 이를 위한 노력이 중요하다.

잡을까와 잡을게

'-ㄹ까, -ㄹ 게, -ㄹ 걸, -ㄹ수록' 등의 어미 쓰임에 대해 혼동을 일으켜 잘못 쓰는 경우가 흔하다. 자주 틀리는 이유는 이들 어미가 발음은 모두 된소리로 나는데 어떤 경우는 된소리 발음대로 쓰고 어떤 경우는 예사소리로 적어야 하기 때문이다.

(1) 이쪽은 내가 잡을<u>까</u>?
(2) 그냥 놔둬. 모두 내가 *잡을<u>께</u>.

위 (1)에서 '잡을까'는 맞게 적은 것이지만 (2)의 '잡을께'는 잘못된 표기이다. (2)에서는 '게'로 적어야 한다. 그러나 발음은 된소리 [께]로 한다. 그래서 표기할 때 자주 틀리는 것 같다.

그러면 왜 이렇게 맞춤법이 까다로운가? 의문을 갖는 사람도 많을 것이다. 그러나 그 기준을 알고 나면 까다롭지 않다.

(1)의 '먹을까'에서 '-ㄹ까'는 의문형 어미이다. 의문을 나타내는 어미들은 아래(3)의 보기처럼 된소리로 적는다.

(3) -(으)ㄹ까? -(으)ㄹ꼬? -(스)ㅂ니까? -(으)리까? -(으)ㄹ쏘냐?

그러나 의문형이 아닌 (2)의 '먹을께'는 된소리가 나더라도 예사소리 '게'로 적어야 한다. 그럼 다음 (4), (5)의 '-ㄹ껄'과 '-쑤록'은 어떨까?

  (4) 그렇게 해도 괜찮을 껄.
  (5) 볼<u>쑤록</u> 아름답고 신기하구나.

위 (4), (5)의 '괜찮을 껄'과 '볼쑤록'에서 '-(으)ㄹ껄', '-ㄹ쑤록'은 모두 의문형 어미가 아니므로 '-(으)ㄹ걸', '-ㄹ수록'으로 고쳐 써야 바른 표기가 된다.

이렇게 된소리가 나더라도 예사소리로 적어야 하는 어미는 다음 (6)과 같은 것들이 있다.

  (6) -(으)ㄹ게, -(으)ㄹ걸, (으)ㄹ세, (으)ㄹ수록, -(으)ㄹ지라도, -(으)ㄹ수록, -(으)ㄹ지언정, -(을)ㄹ진대, -올시다 ……

이를 요약하면 위 (3)에서 보인 예와 같이 의문형으로 끝나는 경우는 된소리를 그대로 쓰고, 의문형이 아닌 경우는 된소리가 나더라도 (6)과 같이 예사소리 글자를 쓰면 된다.(한글 맞춤법 제53항)

알맞은과 걸맞은

　'알맞은'과 '알맞는'은 어느 것이 바른 말일까? 또 '걸맞는'과 '걸맞은'은 어떨까? 모두 맞는 것 같기도 하고 그 중 하나씩은 틀리는 것 같기도 하고……. 헷갈리기가 일쑤다.

　이들 낱말의 표기에 대하여 학생들은 물론 교사들까지도 구별을 잘 못해서 실수를 하는 경우가 있다. 학교에서 학생들이 보는 시험 문제지를 보면 '다음 물음에 알맞는 답을 고르시오.'라는 문장을 자주 볼 수 있다. 얼핏 보면 틀린 말이 없이 바로 쓴 것처럼 보인다.

　그러나 여기서 '알맞는'은 잘못된 말이다. '알맞은'으로 고쳐 써야 맞는다.

　그 이유는 '알맞다'의 품사가 형용사이기 때문이다. 이 낱말은 '알맞다, 알맞게, 알맞고, 알맞은, 알맞아, 알맞지, 알맞을'과 같이 어미 활용한다. 형용사는 관형사형 어미를 취할 때 동사와 달리 '-는' 활용형을 취하지 않고, '-은'이나 '-ㄴ'을 취하는 것이 다르다.

　'좋은 책, 낡은 가구'처럼 '좋다, 낡다'와 같은 형용사의 관형사형 어미는 '-은'을 취하고, 어간 끝이 모음으로 끝나는 '예쁘다, 착하다'와 같은 부류의 형용사는 '예쁜, 착한'과 같이 '-ㄴ'을 취한다. 이 같은 언어 환경에서 '-는'을 관형사형 어미로 취할 수 없다. 예를 들어 '착하는, 예쁘는, 아름답는'과 같은 말들이 비문법적인 것도 이 때문이다.

'두 편을 견주어 볼 때 서로 어울릴 만큼 비슷하다.'의 뜻을 지닌 '걸맞다'의 경우는 '걸맞는'을 써도 맞을 것 같지만 그렇지 않다. 격에 맞게 어울린다는 뜻으로도 자주 사용되는 이 낱말도 형용사이기 때문에 똑같은 규칙이 적용된다.

어느 인터넷 사전을 찾아보니 '걸맞다'를 활용한 예문이 여럿이 있었는데, 그 중 '걸맞는 부부', 걸맞은 혼인'이란 예문도 있었다. 당연히 '걸맞는 부부'는 틀린 표기이다.

그러면 '알맞는, 걸맞는'이란 표기가 틀리는 게 분명한데 왜 자주 혼동하며, 맞는 것처럼 보이기도 하는 것일까?

글쓴이의 생각으로는 '맞다'라는 동사와 관련이 있을 것으로 추측된다. '맞다'는 동사이니까 '다음 물음에 맞는 답을 고르시오.'라고 쓰면 올바른 문장이다. 그러나 '맞는'을 쓸 자리에 '알맞는'을 쓰면 안 된다고 앞에서 밝혔다.

위에 나온 '……맞는 답을 고르시오.'에서 '맞는'과 '네가 푼 문제 중 <u>맞은</u> 답이 몇 개나 되니?'에 나온 '맞은'은 과거 시상(時相)을 나타낸다는 점이 좀 다를 뿐이지 모두 바르게 쓰인 것이다. 이것은 '맞다'가 동사이기 때문이다.

사이시옷 적기

한글 맞춤법에서 '사이ㅅ' 적기는 한글을 쓰는 모든 이들이 까다롭게 여기는 규정에 속한다. '사이ㅅ'이란 두 개의 낱말이 합쳐져서 하나의 낱말로 합성어를 만들 때 뒤에 오는 낱말의 첫소리가 된소리(경음)로 나는 일이 있는데, 이러한 발음 현실을 반영하여 'ㅅ'을 적는 것을 가리킨다. 예를 들어 '나무'라는 낱말과 '가지'라는 낱말이 합쳐서 '나무가지'라는 새로운 낱말이 만들어진다. 이 과정에서 발음이 [나무가지]로 발음되지 아니하고 [나무까지/나묻까지]로 발음 된다. 그래서 이런 경우에 '나뭇가지'라고 '사이ㅅ'을 붙여 '나뭇가지'라고 적음으로써 된소리를 반영하는 것이다.

한글 맞춤법에서 '사이ㅅ'을 붙이는 경우는 크게 세 가지로 나누어 설명할 수 있다.

첫째는 '토박이말＋토박이말'의 합성어 구조에서 앞말이 모음으로 끝나고 뒷말의 첫소리가 된소리로 나는 경우이다.(한글 맞춤법 제30항)

(1) 나룻배, 냇가, 바닷가, 귓밥, 선짓국, 아랫집, 뒷집, 찻집, 햇볕, 모깃불, 못자리
(2) 잔디밭, 종이돈, 나무그릇, 소리굽쇠, 종이배, 나무잔
(3) 나루터, 배터

위 (1)의 보기에 있는 말들은 모두 '토박이말+ 토박이말'의 구조로 이루어진 합성어로서 앞말의 끝소리가 모두 모음(받침 없는 말)이고, 뒷말의 첫소리가 모두 된소리가 나므로 '사이ㅅ'을 붙인다. '나룻배'는 '나루+배'의 구조이고 [나루빼/나룯빼]로 소리 난다.

그러나 (2)의 경우는 같은 결합 구조이지만 뒷말의 첫소리를 된소리로 발음하지 않는 것들이다. '잔디밭'은 [잔디빧/잔딛빧]이라고 소리 내지 않으며 그냥 예사소리로 [잔디받]이라,고 발음한다. 그래서 이런 낱말들은 '사이ㅅ'을 붙이지 않는다.

(3)의 '나루터'나 '배터'는 뒷말 '터'의 'ㅌ'이 된소리가 아니고 거센소리(격음)로 나기 때문에 이미 소리 나는 대로 표기했으므로 '사이ㅅ'을 붙일 필요가 없다.

그런데 바닷가의 어느 음식점 간판을 '나룻터 횟집'으로 적어 '나루터'에 '사이ㅅ'을 붙인 것을 본 적이 있다. 이것은 맞춤법에 어긋난 예이다.

토박이말로 된 합성어에서 뒷말의 첫소리에 'ㄴ' 소리가 덧나는 경우도 '사이ㅅ'을 붙인다.

  (4) 아랫니, 잇몸, 빗물, 아랫마을, 뒷마당, 냇물, 뒷머리, 진딧물
  (5) 뒷윷, 깻잎, 뒷일, 나뭇잎, 베갯잇

위 (4), (5)는 모두 합성어이면서 'ㄴ' 소리가 덧나는 보기들인데 그 음운 환경이 조금씩 다른 부류이다. (4)의 경우는 뒷말의 첫소리 'ㄴ, ㅁ' 앞에서 'ㄴ' 소리가 덧나는 것들이고, (5)는 뒷말의 첫소리 모음 앞에서 'ㄴㄴ' 소리가 덧나는 것들이다. (4)의 '아랫니, 잇몸'은 각각 [아랜니], [인몸]으로 발음되고, (5)의 '뒷윷', '깻잎'은 [뒨눋], [깬닙]으로 소리 난다.

둘째로 '토박이말+한자말' 또는 '한자말+토박이말'의 구조에서도 앞말의 끝소리가 모음으로 끝나고, 뒷말의 첫소리가 된소리가 나면 '사이ㅅ'을 붙인다.

(6) 자릿세, 귓병, 핏기, 찻잔, 샛강, 아랫방, 텃세
(7) 진돗개, 전셋집, 횟배, 세뱃돈, 횟가루, 탯줄
(8) 수돗물, 제삿날, 예삿일, 툇마루, 양칫물

위 (6)은 '토박이말 + 한자말'의 구조로 된 합성어로 '사이ㅅ'을 붙이는 것들이고, (7)은 '한자말 + 토박이말'의 구조로 된 합성어로 '사이ㅅ'을 붙여야 되는 낱말들이다. 한편 (8)의 경우는 위와 같은 합성어 구조에서 위 (4), (5)처럼 'ㄴ' 소리가 덧나는 것들이다.

셋째는 두 음절로 된 다음 한자어에 붙인다.

(9) 곳간(庫間), 셋방(貰房), 숫자(數字), 찻간(車間), 툇간(退間), 횟수(回數)

모든 한자어는 그 원음을 적어 '사이ㅅ'을 붙이지 않도록 되어 있는데 위 (9)에 있는 6개의 한자어만 예외 조항처럼 되어 있어서 불편하다. 우리가 '사이ㅅ'을 바로 적기 위해서는 이 여섯 낱말을 외워두어야 하는 어려움이 있다.

(10) 문제점, 요점, 총무과, 내과, 외과, 치과, 이과(理科), 호수(戶數)

위 (10)에서처럼 한자어로 된 합성어는 같은 음운 환경이라 하더라도 한자의 본디 음을 살려 '사이ㅅ'을 붙이지 않는다. '문제점'은 [문제쩜/

문젤쩜]으로 소리 나더라도 '문젯점'이라 적지 아니하고, '내과'는 [내꽈/낻꽈]로 소리 나더라도 '냇과'로 적지 않는다.

위 셋째 조항에서 '횟수(回數)'에는 '사이시'을 붙이고, 이와 음운 환경이 같은 '호수(戶數), 개수(個數)' 따위에는 '사이시'을 붙이지 않는 것은 합리적이지 못하다. '호수, 개수'도 [호쑤/혿쑤, 개쑤/갣쑤]로 발음되기 때문이다.

이처럼 '사이시' 규정을 까다롭게 해 놓아서 모국어를 쓰는 우리가 불편함을 겪기도 한다. 좀 번거롭지만 지금은 이 규정에 따를 수밖에 없다.

잘하다와 못하다

'잘하다' 와 '못하다'는 그 뜻이 서로 반대되는 말로 그 뜻을 구별하기는 어렵지 않다. 아래 (1), (2)처럼 동사로 쓰이는 것이 보통이며 이것이 중심의미(1차적 의미)이다.

　　(1) 진수는 운동을 잘한다.
　　(2) 다희는 운동을 못한다.

그러나 '잘하다'에서 '잘'을 길게 발음하면 반어적 표현이 되어 그 정반대의 뜻을 나타내기도 한다.

　　(3) 아주, 잘[잘 :]하는구나!

위의 (3)처럼 '잘'을 긴 소리로 내면 이것은 어떤 일을 그르쳤을 때 반어적으로 표현하여 '하는 짓이 못마땅하다'는 뜻으로 쓰일 수 있다.
　이처럼 뜻을 구별하는 데에도 소리에 따라 차이가 있을 수 있으나 여기에 쓰인 '잘'과 '못'은 띄어쓰기에서 자주 혼란을 일으킨다.

　　(4) ㄱ. 하늘이는 수영을 잘한다.
　　　　ㄴ. 이슬이는 수영을 못한다.

ㄷ. 선호는 과일을 잘∨먹는다.
ㄹ. 선호는 고기를 못∨먹는다.

위 (4)의 ㄱ, ㄴ에서 '잘한다', '못한다'는 붙여 썼고, ㄷ, ㄹ의 '잘 먹는다'와 '못 먹는다'에서 '잘, 못'은 뒤에 오는 낱말과 띄어 썼다. 이것은 모두 띄어쓰기를 바르게 한 사례이다. 그런데 이들 띄어쓰기를 혼동하기도 하며 왜 그렇게 써야 하는지 궁금해 하는 사람도 있다.

우선 '잘하다, 못하다(기본형)'를 붙여 쓰는 이유는 이들이 한 개의 낱말이기 때문이다. 이들은 '잘(부사)+하다(접미다)', '못+하다'의 형태로 만들어진 파생어다. '운동하다, 사랑하다, 부지런하다, 조용하다…….' 와 같은 형태로 볼 수 있다.

그러나 '잘(부사) 먹는다(동사), 못 먹는다'는 두 개의 낱말이 각각 떨어져 있는 형태이므로 붙여 쓸 수 없다. 기본형을 써서 '잘 먹다, 못 먹다'로 쓰더라도 각각 띄어 써야 한다.

이와 비슷한 '잘못하다'의 경우는 '잘하다, 못하다'와 같이 '잘못+하다'의 형태로 이루어진 하나의 독립된 낱말이므로 붙여 써야 한다.

오빠와 산불

　'오빠'에서 '빠'는 소리 나는 대로 적고 '산불'은 [산뿔]로 된소리가 나지만 '산불'로 적는다. 이것은 하나의 단어 안에 뚜렷한 까닭 없이 나는 된소리는 다음 음절의 첫소리를 된소리로 적는다는 맞춤법 조항에 따른 것이다.(한글맞춤법 제5항)

　이 조항은 1.두 모음 사이에서 나는 된소리 2.'ㄴ, ㄹ, ㅁ, ㅇ' 받침 뒤에서 나는 된소리, 이렇게 두 가지 경우는 된소리로 적도록 규정하고 있다. '오빠'의 경우는 두 모음 사이에서 나는 된소리이고, '잔뜩'은 'ㄴ' 받침 뒤에서 나는 된소리에 해당한다.

　'오빠'에서 된소리 'ㅃ'은 애초부터 'ㅃ'이었기 때문에, 이것이 원래 'ㅂ'이었는지 아닌지 알 수 없으므로 다른 글자로 적을 근거가 없다는 것이다. 즉 [오빠]로 소리 나는 것을 '오바'로 적고는 [오빠]로 읽으라고 할 근거가 없다는 것이다.

　"저녁을 잔뜩 먹었더니 배가 부르다."에서 '잔뜩'은 소리 나는 대로 적고 [잔뜩]이라고 발음한다. 이것은 위 제5항 2.에 따라 울림소리(유성음) 'ㄴ'의 뒤에 된소리 'ㄸ'이 왔기 때문인데 어떤 이유로 울림소리 뒤에서 된소리가 나는 것인지 알 수가 없다는 뜻이기도 하다. 참고로 우리말에서 울림소리는 모음 전체와 자음 'ㄴ, ㄹ, ㅁ, ㅇ'이다.

　'오빠'와 같이 '두 모음 사이에서 된소리'가 나는 낱말은 어깨, 아끼다,

으뜸, 거꾸로, 가끔, 부쩍, 이따금 등이 있다. '잔뜩'과 같이 'ㄴ, ㄹ, ㅁ, ㅇ' 받침 뒤에서 된소리가 나는 것들은 '문뜩, 산뜻하다. 살짝, 훨씬, 담뿍, 움찔, 엉뚱하다 등이 있다.

그런데 이와는 달리 두 말이 합쳐진 경우인 '산불'은 [산뿔]로 소리가 나더라도 된소리로 적지 않는다. 이때 '산불'은 '산'과 '불'로 나누어져 단일한 형태의 낱말이 아니기 때문에 '불'이라는 원래의 형태를 밝혀 적는 것이다.(총칙 제1항)

또 제5항의 [다만] 조항에는 'ㄱ, ㅂ'받침(안울림소리) 뒤에서 나는 된소리는 같은 음절이나 비슷한 음절이 겹쳐 나는 경우가 아니면 된소리로 적지 않는다고 되어 있다.

국수, 딱지는 [국쑤], [딱찌]로 소리 나더라도 '국수', '딱지'로 적는다는 것이다. 깍두기, 색시, 법석, 갑자기, 몹시 따위가 같은 부류의 낱말들이다. 우리말은 안울림소리 뒤에서 예사소리가 반드시 된소리로 나기 때문에 된소리로 변하기 전의 예사소리를 적는 것이다. 그러나 '똑똑'처럼 같은 말이 반복되는 경우에는 'ㄱ, ㅂ' 같은 안울림소리 뒤에 된소리가 나오는 경우라 하더라도 '똑독'으로는 적지 않는다.

'-에요'와 '-이에요' 그리고 '-예요'

어미 '-에요'와 '-이에요' 그리고 '-예요'의 표기에서 혼동을 일으키기 쉬우며, 상황에 따라 어떻게 써야 맞는지 질문을 해 오기도 한다.

(1) 이것은 책<u>이에요</u>.
(2) 저것은 밤나무<u>예요</u>.
(3) 곧 갈 *거<u>에요</u>.

위에 든 (1), (2)의 '-이에요'와 '-예요'는 바르게 쓴 어미이며, (3)의 경우는 '-에요'가 아니라 '-예요'로 써야 맞는 표현이다. 이런 경우는 앞 말의 끝소리가 자음으로 끝나면 '-이에요'를 쓰고, 모음으로 끝나면 (받침이 없으면) '-예요'를 쓰면 된다고 알아두면 까다롭지 않다. (2)의 '-예요'의 경우도 '-이에요'가 줄어져 '-예요'의 형태로 썼다고 보면 이런 말의 기본 형태는 '-이에요'가 되는 셈이다.

(3)의 경우는 '것이에요'에서 'ㅅ'이 탈락하고 '거이에요' → '거예요'로 줄어져 '곧 갈 거예요.'라고 써야 올바른 표현이 되는 것이다.

이들 어미 중 '-이에요'가 기본 형태라고는 했으나 받침이 없는 말 밑에서는 '감자예요, 고양이예요, 남자예요'처럼 반드시 '이에요'의 준말을 쓰기 때문에 실제 쓰임에서 이들 어미는 '-이에요' 와 '-예요'의

두 가지 형태가 있다고 보면 된다.

이에 해당되는 예를 더 들어 보기로 한다.

  (4) 우리는 학생<u>이에요</u>.
  (5) 여기가 우리 고향<u>이에요</u>.
  (6) 이것이 그 명한 영광 굴비<u>예요</u>.
  (7) 여기는 대구<u>예요</u>.

위 (4)~(7)에서 '－이에요'와 '－예요' 는 모두 바르게 쓰인 것인데, 이를 잘 살펴보면 앞말에 받침이 있으면 '－이에요'를 쓰고, 받침이 없으면 '－예요'를 쓴 것을 알 수 있다. 이렇게 이해하면 이들 어미를 쉽게 구분해서 쓸 수 있을 것이다.

어서 오십시오

큰 건물 현관이나 음식점 안에 들어가면 '어서 오십시오'라는 인사말을 써 붙인 곳이 있는데 이것을 '어서 오십시요'로 잘못 쓴 곳이 더러 있다. 한글 맞춤법에 종결형에서 사용되는 어미 '-오'는 '-요'로 소리 나는 경우가 있더라도 그 원형을 밝혀 '오'로 적는다고 되어 있다.(제15항 붙임2.)

(1) 그는 걷지 <u>못하오.</u>
(2) 선생님 안녕히 <u>계십시오.</u>

위 (1), (2)에서 (2) '계십시오'의 '오'가 '요'로 소리 나더라도 표기는 '오'로 해야 한다는 것이다.

그러나 연결형에서 사용되는 '이요'는 '이요'로 적도록 되어 있으므로 위 (1), (2)의 종결형 어미 '오'와 구별해서 '(이)요'로 적어야 한다.

(3) 사과는 <u>과일이요,</u> 고추는 채소다.
(4) 이것은 <u>나무요,</u> 저것은 <u>풀이요,</u> 또 저것은 꽃이다.

위 (3), (4)의 '과일이요, 나무요, 풀이요'에서 연결형 어미 '-(이)요'는 '-이오'로 적으면 안 되고 '-(이)요'로 적어야 바른 표기가 된다.

연결형 어미가 아니면서 '-요'를 써야 하는 경우는 어미 뒤에 덧붙는 조사 '-요'이다.(제17항)

(5) 아주머니 <u>안녕하세요</u>?
(6) 그렇게 하면 저도 <u>좋지요</u>.
(7) 그런 일을 내가 어찌 <u>참으리요</u>.

위 (5)의 '안녕하세요'는 '안녕하셔요'의 변형으로 '안녕하시어요'의 준말이다. 어미 '시어' 뒤에 높임을 나타내는 조사 '요'가 붙어서 말을 끝맺은 형태이다. (6), (7)의 '요'도 이런 형태에 속하는데, 이는 반말이나 '하오체'보다 등급이 높은 '해요체'에 해당한다. 이처럼 반말이냐 높임말이냐에 따라서 '오'와 '요'를 구분할 수 있다.

이를 구분하는 또 다른 요소가 있다. '요'가 문장 끝에 붙는다는 말은, 그것이 없어도 문장이 성립한다는 뜻이다.

(5)′ 아주머니 <u>안녕하세(안녕하셔)</u>.
(6)′ 그렇게 하면 저도 <u>좋지</u>.
(7)′ 그런 일을 내가 어찌 <u>참으리</u>.

위 (5)′-(7)′에서 높임 조사 '요'를 빼도 자연스런 문장이 성립한다.

(1)′ 그는 걷지 <u>못하</u>.
(2)′ 선생님 안녕히 <u>계십시</u>.

그러나 위 (1), (2)에서 종결어미 '오'를 뺀 (1)′, (2)′는 온전한 문장이 될 수 없다. 이런 점에서도 종결어미 '오'와 높임말 조사 '요'는 구별된다.

만듦과 베풂

　우리말에서 용언에 접미사 '-ㅁ/-음'을 붙여 명사나 명사형으로 만들어 쓰는 낱말들이 있다. '먹다'에는 '-음'을 붙여 '먹음'이라는 명사형을 만들고 '가다'처럼 받침이 없는 말 뒤에는 '-ㅁ'을 붙여 '감'이라고 적으면 된다.

　그런데 '만들다'처럼 어간의 끝에 'ㄹ'이 붙는 경우에는 '-ㅁ'을 붙여 '만듦'이라고 적어야 한다. 그런데 '만들다, 베풀다, 둥글다, 울다' 등 같은 부류의 용언을 명사형으로 쓸 때 '-ㄹ'을 임의로 탈락시켜 맞춤법에 어긋나는 표현을 자주 본다. 어느 지방 신문의 칼럼 제목을 '나눔과 베풂'으로 적은 것, 방송 자막에 '연습하는 과정에서 만듬'으로 잘못 적은 것도 있다.

　'만들다'의 어미는 '만들다, 만들지, 만들고, 만들며, 만드는, 만든……'과 같이 활용하며, '베풀다'는 '베풀다, 베풀지, 베풀고, 베풀며, 베푸는, 베푼……'처럼 활용한다. 이런 낱말은 '베푸는, 베푼' 또는 '만드는, 만든'처럼 어떤 특정한 음운 환경에서 'ㄹ'이 규칙적으로 탈락하기 때문에 '베풂'이나 '만듦'에서 'ㄹ'을 임의로 탈락시켜 잘못 쓰지 않나 하는 추측을 하게 된다.

　이밖에도 '흔들다, 둥글다, 줄다, 졸다, 갈다(밭을), 울다, 알다, 얼다, 살다……' 따위와 같이 동사나 형용사의 어간 끝이 'ㄹ'인 말들의 명사형은 다음 (1)과 같은 형태로 적는다.

　　⑴ 흔듦, 베풂, 만듦, 둥긂, 줆, 좖, 갊, 옮, 앎, 얾, 삶

이와 같이 동사나 형용사의 자격을 유지하면서 명사 구실을 할 경우에 우리는 '동사의 명사형', '형용사의 명사형'이라 부른다.

위에서 '흔듦'은 동사의 명사형이고 '둥긂'은 형용사의 명사형이다. 이들의 명사형은 'ㄹ'을 탈락시켜 '흔듬, 만듬, 베품, 둥금, 줌'처럼 적으면 안 되고, '흔들음, 만들음, 베풀음, 둥글음, 줄음'과 같이 적어도 틀린 표기가 된다.

또 이들이 명사로 굳어져 쓰이면 품사는 명사가 되고 국어사전에 오르게 된다. 그러니까 '흔듦'은 동사이므로 사전을 찾을 때 그 기본형인 '흔들다'를 찾아야 하지만 '앎', '삶'처럼 명사로 굳어져 쓰이기도 하면 사전에 동사 '알다, 살다'와 명사 '앎, 삶'이 모두 올라 있다. 그 쓰임은 다음과 같이 동사의 명사형으로도 쓰이고, 명사로도 쓰이게 된다.

　　⑵　나는 그 사실을 앎으로써 깜짝 놀라지 않을 수 없었다.(동사의 명사형)
　　⑵'　나의 믿음이 너의 앎이 되었으리니 이제는 행함이 있어라. 『장용학, 역성 서설』(명사로 쓰임)
　　⑶　그는 정직하게 삶으로써 모든 이의 귀감이 되었다.(동사의 명사형)
　　⑶'　그의 정직한 삶은 모든 이의 귀감이 되었다.(명사로 쓰임)

위에서 '앎, 삶'은 같은 형태이지만 (2), (3)에서는 동사의 명사형으로, (2)', (3)'에서는 명사로 쓰인 것이다.

또 이런 종류의 동사나 형용사들이 파생명사로 쓰일 때 접미사 '-음'

을 취하는 경우도 있어서 유의해야 한다.

(4) 졸다 → 졸음, 얼다 → 얼음, 울다 → 울음

위 (4)는 '앎, 삶'과 달리 동사가 명사로 바뀌면서 접미사로 '-ㅁ'을 취하지 않고 '-음'을 취하였다. 이처럼 동사나 형용사가 명사화할 때 접미사 '-ㅁ'을 취하느냐, '-음'을 취하느냐에 대해서는 특별한 기준이 있는 것이 아니므로 유의해야 한다.

이처럼 그 표기나 쓰임이 까다로운 경우에는 위 설명을 참고하여 국어사전을 찾아보는 것이 좋다.

'있사오니'와 '하겠사오니'

　입말에서는 거의 쓰이지 않지만 글말에서 공손하게 낮추는 말로 '있사오니'나 '−하겠사오니'와 같은 말을 쓸 때가 있다. 그런데 이런 말을 '있아오니'나, '−하겠아오니'로 잘못 쓰는 경우가 자주 있다.

　　⑴　등산모임이 있<u>사오</u>니 ⋯⋯.
　　⑴'　등산모임이 *있<u>아오</u>니 ⋯⋯.

　　⑵　축구대회를 열겠<u>사오</u>니 ⋯⋯.
　　⑵'　축구대회를 *열겠<u>아오</u>니 ⋯⋯.

　위 ⑴, ⑵에서 '−사오−'는 용언의 어간과 어말어미 사이에 끼어들어간 어미로서 선어말어미라고 한다. '열겠사오니'는 '열겠으니'라고 할 예사말에 공손함을 나타내는 선어말어미 '사오'를 넣어서 표현한 것이다.
　그런데 이 말을 ⑴', ⑵'처럼 '있아오니', '열겠아오니'로 잘못 적는 것이다. 이것은 발음으로 보면 '사오' 앞의 '겠'이나 '있'에 쌍시옷 받침이 있어서 '있아오니', '열겠아오니'로 적어도 같은 소리가 나기 때문에 이렇게 적는 것이 옳다고 생각하는 사람들이 있는 듯하다.
　그러나 앞에서 설명한 것처럼 '사오'는 낮춤이나 공손을 나타내는 하나의 형태소이므로 이를 '아오'로 적을 수는 없다.

(3) 저는 먼저 *죽<u>아오</u>니 불효를 용서하소서.

　좋은 예는 아니지만 만일 자살을 하는 사람이 부모에게 위와 같은 유
서를 남겼다면 위 문장이 맞춤법에 맞는다고 볼 수 있겠는가? 위 예문
을 보면 '−하겠아오니', '있아오니'와 같은 표기가 잘못되었음을 금방
깨닫게 될 것이다.

'-으므로'와 '-음으로'

저녁 9시 뉴스 시간에 빠르게 지나가는 방송 자막에서 '의원 연금 제도를 도입할 필요가 있음으로…….'라고 쓴 것을 보았다.(≪ㅎ방송≫ 2013. 1. 10.) '있으므로' 정도의 표기는 일반 국민들도 잘 틀리지 않는데, 이를 공영방송에서 '있음으로'로 잘못 쓴 자막이 나온 것이다.

'원인'이나 '이유'를 나타내는 어미 '-(으)므로'는 앞말에 받침이 있느냐 없느냐에 따라 달라진다. 받침이 없을 때는 '가므로, 뛰므로, 예쁘므로, 착하므로'처럼 '-므로'로 쓰게 되고, 받침이 있으면 '먹으므로, 잡으므로, 않으므로, 있으므로'와 같이 '-으므로'를 쓰게 된다.

이처럼 '-(으)므로'는 동사나 형용사에서 원인이나 이유를 나타내는 어미로 두루 쓰인다. 그러면 '-음으로'의 형태는 모두 틀린 것인가?

(1) 가람이는 책을 많이 <u>읽으므로</u> 생각의 폭이 넓다.
(1)' 가람이는 책을 많이 *<u>읽음으로</u> 생각의 폭이 넓다.
(2) 그것은 물이 <u>부족함으로</u> 인하여 생기는 현상이다.
(2)' 그것은 물이 *<u>부족하므로</u> 인하여 생기는 현상이다.

위 (1)에서 '읽으므로'가 자연스럽고 (1)'의 '읽음으로'는 어색하다. 이때 '-으므로'는 원인을 나타내는 어미로 손색이 없으나, 명사형 '읽음'

뒤에 붙은 조사 '－으로'는 원인을 나타내는 의미 기능이 부족하다. 여기서는 '읽으므로'가 바른 표현이다.

　그러나 (2)에서는 '부족함으로'가 자연스럽고 (2)'의 '부족하므로'가 어색하다. 대개는 '－(으)므로'가 통용되는데 드물게는 '－음으로'도 쓰이는 경우도 있음을 알 수 있다. (2)의 경우 '인하여'를 빼고 '그것은 물이 <u>부족함으로</u> 생기는 현상이다.'라고 쓰면 '－으로'가 원인을 나타내는 표현으로 부족한 느낌이 들어 어색하다. 여기에 '인하여'라고 하는 말을 뒤에 넣어 '원인'의 의미를 강화하면 문장이 더 자연스러워진다. 이때 '인하여' 앞에는 '－므로'가 아닌 '－ㅁ으로'를 붙여서 (2)와 같이 써야 바르고 자연스러운 문장이 된다. '－으로'가 조사이므로 그 앞에는 명사나 명사형이 쓰이는 것에 유의할 필요가 있다.

'-(으)로서'와 '-(으)로써'

'-(으)로서'와 '-(으)로써'는 쓰이는 환경과 발음까지도 비슷해서 그 쓰임새에서 자주 혼선을 빚는 듯하다. 그러나 이들 조사(또는 어미로도 쓰임)가 서로 다른 의미기능을 갖고 있기 때문에 이것을 잘 구별해 내면 바르게 사용하는데 별 문제가 없다.

　　(1) 나는 회원의 한 <u>사람으로서</u> 발언했다.
　　(2) 그는 훌륭한 <u>의술로써</u> 사회에 봉사하였다.

(1)에서는 '-으로서'가 맞는 말이고 (2)에서는 '-(으)로써'를 써야 맞다. '-으로서'의 의미기능은 '자격, 신분' 정도로 생각하여 그 뒤에 오는 서술어와의 관계에서 파악해 보면 그 쓰임새를 알 수 있다.

(2)의 '-으로써'는 '도구, 기구, 방법' 따위의 의미기능을 갖는다고 생각하고 서술어와의 관계를 파악해 보면 그 쓰임새가 드러난다. (1)에서는 '사람으로서 발언했다.'와 (2)에서 '의술로써 봉사하였다.'가 자연스럽게 호응하는 것을 보면 '-으로서'와 '-으로써'의 쓰임새가 다른 것을 쉽게 구별해 낼 수 있을 것이다.

또 '-(으)로서'는 명사류 다음에 오는 조사로만 쓰이지만 '-(으)로써'는 동사 뒤의 어미로도 쓰인다는 차이점이 있다.

(3) 그 일은 <u>총으로써</u> 해결될 일이 아니다.

(4) 그는 김종서를 <u>죽임으로써</u> 충신이 되었다.

　(3)에서 '총으로써'의 형태는 위 (2)와 마찬가지로 '총(명사)+으로써(조사)'의 짜임이지만 (4)에서 '죽임으로써'는 '죽임(동사의 명사형)+으로써(어미)'의 형태로 모두 올바른 표현이다. 그러나 '－으로서'는 조사로만 쓰일 뿐 동사의 어미 형태로는 나타지 않는다.

안 하다와 않다

'안 하다'에서 '안'은 부사 '아니'의 준말로 보통 서술어 앞에서 부정이나 반대의 뜻을 나타낸다.

  (1) 우리 집 강아지는 밥을 안 먹는다.
  (1)' 우리 집 강아지는 밥을 아니 먹는다.

위 (1)의 '안'은 본디말 '아니'의 준말 '안'과 같은 뜻으로, 이들을 바꿔 써도 뜻이 통한다. 그밖에도 '안'을 '아니 뛰었다.', '아니 슬프다.'처럼 쓸 수 있다. 이렇게 '안, 아니'는 줄여 쓰거나 본디말로 쓰거나 같은 부사로서 바꿔 써도 말이 통하는 호환성이 있다.

'아니'는 또 명사와 명사 사이, 문장과 문장 사이에 쓰여 어떤 사실을 더 강조하는 구실을 하기도 한다.

  (2) 나의 양심은 천만금, 아니 억만금을 준다 해도 버릴 수 없다.
  (3) 아침까지만 해도, 아니 점심 먹을 때만 해도 아무 일이 없었던 집안이 눈 깜짝할 사이에 수라장이 된 것이다.(박경리, 『토지』)

위 (2)의 '아니'는 명사와 명사 사이, (3)에서는 문장과 문장 사이에서 '아니'가 어떤 사실을 강조하는 구실을 하고 있다. 여기서는 '아니'를 '안'

으로 바꿔 쓸 수 없다. 위 (1)과는 달리 이런 쓰임새에서는 예외가 된다.

그런데 준말 '안'을 품사가 다른 '않다'와 혼동하여 맞춤법에 어긋나게 적는 경우가 종종 있다.

'않다'는 부사 '안, 아니'와 달리 용언에 속하기 때문에 품사는 동사와 형용사가 된다. '않다'는 국어사전에서 세 가지 뜻과 쓰임으로 나누어 풀이하고 있다.

(4) 그는 말을 <u>않고</u> 집을 나갔다.
(5) 그는 이유도 묻지 <u>않고</u> 돈을 빌려 주었다.
(6) 정치에 손 떼는 일은 쉽지 <u>않다</u>.

위 (3)에서는 동사로서 '어떤 행동을 아니 하다.'의 뜻을 나타내고, (4)는 보조동사로 '-지 않다'의 형태로 실현되며, 앞말이 뜻하는 행동을 부정하는 구실을 한다. (5)는 보조 형용사로 역시 '-지 않다'의 형태로 쓰이고, 그 뜻과 기능은 앞말이 뜻하는 상태를 부정하는 뜻을 나타낸다.

위 (1)의 '안'과 (4), (5), (6) '않다'는 형태와 품사가 다른데도 이를 혼동하는 사례가 있다.

(7) 오물 투기 <u>않</u>하기
(8) 불량 식품 <u>않</u> 사먹기
(9) 범인을 알고도 <u>않</u> 잡는다, -않잡는다

위 사례들은 다음과 같이 고쳐 써야 한다.

(7)' 오물 투기 <u>안</u> 하기, 오물 투기 하지 <u>않기</u>

(8)' 불량 식품 <u>안</u> 사먹기, 불량 식품 사먹지 <u>않</u>기

(9)' 범인을 알고도 <u>안</u> 잡는다, 범인을 알고도 잡지 <u>않</u>는다.

원래 '안'은 '아니'의 준말로 독립해서 쓰일 수 있는 말이지만 '않'은 '먹다'의 '먹—'과 같이 용언의 어간이므로 자립성이 없어서 독립적으로 쓰일 수 없다는 점에 유의해야 한다. 띄어쓰기도 '안 하기'의 '안'은 부사로서 자립성이 있는 낱말이므로 반드시 뒤에 오는 용언과 띄어 써야 하지만 '않'의 경우는 용언의 어간이므로 '않고, 않는, 않지, 않아, 않기, 않다'처럼 어미와 붙여 써야 한다.

결국 부사로 쓰이는 '안'은 동사나 형용사로 쓰이는 '않다'처럼 겹받침이 쓰이지 않는다는 사실만 이해해도 받침에 혼동은 없을 것이다.

오랜만에와 오랫동안

'오랜만에'와 '오랫만에'는 어느 것이 맞는 표기인지 헷갈리기 쉽다.

(1) <u>오랜만에</u> 만난 친구들끼리 저녁을 함께 먹었다.
(1)' <u>오랫만에</u> 만난 친구들끼리 저녁을 함께 먹었다.

위 (1)에서 '오랜만'은 '오래간만'의 준말이다. '오래간만'은 '어떤 일이 있은 때로부터 긴 시간이 지난 뒤'를 뜻하는 명사다. 이것의 준말이 '오랜만'이므로 그 뜻은 같다. 여기에 조사 '-에'가 붙어 '오랜만에'가 된 것이다. 이것을 (1)'처럼 '오랫만에'로 적는 것은 잘못이다.

그런데 '오랜만에'와 '오랫만에'는 그 발음이 같으므로 '오랫만에'로 잘못 쓰는 경우가 흔히 있는 것으로 보인다. 뿐만 아니라 이 낱말의 형태가 '오래+ㅅ+만'의 형태로 인식하여 사이시옷을 쓰는 것이리고 오해할 수도 있다. 그러나 사이시옷은 독립성이 있는 낱말이 결합한 합성어에 붙이므로 '오래+만'의 형태인 '부사+조사(의존명사)'사이에는 사이시옷을 붙일 수가 없다. 이때 '만'을 의존명사로 보았을 경우에는 띄어 써야 하기 때문에 사이시옷을 쓸 수 없다.

(2) 동생이 군대에 가서 <u>오랫동안</u> 만나지 못했다.

(2)' 동생이 군대에 가서 <u>오랜동안</u> 만나지 못했다.

위 (2), (2)'에서 '오랫동안'이 맞는 표기이고 '오랜동안'이란 말이 틀렸다는 것은 대체로 아는 사실이다. 실제로 '오랜동안'이란 말은 잘 쓰지 않기 때문에 어색하다. 여기서 '오랫동안'은 '오래(부사)+동안(명사)'의 형태로 이루어진 합성어이며 '동안'의 첫소리 'ㄷ'이 된소리 'ㄸ'으로 실현되므로 사이시옷을 붙여 '오랫동안'으로 적는 것이다.

피다와 피우다

'피다'와 '피우다'는 그 기본형뿐만 아니라 활용형에서도 비슷하게 쓰이는 경우가 있어 혼동하기 쉽다.

다음 문장에 쓰인 밑줄 친 활용형들은 그 기본형이 모두 '피다'이다.

(1) 봄이 되니 들에 온갖 꽃들이 <u>피었다</u>.
(2) 연탄불이 죽어가더니 다시 <u>피었다</u>.
(3) 환자의 얼굴이 <u>피어</u> 생기가 돈다.
(4) 뭉게구름이 천천히 <u>피었다</u>.
(5) 가정 형편이 <u>피어</u> 학교에 다니게 되었다.
(6) 먼지가 <u>피어서</u> 방안 공기가 탁하다.

위의 '피다'가 기본형인 낱말들은 사동형으로 쓰일 때 '피우다'의 형태로 쓰이는 경우가 있어, '피우다'가 기본형인 말과 혼동되기도 한다.

(1)' 따뜻한 봄이 온갖 꽃들을 <u>피웠다</u>.
(2)' 연탄불이 죽어서 새로 <u>피웠다</u>.
(3)' 먼지를 <u>피워서</u> 방안 공기가 탁해졌다.

위 (1)'–(3)'의 문장에 쓰인 '피다'의 사동형인데 '피우다'가 기본형인 문장으로 착각할 수도 있다. '피우다'가 기본형인 문장들은 다음과 같은 것들이다.

> (7) 그이는 아직도 담배를 <u>피운다</u>.
> (8) 나이 든 사람이 바람을 <u>피웠다</u>.
> (9) 오늘은 일요일이라 게으름을 <u>피웠다</u>.

'피다'와 '피우다'는 서로 다른 동사지만 '피다'의 사동형으로 쓰이는 '피우다'가 많아 기본형을 혼동할 수 있다. 위 '피다'의 예에서 (2)와 (6) 의 경우는 '피우다'를 기본형으로 해도 될 만큼 예문이 이상할 정도다.

이 기회에 생활 언어 중에서 '담배 핀다. 바람 핀다.' 따위의 표현은 옳지 않음을 확실히 알아 둘 필요가 있다.

동사 '피다'를 뿌리로 하여 '피우다' 이외에 접미사 '-나다', '-오르다' 를 붙여 '피어나다', '피어오르다'와 같은 파생어도 있다. 이들의 뜻과 쓰임새는 '-나다', '-오르다'의 뜻을 결합해 생각하면 '피다'와 연결하여 그 뜻을 연상해 낼 수 있다.

어미 '-데'와 '-대'

　　우리가 일상생활에서 하는 입말을 글말로 옮길 때 어떻게 써야 맞는 것인지 헷갈릴 때가 있다. 발음은 비슷하지만 그 쓰임새는 분명히 구별해 써야 하는 경우가 있는데 어미 '-데'와 '-대'가 그런 부류에 속한다. '-데'는 연결어미와 종결어미로 쓰이고 '-대'는 종결어미로만 쓰인다.

　　(1) 밥을 먹는데 자꾸 말을 시킨다.
　　(2) 날씨가 추운데 안으로 들어가자.

　　(1), (2)에서 '-데'는 연결어미로 뒤에 오는 서술 부분의 조건을 나타내는 구실을 하며, '-ㄴ데'의 형태로 나타난다. (1)은 동사, (2)는 형용사인데 모두 같은 형태의 연결어미로 쓰일 수 있다. 우리말에 연결형 어미 '-대'라는 건 없으므로 위에서 '-데'를 '-대'로 잘못 쓰는 경우는 거의 없을 것이다.

　　(3) 그 친구 노래 아주 잘 부르데.
　　(4) 여기는 아주 시원한데.

　　위 (3), (4)는 '-데'가 종결어미로 쓰였다. (3)의 '-데'는 '-하더라'의 뜻으로 회상의 문법적 의미를 지니고 있으며, (4)에서는 '-하구나'와 비숫한 감탄의 의미를 지닌다. 종결어미이지만 위 (1), (2)처럼 '-데'의 형태로 나타났다.

(5) 서영이는 아직 그 영화를 못 보았대.
(6) 회의를 지금 끝내려고 한대.
(7) 그 남자는 마음씨가 아주 착하대.

위 (5)~(7)의 '-대'는 동사나 형용사의 종결어미로 시제를 나타내는 선어말 어미 '-았-, -ㄴ/는-, -겠-'의 뒤에 붙거나, (7)처럼 어간 뒤에 바로 붙기도 한다. 여기서 유의할 것은 위의 'ㅇㅇ 대'가 모두 'ㅇㅇ다고 해'의 뜻을 지닌다는 것이다. 이는 위 (3), (4)의 '-데'와 구별되는 요소이다.

위 (3)의 '-데'와 (5)의 '-대'에 'ㅇㅇ다고 해'를 대입해 보면 구별이 쉬워진다.

(3)' 그 친구 노래 아주 잘 부르데. → 부른다고 해(×) → 부르더라(○)
(5)' 서영이는 아직 그 영화를 못 보았대. → 보았다고 해(○)

위 (3)'에서 '-데'는 종결어미라 하더라도 'ㅇㅇ다고 해'의 뜻으로 쓰이지 않고 (5)'의 '-대'는 'ㅇㅇ다고 해'의 뜻을 지닌다. 위 (6), (7)의 '-대'가 모두 'ㅇㅇ다고 해'의 뜻으로 의미가 통하므로 이것이 종결어미 '-데'와 '-대'를 구별해 쓰는 단서가 될 수 있다.

결국 종결어미 '-대'나 '-데'를 선택할 때 'ㅇㅇ다고 해'라는 말과 뜻이 통하면 '-대'를 붙이고, 뜻이 통하지 않고 다른 의미를 지니면 '-데'를 붙인다고 말할 수 있다.

곰곰이와 꼼꼼히

우리말은 명사나 부사, 용언의 어간에 '이'나 '히'를 붙여서 부사로 쓰이는 낱말들이 많다. 한글 맞춤법에 이에 대한 규정은 있으나 '이'와 '히'를 구별해 쓰기가 만만치 않다.

'곰곰이'는 '여러모로 깊이 생각하는 모양'이라는 뜻으로 같은 뜻을 가진 '곰곰'이라는 부사에 '이'가 붙어 역시 부사 '곰곰이'가 된 것이다.

'곰곰이'에 '이'가 붙은 것은, 부사에 '이'가 붙어서 뜻을 더하는 경우에는 그 원형을 밝히어 적는다는 조항에 따른 것이다. (제25항)

이와 비슷한 예로는 생긋이, 더욱이, 오뚝이, 일찍이, 해죽이 따위가 있다. 이들 낱말은 앞 부사의 원형을 적으라는 규정으로 '생그시, 더욱이, 오뚜기, 일찌기, 해주기'로 적지 말라는 뜻이다.

'꼼꼼이'는 '빈틈이 없이 차분하고 조심스러운 모양'이라는 뜻으로 역시 부사 '꼼꼼'에 '히'가 붙어서 된 말이다.

'꼼꼼히'는 '곰곰이'와 똑같은 형태인데 끝음절이 '히'로 소리 나기 때문에 '꼼꼼히'로 적는다. 맞춤법에 부사의 끝음절이 분명히 '이'로만 나는 것은 '이'로 적고, '히'로만 나거나 '이'나 '히'로 나는 것은 '히'로 적는다고 되어 있다. (제51항)

(1) '이'로만 나는 것 : 깨끗이, 나붓이, 느긋이, 의젓이, 따뜻이, 버젓이,

반듯이, 가까이, 고이, 많이, 겹겹이, 빈번이 등
(2) '히'로만 나는 것 : 극히 급히, 속히. 엄격히, 뜩히, 정확히 등
(3) '이, 히'로 나는 것 : 솔직히, 가만히, 간편히, 나른히, 소홀히, 쓸쓸히, 열심히, 과감히, 분명히, 도저히, 조용히 등

이처럼 '이'를 적느냐, '히'를 적느냐의 기준은 우리가 발음하는 소리를 기준으로 했으나 이 소리에 대한 인식을 아무리 표준발음을 하는 사람이라 하더라도 모두 정확하게 한다고는 장담할 수 없다.

이 문제에 대해 좀 구별하기 쉬운 방법을 제시한 자료가 있다. 여기서는 '이'가 붙는 경우를 살펴 '히'가 붙는 경우와 구별이 쉽도록 하였다.

> 첫째, '-하다'가 붙는 어근의 받침이 'ㅅ'인 경우는 부사가 될 때 '-이'가 붙는다.
> 〈예〉 깨끗하다-깨끗이, 반듯하다-반듯이, 따뜻하다-따뜻이
> 둘째, ㅂ 불규칙 형용사의 어간인 경우에 '이'가 붙는다.
> 〈예〉 곱다-고이, 날카롭다-날카로이
> 셋째, 규칙활용을 하는 형용사의 어간인 경우 '-이-'가 붙는다.
> 〈예〉 많다-많이, 적다-적이
> 넷째, 같은 말이 겹쳐진 첩어로 뒤에 '-하다'가 오지 못하는 경우 '-이'가 붙는다.
> 〈예〉 겹겹-겹겹이, 일일-이일이, 틈틈-틈틈이
>
> (박유희 외, 『우리말 오류사전』, 2003)

위 내용이 부사를 만드는 접사 '-이'와 '-히'를 구별하는 완벽한 해법이 되지는 못하지만 한글 맞춤법에서 다루지 않은 차이점을 찾아내 큰 도움을 주고 있다.

회계 연도와 학년도

'회계 연도'는 일반적으로 그해 1월1일부터 12월 말일까지이고, 학교에서 주로 쓰는 '학년도'는 3월 1일부터 이듬해 2월말까지다. 그런데 표기를 할 때 '연도/학년도'의 표기에서 혼동을 일으켜 잘못 적는 경우가 흔히 있다.

이것은 한글 맞춤법 두음 법칙 조항을 이해하면 그리 까다로운 문제가 아니다. 한글 맞춤법 제10항을 보면 한자음 '녀, 뇨, 뉴, 니'가 단어 첫머리에 올 적에는 두음 법칙에 따라 '여, 요, 유, 이'로 적는다.'고 되어 있다. 이런 규정은 어떤 이들의 불평처럼 우리말을 까다롭게 적으려는 의도가 아니라 발음경제 원리에 따라 우리말을 쉽게 발음하기 위한 규정이다.

그러니까 위에 든 말 중에서 '회계 연도'는 '연도'의 첫소리가 'ㄴ'이므로 규정에 따라 'ㅇ'을 써서 '언도'로 쓴 섯이고 '학년도'의 '년'은 한자어 단어의 첫소리가 아니므로 한자 원음 '년'을 쓴 것이다. 그런데 독립된 단어로 '년도'라고 쓴다면 두음법칙에 위배되므로 '연도'로 바로잡아야 한다.

(1) 여자, 연세, 요소(尿素), 유대(紐帶), 익명(匿名)
(2) 냥(兩), 냥쭝, 년(年)

위 (1)은 위 규정에 따라 바르게 적은 것들이고 (2)의 경우는 '다만' 조항에서 의존명사로 쓰이는 것들은 'ㄴ'을 한자음대로 쓰도록 예외로 규정한 것이다. 예를 들면 '두 냥, 다섯 냥쭝, 십 년'처럼 적도록 한 것이다.

(3) 신여성, 공염불, 남존여비

위 (3)의 단어들은 '접두사처럼 쓰이는 한자가 붙어서 된 말이나 합성어에서, 뒷말의 첫소리가 'ㄴ'소리로 나더라도 두음법칙에 따라 적는다.'는 '다만' 규정에 따라 바르게 적은 것이다. 그러나 '생년월일'은 이 규정에 해당되지 않으므로 '생년월일'로 적어야 한다.

띄어쓰기는 어렵지 않다

띄어쓰기는 우리의 문자생활을 편리하게 하기 위하여 만든 하나의 약속이다. 간단한 문장 몇 개 정도는 띄어쓰기를 하지 않아도 그 뜻이 통할 수도 있다. 그러나 문장이 길고 글이 복잡할수록 띄어쓰기나 문장 부호 사용의 필요성을 갖게 된다. 어떤 이는 우리 한글의 띄어쓰기가 너무 까다롭다고 말하는 이들이 있다. 그러나 띄어쓰기의 기본 원칙을 터득하면 그렇게 어려울 것이 없다.

띄어쓰기의 근본 뼈대가 되는 규칙은 《한글 맞춤법》의 다음 2개 조항이다.

제2항 문장의 각 단어는 띄어 씀을 원칙으로 한다.
제41항 조사는 그 앞말에 붙여 쓴다.

위 두 조항을 염두에 두고 띄어쓰기를 한다면 크게 어려울 것이 없다. 글을 쓸 때 한 문장에서 단어마다 띄어 쓰고, 조사만 그 앞말에 붙여 쓰면 되기 때문이다.

그러나 실제로는 어디부터 어디까지가 한 단어인지 구별이 어려운 경우가 꽤 있으며, 조사는 의존명사로도 쓰이는 특수한 조사도 있어서, 우리 국어에 익숙지 않은 사람은 어렵다고 하소연할 만하다.

1. 단어 : 단어는 한 낱말이며 품사별로 나누면 한 단어가 되고 그 중 조사만 따로 분류하여 앞말에 붙여 쓰면 된다(조사도 하나의 단어임).

　2. 조사 : 조사는 주로 체언에 붙어 다른 말에 대한 관계를 나타내거나(격조사), 다른 말끼리 이어주거나(접속조사), 앞에 붙은 체언의 의미를 덧보태는 구실(보조사)을 하기도 한다. 이런 기능을 갖는 모든 조사는 앞말에 붙여 쓴다.

　먼저 띄어쓰기의 기본을 알기 위해 먼저 단어의 개념과 조사를 간단히 익히기로 한다.

　　(1) 꽃/이 피니까 나비/가 날아든다.
　　(2) 못/에 걸려 찢어진 양복바지/를 세탁소/에 맡겼다.

　위 예문 (1), (2)는 띄어쓰기 규정대로 각 단어를 띄고 조사만 앞 체언에 붙여 쓴 것이다. 체언과 조사 사이에는 ' / '표를 하였다. 여기서 우리 한글에 좀 약한 사람이라면 (1)의 '날아든다'를 한 단어로 볼 것이냐, 두 단어로 볼 것이냐를 망설이게 될 것이다. 이 말은 '날다'와 '들다'의 합성어로 한 단어이므로 붙여 쓴 것이다. (2)의 '양복바지'도 문맥상으로 보아 양복의 아랫도리를 뜻하므로 합성어로 보아야 한다. 그러나 이런 경우 사전에 따라 작은 사전에는 '양복'과 '바지'만 따로 올라 있고 합성어 '양복바지'는 올라있지 않은 경우도 있어서 판단에 어려움이 있을 수 있다. 또 사전에 올라 있지 않은 합성어를 만들어 쓰는 경우도 있으므로 일단 어휘에 대한 소양을 넓힐 필요가 있다.

　많은 단어 중에 체언으로 쓰는 명사는 일반 명사, 고유명사, 전문 용어 등의 띄어쓰기가 서로 달라서 조금 까다롭긴 하지만 허용 조항이 있어서 그리 부담스럽지 않다.

(3) 김하늘, 충무공 이순신 장군, 남궁억/남궁 억, 황보지봉(皇甫芝峰)/
    황보 지봉

　사람의 이름은 위 (3)과 같이 성과 이름, 성과 호는 붙여 쓰고, 이에
덧붙는 호칭어, 관직명 등은 띄어 쓴다. 다만, 성과 이름, 성과 호를 분
명히 구분할 필요가 있을 경우에는 띄어 쓸 수 있다.(제48항)

(4) 대한 중학교/ 대한중학교 , 인하 대학교 사범 대학/ 인하대학교 사
    범대학
(5) 만성 골수성 백혈병/ 만성골수성백혈병

　위 (4), (5)에서와 같이 성명 이외의 고유 명사나 전문 용어는 단어별
로 띄어 씀을 원칙으로 하되, 단위별로 붙여 쓸 수 있도록 허용하였다.
(제49항, 제50항) 붙여 써야 할 조사를 구별하기 어려운 경우의 예를 좀
들어 보자.

(6) 교실에서만이라도 좀 조용히 해라. 꽃처럼 아름다운 당신이여!

　위 (6)의 두 문장에서 밑줄 친 부분은 모두 조사이기 때문에 앞말에
붙여 쓴 것이다.(제41항) 글을 쓸 때 띄어쓰기에서 또 많이 망설이게 되
는 경우가 보조 용언이다. 이것도 보조 용언은 본용언과 띄어 씀을 원칙
으로 하되 경우에 따라 붙여 씀을 허용하므로 그리 걱정할 일이 아니다.

(7) 나는 여름 방학에 바다에 가고 싶다. / 가고싶다
(8) 그 일은 내가 할 만하다. / 할만하다

위 (7), (8)의 문장에서 밑줄 친 본용언과 보조용언은 띄어 씀을 원칙으로 하고, 오른 쪽처럼 붙여 쓸 수 있도록 허용하였다.(제47항)

그밖에 의존명사나 순서와 단위, 수를 적을 때, 예외 조항 등 좀더 구체적으로 알아두어야 할 것들이 있지만 다른 글에서 더 다루기로 한다.

거듭 강조하건대 띄어쓰기의 몇 가지 기본 원칙만 공부하면 띄어쓰기가 어렵지 않다는 것을 터득하게 될 것이다.

만큼과 뿐

'만큼'이나 '뿐', '대로'와 같은 부류의 낱말은 의존명사이면서 조사로도 쓰이기 때문에 띄어쓰기에서 혼동을 일으킬 수 있다. 여기서 유의할 것은 의존명사로 쓰일 때는 띄어 쓰고 조사로 쓰일 경우는 앞말에 붙여 쓴다는 기본적인 띄어쓰기 원칙을 이해하면 된다.

'만큼'이 의존명사로 쓰일 때, 그 의미는 주로 어미 '-은, -는, -을' 뒤에 쓰여 앞의 내용에 상당하는 수량이나 정도임을 나타내거나, 어미 '-은, -는, -던' 뒤에 쓰여 뒤에 나오는 내용의 원인이나 근거가 됨을 나타내는 말로 쓰인다.

  (1) 먹을 <u>만큼</u>만 먹어라.
  (2) 이번 시험은 매우 어렵게 출제하는 <u>만큼</u> 그 준비도 철저해야 한다.

위 (1)의 예문은 '만큼'이 앞의 내용에 상당하는 수량이나 정도를 나타내는 의존명사로 쓰였으므로 앞의 '먹을'과 띄어 쓴다. '만큼' 다음에 붙은 '만'은 조사이므로 '만큼'에 붙여 쓴 것이다. (2)의 '만큼'은 뒤에 나오는 내용의 원인이나 근거를 나타내는 뜻을 지닌 의존명사로 쓰였으므로 띄어 썼다. 그러나 다음과 같이 조사로 쓰이면 띄어쓰기가 달라진다.

(3) 나도 너만큼은 할 수 있다.

(4) 명주가 무명만큼 질기지는 못하다.

위 (3), (4)의 '만큼'은 모두 조사로 쓰였으므로 그 앞 체언에 붙여 쓴다. (3)에서 '만큼' 다음의 '은'도 조사이므로 함께 붙여 쓴 것이다. 이때 '만큼'은 모두 앞말과 비슷한 정도나 한도임을 나타내는 보조사로 쓰인 것이다.

'뿐'이나 '대로'의 띄어쓰기 방법도 '만큼'과 비슷하게 생각하면 그리 까다롭지 않다.

(5) 그 사실은 소문으로만 들었을 뿐이야.

(6) 아는 대로 쓰시오.

(7) 이 방안에 있는 사람은 모두 남자뿐이야.

(8) 너는 너대로 나는 나대로 제 갈 길이 따로 있다.

위 (5), (6)의 '뿐'과 '대로'는 의존명사로 쓰였기 때문에 앞말과 띄어 썼다. 그러나 (7)의 '뿐'은 접미사로 다루어 앞말 '남자'와 붙여쓰게 된 것이며, 그 다음의 '-이야'도 서술격 조사에 속하므로 '뿐'에 붙여 쓴다. (8)의 '대로'는 앞 '만큼'의 경우처럼 조사로 쓰여서 역시 붙여 쓴 것이다.

이처럼 의존명사로 쓰이는 낱말들이 접사나 조사의 기능을 갖고 다른 역할을 하는 경우, 의존명사로 쓰이면 띄어 쓰고 접사나 조사로 쓰이면 앞말에 붙여 쓴다고 생각하면 그리 어려울 것이 없다.

'-이다'와 '-입니다'

학교 문법에서 '-이다'는 조사로 분류되지만 용언처럼 '-이다, -이고, -이면, -이오, -이지, -입니다, -입니까' 등으로 활용하기 때문에 띄어쓰기에서도 혼선을 빚는 것 같다.

　(1) 사과는 과일<u>이고</u>, 가지는 채소<u>(이)</u>다.
　(2) 이것이 바로 그 책<u>입니</u>까?

위 (1)의 '과일이고'와 '채소(이)다'에서 '-이다, -이고'는 조사이므로 앞말에 붙여 쓴다. '채소(이)다'처럼 '-이다'에 쓰인 체언의 끝소리가 모음이면(끝 음절에 받침이 없으면) '-이'를 생략할 수 있다. (2)에서 높임의 의문형 '-입니까'도 조사 '-이다(입니다)'의 활용형이므로 역시 앞말에 붙여 쓴다.

'-이다'는 지면을 아끼기 위해서 되도록이면 붙여 쓰려고 하는 신문 표제에서조차 띄어 쓰는 실수를 하기도 한다. 이것은 조사 중에서도 '-이다'가 영어의 비(be)동사처럼 활용한다는 특징 때문에 자주 틀리는 것 같다. 이러한 특성 때문에 고 이희승 님은 '-이다'를 존재사로 따로 분류하였다. 약간 불합리한 점이 있지만 우리는 학교 문법에서 분류한 9개 품사에 따라 조사의 범주에 넣어 사용하고 있다.

국내 여행을 하다가 큰 도로변에 써 붙인 알림막에서도 실수를 발견한 적이 있다.

(3) 충남도청의 유치 예산군민의 <u>승리∨입니다</u>. → 승리입니다.

위 (3)에서 '−입니다'가 조사이므로 앞의 '승리'와 붙여 '승리입니다'로 써야 한다. 틀리기 쉬운 보기를 더 들어본다.

(4) 우리 산의 경계는 <u>여기∨부터∨입니다</u>. → 여기부터입니다.
(5) 깨고 보니 <u>꿈∨이더라</u>. → 꿈이더라.

위 (4)에서 '부터'와 '입니다'는 모두 조사이므로 앞의 '여기'에 모두 붙여 써야 한다. 문장 (5)에서 '−이더라'도 '−이다'의 활용형이므로 '꿈'과 붙여 쓴다.

표준 이하 표준

:: 골라 읽기 ::

표준어의 이해

표준어 규정(1988) 총칙 제1항을 보면 '표준어는 교양 있는 사람들이 두루 쓰는 현대 서울말로 한다.'고 되어 있다.

여기서 '교양 있는 사람들'이란 학력이나 인품도 관련이 있겠지만 국어 교육을 제대로 받아 우리말을 제대로 구사하는 사람을 가리킨다는 뜻으로 볼 수 있다. '현대 서울말'에서 '서울말'은 예부터 서울에 사는 토박이 수준의 서울 지방 사람들이 쓰는 말이라고 보면 될 것이다.

이에 대해 '탯말두레'라는 지역말 연구모임에서는 '서울말만 사용토록 한 표준어 규정과 표준어로 교과서를 만들도록 한 국어기본법은 행복추구권과 평등권, 교육권을 침해한다.'며 헌법소원을 냈으나 패소한 적이 있다.(2006)

이것은 표준어 규정에 대한 오해에서 비롯된 것으로 보인다. 표준어는 한 나라에서 의사소통의 불편을 덜기 위해 전 국민이 공통적으로 쓰도록 만든 공용어의 자격을 부여한 말이다. 이를테면 교과서 등 각종 서적, 언론에서 쓰는 말 등은 특히 표준어를 필요로 한다. 표준어를 정할 때는 그 나라의 문화, 정치, 경제, 사용 인구 등을 고려해 그 중심지의 말로 정하는 것이 보통이다.

북한은 평양말을 표준으로 해야 할 것 같지만 그들도 통일 한반도를 염두에 두고 사실상 서울말을 표준으로 쓰고 있다. 다만 그들이 서울말을 쓴다고 하면 자존심이 허락되지 않을 테니까 표준어라 하지 않고 '문화어'라는 용어를 쓰고 있다.

표준어는 필요에 의해서 공용하도록 하지만 지방말(방언)을 쓰지 못하도록 규제하지는 않는다. 일상 대화에서는 서로 편리한 말로 잘 통하면 된다. 제주도를 여행할 때 표준어를 쓰던 제주도 사람이 자기네끼리 제주 토박이말로 대화하는 걸 들을 때, 무슨 말인지 글쓴이는 외국에 온 것처럼 느낀 적이 있다. 우리나라는 땅덩어리는 작지만 지방마다 말이 달라 표준어는 필요하다.

이런 점들을 고려해 헌법재판소는 표준어 규정이 포함된 국어기본법을 합헌으로 판결했을 것이다.

대장장이와 개구쟁이

접미사 '−장이'와 '−쟁이'를 구분해서 쓰는 방법은 비교적 간단하다.

(1) 옛날 <u>대장장이</u>는 대장간에서 철물을 달구어 농기구를 벼리는 일을 했다.
(2) 놀이터에서 <u>개구쟁이</u> 아이들이 뛰어 놀고 있다.

위 (1)의 '대장장이'처럼 어떤 분야의 기능이나 기술을 가진 사람을 가리킬 때에는 '−장이'를 붙인다. 한편 (2)의 '개구쟁이'처럼 특별한 기술과 관계없이 어떤 속성을 지닌 사람, 그런 부류에 속하는 사람을 가리키는 말에는 '−쟁이'를 붙인다.

(1)′ 미장이, 대장장이, 유기장이, 관상장이, 간판장이, 땜장이
(2)′ 욕심쟁이, 개구쟁이, 겁쟁이, 거짓말쟁이, 빚쟁이, 변덕쟁이

위 (1)′과 (2)′ 예를 보면 '−장이'는 기술자, '−쟁이'는 기술자가 아닌 경우에 쓰인다고 생각하면 이들을 구별해 쓰는데 별 어려움이 없을 것이다.

이와 비슷한 현상으로 'ㅣ'모음역행동화에 의한 발음은 원칙적으로 인

정하지 않으나 다음 (3)의 낱말들은 그러한 동화현상을 적용한 형태를 표준어로 삼고 있다.

(3) 서울내기(○) 신출내기(○) 풋내기(○) 냄비(○) 동댕이치다(○)
서울나기(×) 신출나기(×) 풋나기(×) 남비(×) 동당이치다(×)

(4) 아지랑이(○)
아지랑이(×)

위 (3)에서는 'ㅣ'모음역행동화에 의한 발음을 표준어로 하고 있지만, (4)에서는 '아지랑이'를 표준어로 삼고 있어서 혼란스러운 점이 없지 않다. 이러한 기준은 실제로 우리나라 사람들의 발음 경향을 참작하여 표준으로 삼았기 때문에 일관성이 결여된 면이 없지 않다. 그러나 일반적으로 표준어를 제대로 써 온 사람들은 보통 자기가 발음하는 말이 표준어로 채택된 셈이다.

아롱다롱과 너울너울

우리말에는 모음조화 현상이 있다. 이는 양성모음은 양성모음끼리 어울리고 음성모음은 음성모음끼리 어울리는 현상이다.

　　(1) 아롱다롱, 콜록콜록, 졸졸, 오손도손, 새록새록, 방긋방긋
　　(2) 너울너울, 얼룩얼룩, 줄줄, 우물쭈물, 추적추적, 술렁술렁

위 (1)의 '아롱다롱'에서는 양성모음 'ㅏ'와 'ㅗ'가 어울렸고 다른 낱말들도 마찬가지 형태로 이루어졌다. 한편 (2)의 '얼룩얼룩'은 음성모음 'ㅓ'와 'ㅜ'가 어울려 낱말을 만들었으며 다른 것들도 마찬가지다.

이 모음조화 현상은 규칙적이긴 하지만 사람들의 발음 습관에 따라 이 현상이 파괴된 낱말도 많이 있다. 표준어 규정에 보면 양성모음이 음성모음으로 바뀌어 굳어진 단어는 음성모음 형태를 표준으로 한다고 규정하고 다음과 같은 예를 들고 있다.(표준어 규정 제8항)

　　(3) 깡충깡충, 막둥이, 바람둥이, 발가숭이, 오뚝이

위 (3)과 같은 낱말들은 언중이 많이 발음하는 쪽을 택해 표준으로 한 것이다.

모음조화는 모양이나 소리를 흉내 낸 의태어나 의성어에 많이 나타나지만 위 (3)에서처럼 명사류에도 있고, 용언이 어미 활용을 할 때도 모음조화가 적용된다.

(4) 잡아, 고와, 살아, 몰아, 좋아, 갈아
(5) 먹어, 귀여워, 죽어, 뛰어, 물어, 숨어
(6) 괴로워, 아름다워

위 (4)의 용언들은 어간 모음이 양성이므로 모두 양성모음의 어미를 취했고, (5)는 어간 모음이 음성이므로 음성모음의 어미를 취한다.

그러나 (6)에서는 어간의 끝모음이 모두 양성인데도 뒤에 음성모음 어미를 취하고 있다. 이것은 예외에 해당하며 이런 경우는 언중이 '괴로와, 아름다와'보다는 '괴로워, 아름다워'를 많이 쓰기 때문에 이를 표준으로 삼은 것이다.

윗목과 웃어른

우리말에서 '위-, 아래-'가 붙은 합성어에서 '위-'는 어느 때는 '윗-'을 쓰고 어느 때는 '웃'을 쓰는 경우가 있다. 표준어 규정을 보면 '윗'과 '웃'의 선택은 명사 '위'에 형태를 맞추어 '윗-'으로 통일해서 쓰도록 되어 있다.(표준어 규정 제12항)

  (1) 윗목, 윗니, 윗자리, 윗변, 윗입술
  (2) 아랫목, 아랫니, 아랫자리, 아랫변, 아랫입술

그런데 위 (1)에 보인 말들은 모두 (2)와 같은 대립어를 가지고 있다. 이렇게 대립되는 말이 있으면 '웃-'을 쓰지 않고 '윗-'을 쓴다고 생각하면 이해하기 쉽다.

  (3) 웃어른, 웃돈, 웃거름, 웃국

한편 위 (3)의 경우 '*아래어른, *아랫돈'과 같은 대립어가 존재하지 않는다. 이처럼 아래, 위의 대립되는 말이 없는 낱말은 '웃-'으로 발음되는 형태를 표준어로 삼는다.(제12항 다만 2)

그러면 '웃옷'과 '윗옷'은 어느 것이 맞는 말일까? 이들은 둘 다 쓰일 수 있는 말이다. 다만 그 뜻이 다르기 때문에 헷갈리기 쉽다.

'웃옷'은 두루마기처럼 겉에 덧입는 옷이고, '윗옷'은 위에 입는 옷으로 '윗도리'라고도 한다. 겉에 덧입는 '웃옷'은 대립어가 아래옷이 아니라 속옷이므로 위, 아래의 대립 개념이 형성되지 않는다. 이럴 때는 '웃옷'이라고 써야 맞는 표기가 된다.

한편 '윗옷'은 위에 입는 옷이란 뜻으로 저고리와 치마에서 저고리는 윗옷, 치마는 아래옷이 된다. 이렇게 위, 아래 대립어가 있는 '윗옷'은 '웃옷'과 뜻 다른 낱말로 이것도 바른 말이다.

　　(4) 위쪽, 위채, 위층, 위통, 위팔

위 (4)의 낱말들도 예외 조항에 해당된다. 된소리나 거센소리 앞에서는 사이시옷을 쓰지 않고 '위-'를 쓰는 것을 표준어로 한다.(제12항 다만1.)

수고양이와 수캐, 수꿩

표준어 규정에 보면 '수컷을 이르는 접두사는 '수-'로 통일한다.'로 되어 있다(제7항). 이 규정 하나만 놓고 보면 수컷을 이르는 모든 명사류에 대해서는 앞에 '수-'만 붙이면 되지만 그리 간단치만은 않다.

(1) 수나사, 수놈, 수무지개, 수벌, 수소, 수고양이, 수사슴, 수잉어

위 (1)과 같이 수컷을 뜻하는 접두사는 어떤 음운 환경에서도 '수-'를 쓰는 것을 원칙으로 한다. '숫놈', '숫소', '수펄'과 같이 현실 발음과 일치하지 않는 낱말들이 꽤 있지만 규정으로 정해 놓았으니 그대로 지킬 수밖에 없다.

(2) 수꿩, 수딱따구리, 수뻐꾸기, 수캐, 수키와, 수탉, 수평아리

위 (2)의 보기처럼 된소리(경음)나 거센소리(격음) 앞에서도 '수-'를 쓴다. 그런데 '수꿩'의 표준말을 '수퀑'으로 오해할 경우도 있어서 틀리지 않도록 해야 한다. 또 '수캐, 수캉아지'는 접두사 '수-' 다음에 오는 'ㄱ'을 거센소리 'ㅋ'으로 쓰지만 '수고양이'는 '수코양이'라고 거센소리로 쓰지 않으므로 까다로운 면이 있다.

이렇게 어느 것이 표준어인지 알쏭달쏭한 경우는 국어사전을 찾아서 정확하게 알아두는 수밖에 없다. 그러나 모든 동물이나 곤충류들을 수 놈과 암놈을 구별해서 사전에 다 올리지 않으므로 '수메뚜기', '수다람 쥐', '수오리'처럼 사전에 없는 말은 모두 '수-'를 쓴다고 생각하면 된다.

　　(3) 숫양, 숫염소, 숫쥐(표준어규정 제7항 다만.2)

　다만 위 (3)은 예외로 '숫-'을 쓰도록 규정해 놓았다. 이와 같은 예를 보면 'ㅣ선행모음'이 들어간 '숫여우'나 'ㅈ' 앞의 '숫잠자리'같은 경우도 '수-'가 아닌 '숫-'을 써야 할 것 같지만 위 세 낱말만 예외라는 단서 조항이므로 같은 음운 환경이라도 이들은 '수여우', '수잠자리'로 써야 한다.
　그밖에 접두사 '수-'나 '숫-'과 관련하여 '숫처녀', '숫총각'의 '숫-'은 순수하다는 뜻의 다른 접두사이므로 이들을 '수처녀', '수총각'이라고 쓰 면 안 된다.

＊수무지개 : 쌍무지개가 섰을 때에, 빛이 곱고 맑게 보이는 쪽의 무지개

소꿉장난

어린 아이들의 놀이 중에 살림살이를 흉내내는 '소꿉장난'이란 놀이가 있다. 여기서 '소꿉'이란 '아이들이 살림살이하는 흉내를 내며 놀 때 쓰는, 자질구레한 그릇 따위의 장난감'을 가리킨다. 소꿉장난은 보통 두 명 이상의 어린이가 모여 역할 분담을 하며 논다. 여기엔 어머니, 아버지의 역할을 맡는 아이가 있고, 그 밖의 어린이는 자식이나 다른 가족의 역할을 맡는다. 그리고는 살림살이에 필요한 장난감으로 밥을 짓기도 하고 어른들의 대화를 흉내내며 가족놀이를 한다.

그런데 이 소꿉장난을 보통 '소꼽장난'이라고 잘못 말하거나 표기를 할 때에도 '소꼽장난'이라고 잘못 적는 경우가 적지 않다.

이것은 우리말의 모음조화 현상을 연상하여 '소꿉'을 '소꼽'으로 잘못 적지 않나 하는 생각이 든다. 모음조화 현상은 양성모음은 양성모음끼리, 음성모음은 음성모음끼리 어울리는 현상으로 발음의 편의성에 의해 자연적으로 생기는 현상이다.

그러나 이 현상이 대부분 지켜지고 있지만 언중이 어떻게 주로 많이 발음하느냐에 따라 표준어를 정하기 때문에 모음조화를 꼭 지켜 발음하는 것은 아니다.

'아롱다롱, 주렁주렁, 알쏭달쏭' 같은 말은 모음조화를 지켜 쓰지만 '가물가물, 오순도순, 깡충깡충'은 것은 양성모음과 음성모음이 어우른 말로 표준을 삼았다. 용언들도 대부분 모음조화를 지키는 편인데 '아름 답다, 괴롭다'의 활용형인 '아름다워, 괴로워'를 표준으로 한 것도 모음 조화에 어긋난다. 그러나 이들은 모두 언중이 두루 쓰는 쪽을 원칙으로 삼았기 때문에 유의해서 써야 한다.

'소꿉'이란 말도 모음조화와 관계가 있을지 모르나 원래부터 선조들 이 '소꿉'이란 말을 쓰지 않았기 때문에 '소꿉'이 표준이 되어 이의 합성 어인 '소꿉장난'이 표준어가 된 것으로 추정된다. 소꿉장난을 소꿉질이 라고도 한다.

새로 추가 선정된 표준어

국립국어원은 2011년 8월31일 국민들이 실생활에서 많이 사용하는 낱말 중 표준어로 인정받지 못하던 낱말 39개를 표준어로 추가로 선정하고 인터넷 『표준국어대사전』에 올렸다.

이번에 표준어로 인정한 낱말들은 크게 세 부류로 나뉜다.

첫째는, 현재 표준어와 같은 뜻으로 쓰이는 말 이외에 널리 쓰이는 말을 복수 표준어로 추가한 것이다. '간질이다'가 표준어였는데 '간지럽히다'도 표준어로, '목물'에 '등물'을 추가하는 등 모두 11개이다.

둘째, 현재 표준어와는 뜻이나 어감의 차이가 있어 별도의 표준어로 추가 인정한 것으로 25개 낱말이다.

'사랑이 뭐길래'에서 '-기에'가 표준어였던 것을 '-길래'도 인정했으며 '만날'에서 '맨날', '복사뼈'와 '복숭아뼈'를 모두 인정한 것 등이다.

셋째, 현재 표준어와 다른 표기 형태로 많이 쓰이는 낱말로 두 가지 표기를 모두 인정해 표준어 3개가 추가되었다. 현재 표준어 '태껸, 품세, 자장면'에서 '택견, 품새, 짜장면'을 표준어로 추가 지정한 것이다.

이번 발표에서 짜장면, 먹거리, 맨날, 복숭아뼈, 개발새발 등 언어생활에서 널리 쓰이면서도 표준어 대접을 받지 못하던 낱말들이 표준어로 인정되면서 낱말 표현의 범위가 늘어나고 편리해 진 점 등을 들어 대체로 환영하는 분위기이다. 그러나 문학적 표현으로 '나래'를 인정한다면 '잎새'

도 표준어로 인정해야 하고, '아웅다웅'을 인정하면 '단출하다'도 인정해야 한다는 등 더 면밀히 살펴 선정하지 못한 아쉬움을 말하는 이들도 있다.

현재 표준어와 같은 뜻으로 추가로 표준어로 인정한 것(11개)

추가된 표준어	현재 표준어
간지럽히다	간질이다
남사스럽다	남우세스럽다
등물	목물
맨날	만날
묫자리	묏자리
복숭아뼈	복사뼈
세간살이	세간
쌉싸름하다	쌉싸래하다
토란대	고운대
허접쓰레기	허섭스레기
흙담	토담

현재 표준어와 별도의 표준어로 추가로 인정한 것(25개)

추가된 표준어	현재 표준어	뜻 차이
~길래	~기에	~길래: '~기에'의 구어적 표현.
개발새발	괴발개발	'괴발개발'은 '고양이의 발과 개의 발'이라는 뜻이고, '개발새발'은 '개의 발과 새의 발'이라는 뜻임.
나래	날개	'나래'는 '날개'의 문학적 표현.

내음	냄새	'내음'은 향기롭거나 나쁘지 않은 냄새로 제한됨.
눈꼬리	눈초리	·눈초리: 어떤 대상을 바라볼 때 눈에 나타나는 표정. 예) '매서운 눈초리' ·눈꼬리: 눈의 귀 쪽으로 째진 부분.
떨구다	떨어뜨리다	'떨구다'에 '시선을 아래로 향하다'라는 뜻 있음.
뜨락	뜰	'뜨락'에는 추상적 공간을 비유하는 뜻이 있음.
먹거리	먹을거리	먹거리: 사람이 살아가기 위하여 먹는 음식을 통틀어 이름.
메꾸다	메우다	'메꾸다'에 '무료한 시간을 적당히 또는 그럭저럭 흘러 가게 하다.'라는 뜻이 있음
손주	손자(孫子)	·손자: 아들의 아들. 또는 딸의 아들. ·손주: 손자와 손녀를 아울러 이르는 말.
어리숙하다	어수룩하다	'어수룩하다'는 '순박함/순진함'의 뜻이 강한 반면에, '어리숙하다'는 '어리석음'의 뜻이 강함.
연신	연방	'연신'이 반복성을 강조한다면, '연방'은 연속성을 강조.
횡하니	횡허케	횡허케: '횡하니'의 예스러운 표현.
걸리적거리다	거치적거리다	자음 또는 모음의 차이로 인한 어감 및 뜻 차이 존재
끄적거리다	끼적거리다	〃
두리뭉실하다	두루뭉술하다	〃
맨숭맨숭/ 맹숭맹숭	맨송맨송	〃
바둥바둥	바동바동	〃
새초롬하다	새치름하다	〃
아웅다웅	아옹다옹	〃
야멸차다	야멸치다	〃

오손도손	오순도순	〃
찌뿌둥하다	찌뿌듯하다	〃
추근거리다	치근거리다	〃

두 가지 표기를 모두 표준어로 인정한 것(3개)

추가된 표준어	현재 표준어
택견	태껸
품새	품세
짜장면	자장면

표준 발음법

　표준어 규정은 교육부(당시 문교부)가 '한글 맞춤법1998'을 고시하면서 같이 발표되었고 표준어 규정 제2부에 표준발음법이 들어 있다. 표준발음법은 1933년 '한글 맞춤법 통일안' 이후 55년이 지난 후에야 만들어진 것이다.

　'한글 맞춤법 통일안'은 일제 강점기 때 한글학회(당시 조선어학회)가 제정하여 발표한 것을 부분적으로 고쳐가며 써 왔다. 뒤늦게나마 1988년에 정부 차원에서 '한글 맞춤법'과 함께 표준어 규정, 외래어 표기법, 국어의 로마자 표기법 등을 재정비하여 발표함으로써 표준 발음법이 나오게 되었다.

　그 이전까지의 맞춤법은 그런 대로 '한글 맞춤법 통일안'에 따라 통일성을 유지하며 불편 없이 써 왔으나, 표준발음은 국어사전에 의존하는 수밖에 없었다. 우리말의 표준 발음을 규정한 소리 표준어가 없었다는 것은 좀 부끄러운 일이기도 하다.

　표준어 규정은 2008년 국어기본법이 제정되면서 '어문규범'이라는 범주 속에 넣어 법률적 지위를 확고히 갖게 되었다. 국어 기본법 제3조에 3항 어문규범의 정의에 표준어 규정이 포함된다.

　　제3조(정의) 3. "어문규범"이란 제13조에 따른 국어심의회의 심의를 거

쳐 제정한 한글 맞춤법, 표준어 규정, 표준 발음법, 외래어 표기법, 국어의 로마자 표기법 등 국어사용에 필요한 규범을 말한다.

(국어기본법, 법률 제9003호, 2008.3.28.)

　　표준발음법은 표준어 규정 제2부에 들어 있다. 우리가 글을 쓸 때 표준말을 써야 하고 맞춤법에 맞게 써야 하는 것과 같이, 말을 할 때에도 표준말을 쓰며 표준 발음법에 맞게 말소리를 내야 의사소통이 원활하게 이루어진다.

　　특히 여러 사람이 보고 듣는 방송이나 공식적인 회의에서 말하는 사람, 학교에서 학생들을 가르치는 교사 등은 그 말이 다른 사람에게 미치는 영향이 크므로 표준말을 표준 발음법에 맞게 써야 할 것이다.

늑막염과 색연필

요즘 방송에서 늑막염이나 복막염, 결막염 등을 [능마겸], [봉마겸], [결마겸]이라고 잘못 발음하는 경우가 있다. 복막염을 [봉마겸], 장염은 [장염]이라고 발음하는 경우가 있다. 이것은 잘못된 발음이다.

이들은 능막염은 [능망념]으로, 복막염은[봉망념]으로, 그리고 결막염은 [결망념]이라 해야 올바른 발음이다.

장염도 [장:념], 색연필의 경우도 [새견필]이 아니라 [생년필]로 발음해야 한다. 이들 낱말은 앞 말의 끝소리 'ㄱ' 다음에 'ㄴ'이 첨가되면서 자음동화 현상이 일어나 그렇게 발음되는 것이다.

이와 같이 합성어와 파생어에서 'ㄴ'소리가 첨가되어 소리나는 낱말은 다음과 같은 것들이 있다.(표준 발음법 제29항)

　　⑴ 솜이불[솜니불], 홑이불[혼니불], 막일[망닐], 내복약[내봉냑], 신여
　　　성[신녀성]

'ㄴ'첨가 현상이 나타나는 낱말 가운데 'ㄹ'받침 뒤에 첨가되는 'ㄴ'소리는 다음 (2)와 같이 [리]로 발음한다.

　　⑵ 들일[들릴], 솔잎[솔립], 설익다[설릭따], 물약[물략], 서울역[서
　　　울력]

위와 같은 낱말은 앞말의 끝소리와 뒷말의 첫소리가 결합할 때 'ㄹ'이 첨가된 것이 아니라, 'ㄴ'이 첨가된 상태에서 다시 앞말의 끝소리 'ㄹ'의 영향으로 동화된 소리 'ㄹ'로 발음되는 것이다.

이러한 'ㄴ' 첨가 현상에 예외가 있다. 다음 낱말들은 'ㄴ(ㄹ)'소리를 첨가하여 발음하지 않는다.

(3) 6·25[유기오], 3·1절[사밀쩔], 송별연[송벼련], 등용문[등용문]

위 낱말들은 현실 발음을 인정하여 [융니오], [삼닐쩔], [송별련], [등농문, 등룡문]처럼 발음하지 않고 위의 (3)처럼 발음하도록 예외 규정을 둔 것으로 보인다.

밟다와 짧다

'밟다'와 '짧다' 또는 '넓다' 따위의 발음이 활용형에 따라 잘못 발음하는 사례가 있다.

"아버지가 지나가신 그 길을 <u>밟습니다</u>[발씀니다]."

위에서 '밟습니다'는 [밥:씀니다]로 발음해야 옳다.

우리말에서 받침으로 실현될 수 있는 자음은 'ㄱ, ㄴ, ㄷ, ㄹ, ㅁ, ㅇ'의 7개 자음뿐이다. 이를 음절의 끝소리 규칙이라 한다. 겹받침 'ㄳ, ㄵ, ㄼ, ㄽ, ㄾ, ㅄ'은 어말 또는 자음 앞에서 각각 [ㄱ, ㄴ, ㄹ, ㅂ]으로 발음한다. 따라서 위 '짧다, 넓다, 밟다'의 'ㄼ'은 모두 'ㄹ'로 발음해야 하지만 '밟다'의 경우는 예외로 'ㅂ'으로 발음한다.

위에 든 예처럼 '밟다'를 [발따]로 발음하는 경우가 있는데 이것은 잘못된 것이다. 또 '짧다'의 발음은 "바지 길이가 약간 <u>짧다</u>[짤따]."라고 해야 맞는 발음인데 이를 [짭따]로 잘못 발음하는 이들도 더러 있다.

'넓다'에서 파생된 '넓죽하다, 넓둥글다'의 경우도 'ㄹ'이 아닌 'ㅂ'으로 발음하여[넙쭈카다/넙뚱글다]가 된다.

또 대표음이 아닌 받침 'ㄲ, ㅋ'은 어말이나 자음 앞에서 대표음 'ㄱ'으로, 'ㅅ, ㅆ, ㅈ, ㅊ, ㅌ'은 'ㄷ'으로, 'ㅍ'은 'ㅂ'으로 각각 발음한다.(표준발음법 제9항)

| **보기** | 밖[박], 키읔[키윽], 있다[읻따], 젖[젇], 꽃[꼳], 앞[압]

이들이 모음으로 된 조사나 어미가 붙을 땐 '밖에[바께], 있으니[이쓰니], 젖을[저즐], 꽃이[꼬치]'처럼 연이어서 발음된다.

그러나 흔히 "아기에게 젖을[저슬] 먹인다."고 하거나 "예쁜 꽃이[꼬시] 피었구나."처럼 잘못 발음하기가 예사다.

이들이 또 실질 형태소와 결합하여 합성어를 만들면 다음 보기와 같이 다시 음절의 끝소리 규칙이 적용된다.(제15항)

| **보기** |

젖어미[젇어미 → 저더미], 겉옷[겉옷 → 거돋], 맛없다[맏업다 → 마덥다]

안간힘과 인기몰이

어떤 일을 반드시 이루기 위해 온갖 고생을 하며 애써 열심히 노력하는데 그 일이 잘 안 되면 본인도 무척 힘들고 옆에서 보는 사람도 딱하게 여기게 마련이다. 이럴 때 "그는 <u>안간힘</u>을 다 써 보았지만 허사였다."와 같은 말을 쓴다.

이것이 '안간힘' 첫 번째 뜻이고, 다음은 '고통이나 울화 따위를 참으려고 숨 쉬는 것도 참으면서 애쓰는 힘'이란 뜻도 가지고 있다.

　　⑴ 병식은 친구를 쳐다보려고도 안 하고 분을 삭이느라 이를 갈며 <u>안간힘</u>을 쓴다.(심훈, 〈영원의 미소〉)

위 ⑴에서 '안간힘'은 두 번째 의미에 해당한다. 이처럼 '안간힘'은 약간씩 다른 두 가지의 뜻을 지니고 있다. 언중은 이 뜻에 대해서는 대부분 알고 있고, 제대로 쓰고 있는 것으로 생각된다.

그런데 '안간힘'의 발음에 대해선 혼선이 있는 듯하다. 이것을 [안간힘]으로 발음할 것인가, [안깐힘]으로 발음하는 것이 맞는가에 대해서 의견이 엇갈릴 수 있다. 방송에서 잘 들어보면 발음 교육을 제대로 받은 아나운서나 기자들이 [안깐힘]이라고 발음하고 있다. 이것이 맞는 발음이다. 그런데 어떤 이는 이 소리를 듣고 방송자의 발음이 틀렸다고 말하는 이도 있다. 수도권에서 표준말을 쓰는 꽤 많은 사람들이 [안간힘]으로 잘못 발음하기 때문인 것으로 보인다.

'인기를 얻으려고 분위기를 조성하는 일'을 '인기몰이'라 한다.

(2) 선거에서 <u>인기몰이</u>를 한다고 해서 당선되는 건 아니다.

'인기몰이'는 위 (2)에서처럼 쓰일 수 있다. 여기서 '인기몰이'의 발음은 별 혼동 없이 [인끼몰이]로 '기'를 된소리로 내게 된다.

'안간힘'과 '인기몰이'에서 '간'과 '기'가 된소리가 나는 것을 경음화 현상이라고 한다. 이와 같은 음운 환경에서 된소리가 나는 낱말은 다음과 같은 것들이 있다.

(3) 헌:법[-뻡], 손가락[-까락], 돈지갑[-찌갑], 산골[-꼴]

'늙지 않는 비결'에서

요즘 우리나라의 평균 수명이 늘어나면서 나이 들어서까지 건강하고 젊게 살려는 욕구 높아지고 있다. 이런 현상을 고려해서인지 텔레비전 방송에서 '늙지 않는 비결'이란 제목으로 방송을 하려고 예비 광고를 하는데 '늙지 않는 비결'이란 말이 두 번이나 나왔다. 그런데 방송자는 두 번 모두 [늘찌 안는 비결]이라고 발음했다. 여기서 '늙지'는 [늑찌]라고 발음해야 옳다.

표준어 규정 제2부 표준 발음법을 보면 "겹받침 'ㄺ, ㄻ, ㄼ'은 어말 또는 자음 앞에서 각각 [ㄱ, ㅁ, ㅂ]으로 발음한다."고 되어 있다.(제11항)

· 닭[닥], 흙과[흑꽈], 맑다[막따], 늙지[늑찌]

따라서 '늙다'의 경우는 어미 활용에서 [늑따, 늘꼬, 늑찌, 늘거, 늘근, 늘그면]으로 발음하는 것이 표준이다. 그러나 '늙고'의 경우는 자음 앞에서 [늑꼬]가 아닌 [늘꼬]로 발음된다. 이것은 '다만' 조항에 'ㄱ'앞에서 예외로 발음 되는 것들이 있는데 '늙고'도 '다만' 조항의 예외로 보아야 할 것이다.

다만, 용언의 어간 말음 'ㄺ'은 'ㄱ'앞에서 [ㄹ]로 발음한다.

· 맑게[말께], 묽고[물꼬], 얽거나[얼꺼나], 늙고[늘꼬]

이 발음 규정에 따라 '늙지'는 [늑찌]로 발음해야 한다.
위 제11항에 나온 '닭[닥], 흙과[흑꽈], 맑다[막따], 늙지[늑찌]' 등이
조사나 어미와 연결될 때의 발음은 다음과 같다.

· 닭[닥] - 닭이[달기], 닭을[달글], 닭에게[닭에게], 닭도[닥또], 닭장
  [닥짱]
· 흙[흑] - 흙이[흘기], 흙을[흘글], 흙과[흑꽈], 흙도[흑또]
· 맑다[막따] - 맑아[말가], 맑으니[말그니], 맑아서[말가서], 맑지[막
  찌], 맑더니[막떠니]
· 늙다[늑따] - 늙어[늘거], 늙으면[늘그면], 늙지[늑찌], 늙도록[늑또록]

위와 같이 발음하는 것이 표준인데 표준어를 쓴다고 하는 일반인은
물론이고 방송인들까지 위와 같은 표준 발음을 제대로 하지 못하는 실
정이다. 이것은 표준 발음이 현실 발음과 괴리가 있는 것들도 있지만
표준어 규정이 바뀌기 전까지는 이 규정을 지켜 발음하도록 노력해야
한다.

덧나기 발음 현상

인터넷 한국일보에서 덧나기 발음 현상에 대해 질의 내용을 읽었다. 그런데 응답자(김정수 교수)의 대답이 옳은 것도 많지만 어떤 부분은 오히려 우리 어법이나 음운현상에 맞지 않는 것이 있어서 이를 자세히 살펴보고자 한다.

'바른말의 Q&A'라는 한국일보 기사를 보면 김정수 교수의 글 '표준어는 하나가 아니다.'라는 내용이 있다.

> 표준이 하나이어야 한다는 고집이 한국말을 부자연스럽게 만듭니다.
> ㄴ 등의 덧나기는 말의 강조를 위한 임의현상이기 때문에 안 넣은 것은 기본형이고 넣은 것은 강세형으로서 함께 가능한 것입니다. [잠짜리]는 강세형이고 그 기본형은 [잠자리]로서 둘 다 당연하고, [정 동영]도 [정 동녕]도 다 자연스러운 것입니다. ㄴ, ㄷ, ㄹ 등 덧나기의 본질을 이해하지 못한 사람들이 어느 한 가지만 고집합니다. 국어원 사람들이나 이 선생님이나 그런 점에서 같습니다.
> 이 선생님 생각을 먼저 고치시면 좋겠습니다.
> 김정수 의견 올림.

이는 이종구님의 질문에 대한 대답이다. 여기서 '[잠짜리]는 강세형이고 그 기본형은 [잠자리]로서 둘 다 당연하고, [정동영]도 [정동녕]도 다

자연스러운 것'이라고 했는데, 이는 표준발음법에도 위배되는 내용이다. [잠짜리]는 경음화 현상으로 '잠자는 자리'를 뜻하며 예삿소리[잠자리]는 곤충 잠자리로 의미의 변별력이 있다.

　'[정동영]도 [정동녕]도 다 자연스러운 것'이라고 말한 것으로 보아 [잠자리]는 기본형, [잠짜리]는 강세형이라고 하여 같은 뜻을 지닌 낱말을 둘 다 올바른 발음으로 인정하는 것 같다.

　여기서 [잠짜리]는 표기상 사이시옷이 없더라도 관형격 기능을 지니는 '잠'의 뒤 단어의 첫소리 'ㄱ, ㄴ, ㅂ, ㅅ, ㅈ'을 된소리로 발음하도록 되어 있다.(표준발음법 제28항) 따라서 이른바 기본형이라고 하는 [잠자리]라는 발음은 규정에도 어긋나지만 '잠자는 자리'를 예사소리[잠자리]로 발음하는 사람은 거의 없다.

　축구 선수의 이름을 이청용, 정성용, 기성용이라 적고 발음은 [이청뇽], [정성뇽], [기성뇽]이라고 부르는 것도 문제가 있다. 이들은 '용(龍)'이므로 끝음절에서는 '룡'으로 적고 위와 같이 발음해야 한다. 그러나 이들이 고유명사이기 때문에 주민등록을 '용'으로 했느냐 '룡'으로 했느냐에 따라 발음이 달라질 수밖에 없다. 이름은 본인이나 부모의 의사에 따라 결정되므로 표기법을 강요하기는 어려우나 평생 부르는 사람 이름이므로 출생 신고를 할 때에 바르게 해야 부르는 사람들도 혼란이 없을 것이다. 이들 이름은 이청룡, 정성룡, 기성룡이라 적고, [이청뇽], [정성뇽], [기성뇽]이라고 불러야 맞다.

'가져'와 '시계'

"정호야, 책 좀 <u>가져</u> 오렴."이라고 말할 때 표기는 '가져'로 하지만 발음은 [가저]로 해야 한다. 용언의 활용형에 나타나는 '져, 쪄, 쳐'는 [저, 쩌, 처]로 발음하도록 규정하고 있기 때문이다.(표준 발음법 제5항)

이와 같은 용례는 다음과 같다.

(1) 만지어 → 만져[만저], 건져[건저], 뒤져[뒤저]
(2) 찌어 → 쪄[쩌], 살쪄[살쩌]
(3) 다치어 → 다쳐[다처], 고쳐[고처], 뭉쳐[뭉처]

이와는 달리 '시계'는 [시계/시게] 두 가지 발음을 허용한다. 표준 발음법 제5항 다만2.를 보면 "'예, 례' 이외의 'ㅖ'는 'ㅔ'로도 발음한다."고 되어 있다. 그러니까 'ㅖ'의 발음은 다음 (4), (5)와 같이 두 가지로 할 수 있다.

(4) 예절[예 : 절], 예산[예 : 산], 예방[예 : 방] 차례[차례], 경례[경례], 주례[주례]
(5) 계집[계 : 집/게 : 집], 계시다[계 : 시다/게시다], 연계[연계/연게], 혜택[혜 : 택/헤 : 택] 지혜[지혜/지헤]

위에서 (4)는 반드시 'ㅖ'로 발음해야 하는 것들이고, (5)는 'ㅖ'와 'ㅔ'의 발음을 모두 허용한 말들이다. 이 규정에 따르면 사람의 이름 '혜숙(惠淑)'은 [헤ː숙]으로 불러도 괜찮다는 것이다.

희망과 회의

　'희망'처럼 자음을 첫소리로 가지고 있는 'ㅢ'는 [ㅣ]로 발음해야 한다. 이처럼 발음해야 하는 말로는 무늬, 띄어쓰기, 틔어, 늴리리, 희어, 닁큼, 하늬바람 따위가 있다.

　그러나 '회의'같은 경우는 두 가지 발음을 모두 허용하고 있어서 조금 다르다. 단어의 첫 음절 이외의 '의'는 [회의/회이]처럼 [ㅢ]와 [ㅣ] 발음을 모두 할 수 있다는 것이다. 이와 같은 부류의 말은 주의, 협의, 회의장, 강의, 편의점 따위가 있다.(표준 발음법 제5항 다만 3.)

　그러나 모음으로 시작되는 '의사'의 경우는 그대로 [ㅢ]로 발음하여 글자 그대로 [의사]라고 읽는다.

말소리의 장단

우리말은 모음의 길이에 따라 뜻이 달라지는 말이 많이 있다. 글자는 같아도 모음이 길게 소리 나는 경우도 있고, 짧게 소리 나는 경우도 있어서 이를 지켜야만 의사소통이 원활해진다. 영어의 경우 강세(accent)가 중요하듯이 우리말의 발음에선 모음의 장단에 따라 그 뜻이 달라지기도 한다.

　(1) 기차가 굴속을 지나간다.
　(2) 어머니가 굴 따러 가셨습니다.

위 (1)에서 '굴[굴 :]'은 길게, (2)의 '굴'은 짧게 발음해야 한다.

그런데 이 말소리의 장단이 차츰 무너지면서 글자대로 발음하려는 경향이 있다. 이러한 언어 현상을 보고 어떤 국어학자는 우리말 소리의 장단은 이제 변별력을 거의 잃어가고 있어서 중요하지 않다고도 말한다.

현대국어에서 우리말은 엄연히 소리의 장단이 존재하며 사전에도 [굴 :]과 같이 장음표시가 표시가 되어 있으며, 한 단어 안에서도 소리의 길고 짧음에 따라 그 뜻이 달라지는 의미의 변별력이 있다.

그럼에도 말소리의 장단은 관습에 의한 것이어서 일정한 규칙이 없어 장단음 발음을 바르게 구별하기가 어렵다는 점이다.

다만 소리의 길이를 구별하는 일반적 경향을 표준 발음법에 명시하여 참고할 수는 있으나 예외가 많아 불편하다.

표준발음법 제6항에는 '모음의 장단을 구별하여 발음하되, 단어의 첫 음절에서만 긴소리가 나타나는 것을 원칙으로 한다.'라고 되어 있다.

    (3) 눈보라[눈 : 보라]   말씨 [말 : 씨]
        밤나무[밤 : 나무]   많다[많 : 다]
    (4) 첫눈[천눈]   참말 [참말]
        쌍둥밤[쌍둥밤]   수많은[수 : 마는]

위 (3)에서처럼 단어의 첫 음절에서 긴소리로 나는 것들이 (4)와 같이 둘째 음절 이하에 오면 그 소리가 짧게 나는 경향이 있다.

또 긴소리를 가진 음절이라도, 경우에 따라 (6), (7)과 같이 짧게 발음되는 것들이 있다.(표준발음법 제7항)

    (6) 감다[감 : 다] → 감으니[감므니]   신다[신 : 다] → 신어[시너]
    (7) 꼬다[꼬 : 다] → [꼬이다]   밟다 [밥 : 따] → 밟히다 [발피다]

위 (6)은 단음절인 용언 어간에 모음으로 시작된 어미가 결합되는 경우인데 여기에도 '끌다[끌 : 다] →끌어[끌 : 어]'따위와 같이 같은 음운 환경에서 그대로 긴소리가 나는 것들이 있다. (7)은 용언 어간에 피동, 사동의 접미사가 결합되는 경우인데 마찬가지로 '끌다[끌 : 다]→ 끌리다[끌 : 리다]'와 같은 예외 단어가 많아 규칙성이 떨어진다.

그러나 이들 발음은 우리가 평상시 발음대로 하면 장단음 구별이 그리 까다롭지는 않다. 그런데 안타까운 것은 국어사전마다 장단 표시에 차이가 있어서 그 표준을 삼기가 어렵다는 점이다.

　권위 있는 사전으로는 국립국어연구원의『표준국어대사전』나 한글학
회의『우리말 큰사전』을 권하고 싶다. 사전에서 장단음 표시는 단음에
는 표시가 없고, 장음은 [길 : 다]처럼 발음부호 [ ]안에 표시를 하는 것
이 원칙이나, 어떤 사전은 단어에 직접 '길 : 다'처럼 장음표시를 하기도
한다.

　우리가 올바른 말글 생활을 하기 위해서는 우리말 발음도 바르게 하
도록 노력해야 하며 말소리의 장단에 대해서 관심을 가지고 사전을 찾
아보는 성의도 필요하다.

눈물과 눈길

　모음이 긴소리가 나는 것도 대개는 낱말의 첫 음절에서만 긴소리가 나는 것을 원칙으로 인정한다.(표준 발음법 제6항)

　⑴ 눈물을 흘리며 눈길을 걷는다.
　⑵ 첫눈이 내리는 날 눈길을 걸었다.

　위 ⑴에서 '눈물'의 '눈'은 원래 짧은 소리이고, '눈길'의 '눈'은 긴소리이다. 그러나 ⑵의 '첫눈'에서 '눈'은 짧게 발음된다. 이때의 '눈'은 둘째 음절에서 소리 나기 때문이다.

　⑶ 마구간[마 : 구깐], 감나무[감 : 나무], 많다[만 : 타], 말하다[말 : 하다]
　⑷ 승마[승마], 곶감[/곧깜/고깜], 수많은[수 : 마는], 참말[참말]

　위 ⑶에서 첫소리가 길게 발음되는 말들이 ⑷와 같이 둘째 음절 이하에서는 짧게 소리나는 것이 보통이다. 그러나 다음과 ⑸와 같이 둘째 음절 이하에서도 분명하게 긴소리가 나는 것은 그 긴소리를 인정한다.

　⑸ 반신반의[반 : 신 바 : 늬/반 : 신 바 : 니], 재삼재사[재 : 삼 재 : 사]

응름응름 름니흐

:: 짜내 모녀 ::

담그다와 잠그다

김장철이 되면 요즘도 온 가족이나 이웃이 모여 김장 김치를 담그는 집이 꽤 많다. 시대가 변해서 담근 김치나 포장 김치를 사서 먹는 가정도 많지만 아직도 집에서 담가 먹는 집들이 적지 않다.

그런데 '김치를 담근다.'는 말에서 '담그다'를 활용형으로 쓸 때 맞춤법이 틀리는 경우가 자주 있다. 심지어는 신문 기사에서도 틀리는 부분이 있어서 바로 잡고자 한다.

(1) ○○중학교 학생·학부모 김장 담궈 어려운 학생에 전달

(2) 진로체험의 일환으로 마련된 이날 봉사활동에서는 김장김치 150포기를 담아 가정 형편이 어려운 학생 20여 명의 가정에 모두 배달했다.

위 (1)은 어느 신문에 실린 기사 표제를 따온 것이고 (2)는 그 기사의 내용 중 일부다. (1)에서 '담궈'는 '담가'로 고쳐 써야 바른 표현이다. '담그다'라는 동사는 '담그다, 담가, 담그는, 담그고, 담가서, 담그지, 담가라'처럼 활용한다. '담그다'라는 말이 '담궈'로 활용하는 경우는 없다. '-궈'와 같은 활용형은 '밭을 일구다.'에서 '일구어'로 활용하여 줄임말로 '일궈'와 같은 형태로 쓰일 수는 있다.

(2)에서 '김장 김치 150 포기를 담아'에서 '담아'도 '담가'로 써야 맞는

다. 만일 '담근 김치를 김칫독에 <u>담아</u> 두었다.'라고 할 때는 당연히 '담아'라고 써야 한다. 그런데 여기서는 김치를 독에 담는 것이 아니라 김장 김치를 담가서 어려운 가정에 나누어 주었다는 말이므로 '담가'라고 해야 올바른 표현이다.

이와 비슷하게 자주 틀리는 말이 있는데 '잠그다'라는 낱말이다.

(3) 누가 들어올지 모르니 현관문 잘 <u>잠궈라</u>.

위 (3)에서는 '잠궈라'가 틀렸다. 이 낱말도 '담그다'와 비슷하게 '잠그다'가 기본형이며 '잠그다, 잠가, 잠그니, 잠가서, 잠가라, 잠그자'처럼 활용하므로 '잠궈라'는 '잠가라'라고 써야 맞는 표현이다.

두 살배기와 차돌박이

"아기가 몇 살인데 저렇게 잘 걸어요?"
"이제 두 살박이인 걸요."

비슷한 또래의 나이를 먹은 어린 아이를 가리켜 말할 때 보통 '두 살박이', '세 살박이'라는 말을 쓰는데 이것은 잘못된 표현이다. 이렇게 나이와 관련된 접미사는 '-박이'가 아니라 '-배기'를 쓴다.

그래서 위 두 번째 문장에서도 '두 살배기'라고 써야 맞는다.

(1) 그 사람은 젊어 보여도 나이배기예요.
(2) 이 안주는 공짜배기야.
(3) 그 속에서 진짜배기만 골라 먹었지.

위 (1)은 나이를 나타내는 접사 '-배기'가 바르게 쓰인 예이며, (2), (3)의 '-배기'는 어떤 명사 뒤에 붙어서 그런 물건의 뜻을 더해주는 접미사이다. '공짜배기'나 '진짜배기'와 같은 말은 속어로 분류되므로 품위 있는 말은 아니다.

한편 아래와 같이 접사 '-박이'를 쓰는 말들도 꽤 있으므로 쓰임새에 유의해야 한다.

(4) 점박이, 금니박이, 덧니박이, 네눈박이, 차돌박이, 오이소박이
　　(5) 장승박이, 붙박이, 토박이, 본토박이

　위 (4)는 무엇이 박혀 있는 사람이나 짐승 또는 물건이라는 뜻을 더하는 접미사 '-박이'가 붙어서 명사로 쓰이는 것들이다. 그래서 얼굴에 큰 점이 박혀 있는 사람이나 짐승은 '점배기'가 아니라 '점박이'라 하고, 덧니가 박혀 있는 사람을 '덧니박이'라 하는 것이다. 또, 소의 양지머리뼈 한복판에 붙어 있는 고기를 '차돌박이'라 하는데, 이때에도 차돌처럼 하얗고 단단하게 박혀 있는 고기라 해서 '차돌박이'라고 부르는 것이다. 그밖에도 대대로 그 땅에 박혀 살아오는 사람을 '본토박이', 어느 한 자리에 정한 대로 박혀 있어서 움직임이 없는 사물이나 사람을 '붙박이'라고 한다.

　(5)의 '-박이'는 무엇이 박혀 있는 곳이라는 뜻을 더하거나 또는 한곳에 일정하게 고정되어 있다는 뜻을 더하는 접미사 구실을 하고 있다. 어느 한 자리에 정한 대로 박혀 있어서 움직임이 없는 사물이나 사람을 '붙박이'라 하고, 대대로 그 땅에 박혀 살아오는 사람을 '토박이' 또는 '본토박이'라 한다. 이들 모두 앞의 (1)~(3)에서 쓰인 '-배기'와 혼동하지 않도록 유의해야 한다.

　아래 보기 (6)과 같이 뒤 접미사를 '-빼기'로 적는 낱말도 있다.

　　(6) 얼룩빼기, 곱빼기, 코빼기

　'얼룩빼기'란 겉이 얼룩얼룩한 동물이나 물건을 뜻하는 말로 (1)~(5)까지의 '-배기, -박이'가 붙는 낱말과 구별되며 소리 나는 대로 '얼룩빼기'로 쓰고 읽는다.

정지용의 시(노랫말) '향수'에 나오는 '얼룩빼기 황소가 노래하는 곳'을 텔레비전에서 '얼룩백이'라고 자막을 잘못 내보낸 것을 본 적이 있다. 맞춤법이 틀리기 쉬운 낱말 중의 하나다. 짜장면 곱빼기, '코'의 비속어 '코빼기'도 '-빼기'로 적는다.

'-배기'와 '-박이'를 쓰는 명사류를 잘 살펴보면 의미상으로 어느 정도 구분을 지을 수 있다. '-배기'가 붙은 말은 어떤 또래의 나이 먹은 사람이나 어떤 물건의 뜻을 더해주는 의미를 지니는 반면, '-박이'가 붙은 말은 '무엇이 박혀 있는 사람이나 짐승 또는 물건'을 뜻하는 명사류들이다. 한편 '-빼기'가 붙는 명사류는 좀 까다롭긴 하지만 앞 어근의 끝소리와 결합할 때 된소리가 나니까 소리 나는 대로 적는다고 보면 될 것이다.

지킴이와 도우미

'지킴이'는 『표준국어대사전』에 두 가지 뜻으로 풀이되어 있다.

「명사」
「1」 한 집이나 마을, 공동 구역을 지켜 주는 신. 집 지킴이에는 터주신,
　　조왕신 등이 있고, 마을 지킴이에는 장승과 짐대 따위가 있다.
「2」 '관리자'를 달리 이르는 말.

뜻 「1」은 예부터 우리 조상들이 써오던 말의 뜻이고, 뜻 「2」는 현대에
와서 쓰이는 말을 풀이한 것으로 보인다. 지킴이를 '관리자'와 동일시한
뜻풀이는 그 의미가 일치하지도 않거니와 성의가 없어 보인다.

　관리자라면 소유자로부터 위탁을 받아 시설을 관리하는 사람을 뜻한
다. 그러나 요즘은 지킴이라는 말이 '우리말 지킴이', '배움터 지킴이'
등의 형태로 쓰이는데, 여기서 지킴이를 '관리자'로 풀이할 수는 없다.
'우리말 지킴이'는 우리말을 바르게 가꾸고 지키는데 앞장서는 사람이
란 뜻이 있고, '배움터 지킴이'는 학교에서 교사 이외의 인력을 보강해
서 학생 생활 지도, 학교 폭력 예방 등을 돕는 사람이다. 언어는 시대의
흐름에 따라 변하므로 국어사전은 주기적으로 보완하여 이들 현대 국어
의미에 맞는 뜻풀이를 해야 할 것이다.

'지킴이'의 낱말 구조를 보면 '지키다'라는 동사의 어간에 명사형 어미 'ㅁ'과 '이'가 결합해 만들어진 파생어. 간단히 보이면 '지킴+이'의 형태로 된 것으로 조어법에 어긋나지 않는다.

그러나 근래에 만들어진 '도우미'의 경우는 '도움이'를 표준으로 하지 않고 소리 나는 대로 쓴 것을 표준으로 한다. 예부터 써 오는 낱말 중에 '다리미'와 같은 형태도 있다. 그런데 이들 표기의 기준이 무엇인지 분명치 않아 언중은 혼란스럽다.

다만 최근에 새로 생긴 말들 '알리미, 돌보미, 그리미, 짬짜미(담합)' 따위를 보면 앞으로 이런 낱말들도 표준어로 인정되지 않을까 생각된다. '-미'는 명사형 접미사가 아니지만 국립국어원은 언중이 많이 쓰는 쪽을 표준어로 삼은 것으로 보이나, 이를 표기하는 명확한 기준을 만들어 구별해서 쓰면 언중의 혼란을 줄일 수 있을 것이다.

삐지다와 삐치다

'삐지다'와 '삐치다'는 모두 맞는 우리말인데 그 뜻이 아주 다르다. 그런데 이 두 낱말을 비슷한 말로 여기고 구별해 쓰지 못하는 경우를 자주 발견하게 된다.

(1) 지영이는 손전화기를 새로 바꿔 달라는 것을 사 주지 않았더니 *삐졌나봐.

(2) 새롬이는 어제 남동생과 다투더니 *삐졌어.

위 두 문장에서 '삐지다'는 모두 잘못 쓰인 것이다. 이들은 '삐치다'로 고쳐 써야 맞는다.

'삐치다'의 중심 의미가 '성이 나서 마음이 토라지다'이므로 맨 위 예문 (1), (2)에서 술어는 모두 '삐치다'가 기본형인 '삐쳤나봐', '삐쳤어'로 써야 바른 말이 된다. '삐치다'의 사전적 의미는 위 '①성이 나서 마음이 토라지다. ②일에 시달리어서 몸이나 마음이 몹시 나른하고 기운이 없어지다. ③글씨를 쓸 때 글자의 획을 비스듬히 내려쓰다.'가 있다.

한편 '삐지다'는 ①칼 따위로 물건을 얇고 비스듬하게 잘라 내다. ②비뚤어지다(강원도 방언)의 사전적 의미를 갖고 있다.

(3) 무를 멸치 국물에 <u>삐져</u> 넣어 국을 끓였다.

(4) 자귀로 나무를 <u>삐져</u> 도끼 자루를 해 박았다.

위 (3), (4)처럼 쓰이므로 '삐치다'와는 아주 뜻이 다름을 알 수 있다. '삐지다'는 '삐지다+나오다'의 형태로 합성된 '삐져나오다'라는 말도 있다.

(5) 주머니에 넣은 돈 봉투가 <u>삐져나왔다</u>.

(6) 속옷이 겉으로 자꾸 <u>삐져나와</u> 망신스러웠다.

(5), (6)에 쓰인 말이 그 보기인데 이것은 바르게 쓰인 예이다. '삐지다, 삐치다, 삐져나오다'는 세 낱말의 형태가 비슷하여 잘못 쓰기 쉬운데 각 낱말의 뜻이 아주 다르므로 유의해서 바르게 써야 한다.

벌초와 사초

우리 민족의 훌륭한 풍속 중에 돌아가신 조상을 극진히 모시는 것도 빼놓을 수 없는 일이다. 이것은 유교 문화에서 비롯된 것이지만 현대에 와서는 어떤 종교를 가졌다 하더라도 방법이 다를 뿐 조상을 모시는 일은 극진한 편이다.

돌아가신 날에는 제사를 지내며, 설날이나 추석엔 차례를 지내고 반드시 성묘를 한다. 성묘를 하기 전에는 '벌초(伐草)'를 하여 산소와 주변의 잔디를 깎아 준다.

이렇게 산소의 풀을 베어서 깨끗이 하는 것을 벌초라 하는데, 이처럼 산소를 다듬는 일과 비슷한 말로 사초(莎草)와 금초(禁草)란 말이 있다.

벌초는 한가위 성묘를 하기 전에 잡초를 뽑거나 베어 미리 산소를 깨끗이 다듬는데 의미를 둔다. 한편 '사초(莎草)'는 산소에 흙을 돋우고 떼를 입혀 잘 다듬는 일로 봄철 잔디가 잘 살아날 수 있는 봄철에 하게 된다. 사초는 매년 할 수도 있지만 특히 오래 되거나 무덤이 훼손되어 흙을 북돋아 주어야 할 때에는 일의 양이 많아지게 된다.

과거에 4월 5일 식목일이 법정 공휴일이었을 때에는 나무 심기 뿐만 아니라 이날 사초를 하고 조상 묘를 돌보는 사람들이 많았다. 이때는 또 절기로 봐서 청명, 한식이 되기 때문에 떼가 잘 살 수 있는 적절한 시기이다. 사초를 할 때는 흙을 북돋아 주게 되는데 이를 '사토(沙土)'라고 한다.

'금초'는 '금화벌초(禁火伐草)'의 준말로서, 불을 조심하고 제때에 벌초를 하고 잘 가꾸는 것을 말한다. 벌초나 사초를 하고 조상의 묘를 다듬으면서 불을 조심하는 일은 당연한 것이므로 금초라는 말은 거의 쓰이지 않으며 '벌초'와 '사초'의 의미를 구별해서 알고 쓰면 될 것이다.

땅덩어리가 좁은 우리나라에서 전통적인 매장 방식의 무덤이 거의 사라지게 되면 조상을 섬기는 '벌초'와 '사초'하는 일도 차츰 줄어들 것이다.(2012. 10. 4.)

가렵다와 간지럽다

　요즘 어린이들이나 학생들은 가려운 것을 대부분 '간지럽다'고 표현한다. 가려운 곳은 긁어주면 시원한데 '간지럽다'고 하니 어른들은 이 아이가 무엇을 원하는지 몰라 처음엔 어리둥절하기도 한다.

　'가렵다'는 피부에 긁고 싶은 느낌이 있다는 뜻이고, '간지럽다'는 무엇이 살에 닿아 가볍게 스칠 때처럼 견디기 어렵게 자리자리한 느낌이 있다는 뜻으로 몸의 피부가 간지러우면 웃음이 나는 게 보통이다. 그래서 아이들은 일부러 억지로 웃기기 위해 발바닥 같은 데를 간질이기도 한다.

　이러한 감각에 관한 어휘는 직접 체험에 의해 그 뜻을 알게 되는 경우가 많다. 옛 어른들은 벼룩이나 이, 빈대 등 피부를 가렵게 하는 기생충들로부터 시달림을 당하며 '가렵다'는 감각 개념을 체득했기 때문에 이 낱말을 '간지럽다'는 말과 혼동할 염려가 없었는지도 모른다.

　그런데 글쓴이가 어느 날 두드러기가 심해서 피부과에 갔을 때 젊은 의사는 "이 부위가 몹시 간지럽습니까?"라고 말하는 것이었다. 이 말에 글쓴이는 "간지러운 것이 아니라 아주 가렵습니다."라고 답하며, '이 사람도 이와 벼룩을 겪지 않는 신세대 의사인 모양이군!'하고 쓴웃음을 지은 적이 있다.

부문과 부분

연말이 되면 텔레비전에서 각 방송사마다 방송극에게서 연기 잘한 배우들에게 주는 시상식이 해마다 열린다. 서울방송(SBS) 2011 연기대상은 '뿌리 깊은 나무'에서 세종대왕 역을 맡은 한석규가 연기대상을 받았다. 이 시상식은 진행자가 있고, 시상자는 따로 나와서 부문별로 주는 상의 이름과 상 받는 이를 호명한다.

여기에서 진행자나 시상자가 발표하는 것을 자세히 들어보면 '부문'과 '부분'을 잘 구별하지 못하고 발표하는 경우를 본다. 진행자나 시상자가 '주말연속극 부문'이라고 해야 할 것을 '주말연속극 부분'이라고 발표하는 것을 듣게 되는 것이다.

'부분'은 '전체를 이루는 작은 범위. 또는 전체를 몇 개로 나눈 것의 하나'를 뜻하고, '부문'은 '일정한 기준에 따라 분류하거나 나누어 놓은 낱낱의 범위나 부분'을 뜻하는 말이므로 이 상황에서는 '부문'이란 말을 써야 정확하다.

'부분'의 경우는 "그 부분은 내가 맡아서 하지.", "그것은 큰 틀에서 보면 아주 작은 부분일 뿐이야.'처럼 전체에 대한 어느 일부를 가리킬 때 쓰는 말이다. 한편 '부문'은 부분과는 좀 다르게 일정한 기준에 의해 나누어진 분야를 뜻하므로 '중공업 부문, 사회 과학 부문'처럼 쓰일 수 있다. 위에 든 예처럼 어떤 대회의 시상식을 할 때, 이를 분야별로 나눈다면 '글쓰기 부문, 그리기 부문'처럼 쓸 수 있다. 이때 '글쓰기 부분, 그리기 부분'이라고 한다면 그 뜻의 차이 때문에 바른 말이라 할 수 없다.

'나는'과 '날으는'

'날다'라는 동사는 '날다, 날고, <u>나는</u>, 날아서, 날며……'처럼 어미 활용한다. 우리말에서 어간의 끝소리 'ㄹ'은 'ㄴ, ㅂ, 오' 앞에서 'ㄹ'이 줄어 질 적이 있다. 또 미래의 'ㄹ'과 높임의 '시' 앞에서도 줄 때가 있는데 이때는 준 대로 적어야 한다.(한글 맞춤법 제18항 1)

(1) 날다 : 날고, 날면, 날지, 날자, 날아, 날아라, <u>나는</u>, <u>나오</u>, <u>납니다</u>,
　　　　<u>나시었다</u>
(2) 녹슬다 : 녹슬고, 녹슬면, 녹슬지, 녹슬어, <u>녹슨</u>, <u>녹스오</u>, <u>녹습니다</u>,
　　　　*<u>녹스시다</u>

위 (1), (2)에서 밑줄 친 활용형은 위 규정에 따라 어미가 원칙에서 벗어나 'ㄹ' 음운이 탈락한 대로 적는다. (2)의 '녹슬다'는 [-유정성](동물이나 사람이 아님)이므로 높임의 '-시-'를 붙일 수 없는 낱말이다.

(1)' 하늘을 *<u>날으는</u> 비행기.
(2)' 남북 분단으로 *<u>녹슬은</u> 철길.

위 (1)', (2)'에서 '날으는', 녹슬은'은 각각 '나는', '녹슨'으로 고쳐 써야 한다.

1990년대 초에 가수 나훈아가 불러서 유행했던 '강촌에 살고 싶네'라는 대중가요의 노랫말 앞부분에 다음과 같은 노랫말이 있다.

날이 새면 물새들이 시름없이 <u>날으는</u>
꽃피고 새가 우는 논밭에 묻혀서

여기서 '날으는'은 '나는'의 잘못이다. 노랫말의 표기나 노래 부른 가수의 발음이나 모두 '날으는'으로 잘못 표현되고 있다. 더 오래 전에 남상규라는 가수가 부른 '추풍령'이란 노래에도 <u>거치른 두 뺨</u> 위에 눈물이 어려'라는 가사가 나온다. 여기서도 '거치른'이 아니라 '거친'이라고 해야 한다. 'ㄹ 불규칙 용언'중에서 잘못 적는 사례가 가장 많은 것들이 위에 든 '날으는, 녹슬은, 거칠은' 따위일 것이다.

이와 같은 부류의 낱말들은 위에서 밝힌 것처럼 어떤 일정한 음운 환경에서 어간의 받침 'ㄹ'이 탈락한다. '그 어간과 어미가 원칙에서 벗어나면 벗어나는 대로 적는다.'는 규정에 따라 'ㄹ'이 탈락한 형태를 그대로 적는 것이다.

(3) 거칠다 : 거칠고, 거칠면, 거칠지, 거칠어, <u>거친</u>, <u>거치오</u>, <u>거칩니다</u>, <u>기치시다</u>

(4) 낯설다 : 낯설고, 낯설면, 낯설지, 낯설어, <u>낯선</u>, <u>낯서오</u>, <u>낯섭니다</u>, <u>낯서시다</u>

위에서 (1), (2)의 '날다, 녹슬다'는 동사인데 비해 (5), (6)의 '거칠다, 낯설다'는 형용사이지만 똑같은 환경에서 'ㄹ'음운이 탈락하므로 탈락한 형태를 그대로 적는다. 이밖에 흔히 쓰는 예로 '날으는 슈퍼맨', '날으는 작은 새', '거칠은 이 강산' 따위는 모두 잘못된 표현이다. 이들은 '나는,

거친'으로 써야 한다.

이처럼 규칙적으로 'ㄹ'음운탈락 현상이 일어나는 낱말에는 다음 (5)와 같은 것들이 있다.

> (5) 갈다, 졸다, 살다, (코를) 골다, 길다, 줄다, 멀다, 아물다, 서툴다, 가늘다, 둥글다

대통령 당선자인가, 당선인인가

'당선자'란 용어가 '당선인'으로 바뀌기 시작한 것은 이명박 대통령이 당선된 이후 인수위원회가 대통령직 인수에 관한 법률에 나와 있는 용어가 '당선인'이므로 이렇게 부르도록 해 달라고 헌법재판소에 요청한 데서 비롯되었다.

그러나 헌법재판소는 헌법 67조에 '당선자'로 되어 있으므로 종전처럼 '당선자'라는 용어를 쓰도록 판단을 내렸다. 이 용어는 헌법이 상위법이고 대통령직 인수에 관한 법률과 공직선거법은 하위법이므로 상위법을 따라야 함이 마땅하다. 상위법과 하위법에 같은 뜻의 법률 용어가 서로 다르게 표현된 것은 법을 다루는 국회나 행정부의 치밀하지 못한 오류도 지적의 대상이 된다.

최근에도 헌법재판소가 '이명박 특검법' 일부 조항을 위헌으로 결정하면서 헌법에 따라 '당선자'라는 용어를 써 달라고 요청하기도 했다. 그런데 언론은 박근혜 대통령 당선 이후에도 모두 '당선인'으로 쓰고 있다.

국어사전에는 '당선자=당선인'으로 취급하여 「1」 선거에서 뽑힌 사람.'으로 풀이하고 있다.

'당선자'보다 '당선인'을 선호하는 사람들은 '당선자'의 '자(者)'가 '놈 자'라는 한자 훈(訓) 때문에 '당선인'의 '인(人)'보다 격이 떨어지는 말이라고 생각하여 '당선인'으로 써 주기를 바라는 듯하다.

그러나 우리말의 쓰임새를 잘 살펴보면 '-자'를 썼을 때 그 격을 낮추거나 좋지 않은 뜻으로 쓰이기도 하지만, '-인'과 대등하게 쓰이기도 하고 격이 높은 표현으로도 많이 쓰인다. 범법자, 피의자, 가해자 따위는 좋은 의미의 낱말이 아니지만 학자, 교육자, 합격자, 성직자와 같이 '-에 종사하는 사람'이란 뜻으로 격의 높낮이에 관계없이 자연스럽게 쓰이는 낱말들이 많이 있다.

'-자'와 '-인'의 쓰임은 언어 환경이나 습관에 따라 '-자'와 '-인'을 함께 써도 무방한 경우도 있고, 그렇지 않은 경우가 더 많다. '장애자, 장애인'은 두 낱말 모두 쓰임새에는 어법상 문제가 없지만 '장애자'가 격이 낮은 말이라 하여 요즘은 '장애인'이라 부르고 있다. '성자(聖者), 성인(聖人)'은 같은 의미로 함께 쓰인다.

결국 '당선자'와 '당선인'은 사전적 의미로도 동등하며, 어느 용어를 쓰든 어법적으로는 상관없다. '당선인'이 '당선자'보다 품격이 더 높은 말도 아니다. 발음은 오히려 '당선자'가 더 편하다.

헌법 제67조에 '①대통령은 국민의 보통·평등·직접·비밀선거에 의하여 선출한다. ②제1항의 선거에 있어서 최고 득표자가 2인 이상인 때에는 국회의 재적의원 과반수가 출석한 공개회의에서 다수표를 얻은 자를 당선자로 한다.'고 명시돼 있다. 헌법에 있는 공식 용어가 '당선자'이므로 '당선자'라고 부르는 것이 맞다.

대통령직 인수에 관한 법률과 공직선거법에 표기된 '당선인'이란 말은 상위법인 헌법을 제대로 살피지 않고 추후에 만든 하위법 용어이므로 '당선자'로 바로잡아야 한다. 정치권이나 대다수 국민이 '당선자'보다 '당선인'을 선호하여 '당선인'을 용어로 쓰고 싶다면 개정 절차를 거쳐 헌법 27조를 고쳐야 한다.

《서울신문》 2012. 12. 20.

가름하다와 갈음하다, 가늠하다

공공단체의 기관장이나 학교장이 어떤 행사가 있으면 축하하는 인사 말을 하는데, 이야기를 마칠 때 '-축사로 갈음(가름)합니다.'와 같은 말을 흔히 듣게 된다.

이때 '갈음과 가름'이 발음이 같기 때문에 '갈음하다'로 말한 것인지 '가름하다'로 말한 것인지 헷갈릴 수 있다.

이 경우에 어느 것이 맞는 말일까? 여기서는 '갈음하다'를 써야 맞는 말이다. '갈음하다'와 '가름하다'는 소리는 같지만 그 뜻과 쓰임이 다르다.

'갈음하다'는 '다른 것으로 바꾸어 대신하다.'라는 뜻으로 다음과 같이 쓰인다.

(1) 여러분 가정에 행복이 가득하기를 기원하면서 환영사를 <u>갈음합니다</u>.
(2) 이것으로 인사에 <u>갈음합니다</u>.

위 (1), (2)의 '-갈음합니다'는 바꾸어 대신하는 것을 말하므로 '-대신 합니다'로 고쳐 써도 말이 통한다.

한편 '가름하다'는 '가름'에 접미사 '-하다'가 붙어서 된 동사로 '①쪼개거나 나누어 따로따로 되게 하다. ②승부나 등수 따위를 정하다.'의 뜻을 지닌다.

(3) 이 과일들을 세 사람 몫으로 <u>가름하기</u>가 쉽지 않다.

(4) 이번 경기는 선수들의 투지가 승패를 <u>가름했다</u> 해도 과언이 아니다.

위 (3)의 '가름하다'는 쪼개거나 나눈다는 뜻으로 풀이 ①에 해당한다. (4)는 풀이 ②의 뜻으로 '투지가 승부를 갈랐다'는 의미로 해석된다.

또 '가늠하다'라는 말도 있는데 이것은 목표나 기준에 맞고 안 맞음을 헤아려 본다거나, 사물을 어림잡아 헤아린다는 뜻이 있다.

(5) 한 눈을 감고 다른 한 눈으로 목표물을 <u>가늠해</u> 보았다.

(6) 그는 나이를 <u>가늠하기</u>가 어렵다.

위 (5)의 '가늠하다'는 목표나 기준에 맞고 안 맞음을 헤아려 본다는 뜻이고, (6)에서는 어림잡아 헤아린다는 뜻으로 쓰였다.

뜻을 알고 나면 '가늠하다, 가름하다, 갈음하다'는 분명히 구분되고 그 중에서도 '가늠하다'는 발음의 차이가 있으므로 크게 혼동할 일은 없을 것이다.

"자전거가 왜 도로에 들어와?"

위는 상주시청 소속 여자 사이클 선수단이 큰 교통사고를 당한 후 자전거가 자동차가 다니는 찻길에 들어올 수 있는가에 관한 기사 제목이다.

지난 1일 경북 의성군 단밀면 낙정리 25번 국도에서 상주시청 소속 여자 사이클 선수단이 큰 사고를 당했다. 25t 트럭이 훈련 중인 선수단을 덮쳤다. 건강한 20대 선수 6명이 쓰러졌고 이 중 3명이 목숨을 잃었다. 많은 체육인이 그들의 죽음을 슬퍼했다. 《ㅈ일보》 2012. 5. 10.

위는 이 기사의 머리기사인데 표제에서 '도로'라는 말이 적절한가 하는 문제를 짚어보고자 한다.

'도로'는 사람, 차 따위가 잘 다닐 수 있도록 만들어 놓은 비교적 넓은 길을 가리키는 말이다. 이 낱말은 찻길(차도), 일반도로, 국도, 고속도로, 포장도로, 비포장도로, 자동차전용도로, 자전거도로 등 그 의미의 범위가 매우 넓다. 사고가 난 곳은 25번 국도라 했으므로 찻길 또는 차도라고 해야 정확한 표현이 될 것이다. 국도가 아무리 좁은 곳이라 하더라도 인도와는 구별돼 있다. 인도가 없는 한적한 곳엔 황색 차선을 그어서 그 바깥쪽으로 사람들이 다니도록 해 놓았다.

이 기사 내용은 자전거도 '차'이므로 도로교통법에 '자전거의 도로통행

권리를 인정하고 있다.'는 것이다. 이 법규의 용어도 '도로통행'이란 용어를 '찾길통행'이라고 해야 용어가 더 구체적이다. 물론 어느 용어를 쓰든지 고속도로, 자동차 전용도로, 기찻길 따위는 상식적으로 제외된다.

자전거 전용 도로와 보관소와 같은 부대시설이 잘 갖춰지지 않은 우리나라에선 자전거 타기가 위험하다. 또 자동차 운전자들은 자전거가 찾길에 들어오는 것을 부담스러워하며 이를 배려하지 않아 사고가 잦다. 자전거가 함께 통행하는 곳의 자동차 제한 속도도 낮추지 않아 사고 위험이 더 크다.

자전거 통행을 위한 안전시설과 자전거도 보호 대상이라는 운전자들의 의식 전환이 무엇보다 필요하다.

하릴없다와 할 일 없다

'하릴없다'란 말이 있는데 이런 표기를 보면 '할 일 없다'를 잘못 적은 것으로 오해하는 사람도 있는 것 같다. 그러나 '하릴없다'란 말도 바른 말이고 '할 일 없다'란 말도 맞는 말인데 그 뜻과 쓰임새가 다르다.

'하릴없다'는 '①달리 어떻게 할 도리가 없다. ②조금도 틀림이 없다.'의 뜻을 가진 형용사이다.

> (1) 대낮에 도둑을 맞고 <u>하릴없어</u> 한탄만 하고 있다.
> (2) 비에 흠뻑 젖은 그의 모습은 <u>하릴없는</u> 거지꼴이었다.

위 (1), (2)의 '하릴없어, 하릴없는'은 '하릴없다'의 두 가지 뜻 ①, ②의 쓰임새를 보인 것이다.

'하릴없다'에서 부사로 파생된 '하릴없이'란 말도 흔히 쓰인다.

> (3) 그들은 뜻하지 않은 화재로 <u>하릴없이</u> 알거지가 될 수밖에 없었다.
> (4) 무덤 앞 상석 위에 올라앉은 그의 모습은 <u>하릴없이</u> 부처님을 닮았습니다.

위 (3), (4)의 '하릴없이'는 위 (1), (2)의 '하릴없다'의 뜻과 쓰임새가 비슷하나 품사가 부사이므로 문법적 기능에 차이가 있을 뿐이다. 이것은 형용사 '많다, 빠르다, 곱다' 따위가 부사화하여 '많이, 빨리, 고이'처럼 쓰이는 것과 같다.

'하릴없다'를 '할 일 없다'와 관련짓는 것은 아무 의미 없는 일이다. 위에서 살펴 본 바와 같이 뜻도 다르고 쓰임새도 다르다. 형태로 보아도 '할 일 없다'는 세 낱말이고 '하릴없다'는 한 낱말이다.

　　(5) 오늘은 이곳에 <u>할 일(이) 없</u>으니 모두들 돌아가시오.
　　(6) 오늘은 이곳에 *<u>하릴없</u>으니 모두들 돌아가시오.

위 (5), (6)에서 (5)는 자연스러운 문장이지만 여기에 '하릴없다'를 넣은 (6)은 어색한 문장이다. 따라서 '하릴없다'와 '할 일 없다'는 아무 관계가 없는 어휘들이다.

하나, 둘, 셋과 한, 두, 세

우리말에서 숫자나 수효를 나타내는 말들이 그 쓰임에 따라 형태가 다르게 나타나는 경우가 많아 말하기나 적기에서 실수가 자주 나타난다.

(1) 우리 집에서 딸은 나 하나뿐이다.
(1)' 우리 집에서 딸은 나 한 사람뿐이다.
(2) 여기 사과가 둘이 있다.
(2)' 여기 사과가 두 개 있다.

위 (1), (2)의 '하나, 둘'은 체언으로 쓰인 수사로 가장 기본적인 형태로 잘못 쓸 일이 거의 없다. (1)', (2)'의 경우는 그 수효는 같지만 뒤의 체언을 꾸미는 관형사로서 형태가 '한, 두'로 바뀌었지만 우리는 늘 써 오던 말이므로 사용하는데 문제가 없다.

그러나 다음 예의 경우는 좀 다르다.

(3) 시험지 석 장만 더 주세요.
(3)' 시험지 세 장만 더 주세요.
(4) 쌀 서 말을 못 들어요?
(4)' 쌀 세 말을 못 들어요?

위에서는 (3), (4)의 '석, 서'가 표준어이고 (3)', (4)'의 '세'는 잘못된 표현이다. 그러나 우리의 언어생활을 살펴보면 상당수의 사람들이 틀린 표현 '세 장, 세 말'이라고 말한다.

이러한 수관형사는 위에서처럼 뒤따르는 체언에 따라 달라지는 경우가 흔한데, 그 기준은 우리 선조들이 전통적으로 써 오던 말을 표준어로 정했기 때문에 일정한 규칙성이 없어서 신세대일수록 자주 틀리는 말을 한다.

우리말은 정확한 수치를 말하지 않고 대충의 정도로 말하는 복수 표현어도 많다.

(5) 서너 (개), 너덧 (개), 네댓 (사람), 서너너덧, 대여섯, 예닐곱, 일여덟

위 (5)와 같은 복수 표현어들은 일부 단위를 나타내는 말 앞에 쓰여 수량을 그 정도쯤 되는 대략적인 표현으로 말할 때 쓰이는데 젊고 어린 층일수록 이런 용법을 잘 쓰지 않아 틀리는 경우가 있다.

가지 마라와 가지 말라

　부정의 뜻을 나타내는 말로 '말다'의 명령형 '말라'와 '마라'가 있다. '말라'는 동사로 분류되지만 홀로 쓰이지 못하고 '먹지 말라'와 같이 복합 용언 형태로 쓰이며 주로 보조용언 구실을 한다.

　'말라'와 '마라'는 명령형 부정어로서 입말이나 글말로 쓸 때에는 '-지 말라', '-지 마라'의 형태로 실현된다. 그 뜻도 거의 같으나 쓰임새에서는 차이가 있다.

　일반적으로 입말이나 구어체 문장에서는 '-지 마라'가 쓰인다.

　　(1) 까마귀 우는 곳에 백로야 <u>가지 마라.</u>
　　(2) 이 우유는 <u>마시지 마라.</u> 유통 기한이 지났다.

　위 (1), (2)에서 '-지 마라'는 입말이나 구어체 문장에서 쓰는 직접 명령문으로 나타난다. 다음에 예로 보이는 '-지 말라'는 어떤지 살펴보자.

　　(3) 남의 물건을 <u>탐하지 말라.</u>
　　(4) ○○건물은 우리 아파트의 일조권을 <u>침해하지 말라.</u>

　위 (3), (4)는 우리가 일상생활에 대화할 때 쓰는 입말이 아니라 글말에서 쓰는 문어체 명령문이다. (4)의 경우는 시위하는 말투로 입말로 쓰일 수도 있겠지만 문어체의 글말을 읽는 형태로 보아야 한다.

　　(5) 부모님은 내게 학교에 결석하지 말라고 당부하셨다.
　　(6) 선생님은 우리들에게 떠들지 말라고 하셨다.

　위 (5), (6)의 '−지 말라'는 앞의 (3), (4)와 같은 문어체의 명령형이지만 문장 전체로 보면 간접 명령문이 내포된 평서문이다.

　지금까지 살핀 내용을 요약하면 '−마라'와 '−말라'는 명령형 부정어라는 점에서는 같지만 '−마라'는 입말과 구어체 문장에, 그리고 '−말라'는 글말의 문어체 명령형과 간접 명령문에 쓰인다고 정리할 수 있다.

　한 가지 덧붙여 알아두어야 할 것은 '말아라'를 쓰는 경우가 있는 데 이것은 잘못이다. 우리말에서 'ㄹ'받침으로 끝나는 동사 '−아라'를 붙여 명령문을 만드는 것이 일반적인데 '말다'의 경우는 관용적으로 굳어진 형태인 '마라'를 표준으로 정했으므로 '말아라'는 올바른 형태가 아니다.

　　(7) 오락실에 가지 말아라.(×)
　　(8) 오락실에 가지 마라.(○)

수상 · 시상 · 수여

인천의 한 지방신문에 '동부교육지원청 최우수기관 표창장 수여'란 표제가 있어 본문을 보니 다음과 같은 내용이었다.

동부교육지원청은 지난달 30일(월)에 2013년 인천교육홍보 우수기관 포상 전수식에서 지역 교육지원청 부문 최우수기관 표창장을 수여받았다.

≪○○ 신문≫ 2014. 1. 8.

우선 이 기사는 표제가 잘못되었다. '동부교육지원청 최우수기관 표창장 수여'라고 하면 동부교육지원청이 다른 하부 기관에 표창장을 준 것으로 인식된다. '수여(授與)'란 말은 증서, 상장, 훈장 따위를 준다는 뜻이기 때문이다. 그러나 기사 내용을 보면 동부교육지원청이 표창장을 받은 것이다. 이를 바로잡으려면 '동부교육지원청 최우수기관 표창장 수상' 또는 '−받음'이라고 해야 맞다. 한자어를 쓰다가 틀리느니 토박이말을 써서 '동부교육지원청 최우수기관 표창장 받음'이라고 쓰면 알기 쉽고 틀릴 까닭도 없다.

참고로 이 기사문의 전체를 읽어 봐도 표창장을 준 주체가 나타나 있지 않다. 이 상을 시교육감이 주었는지 시장, 아니면 교육부 장관이 주었는지 알 수가 없다. 기사문 작성의 기본 원칙을 지키지 않으면 이런 잘못이 나타나게 된다.

상을 받고 주는 자리에서 수상(受賞)과 시상(施賞)을 혼동하기도 한다. 어느 중등학교의 졸업식에서 사회자가 "○○○교육장님께서 수상해 주시겠습니다."라고 말하는 경우도 있었다. 물론 단순 실수이겠지만 여기서도 한자어를 선호하다 보니 이런 실수가 나올 수 있다. 이는 마땅히 "―시상하시겠습니다."라고 해야 한다. 이것도 쉬운 말로 "이 상은 ○○○교육장님께서 주시겠습니다."하면 된다. '시상하다'란 말은 품위 있고 '상을 준다.'라는 말의 격이 낮은 표현이라고 생각하는 사고방식부터 고쳐야 할 필요가 있다.

잘 아는 말이지만 수상은 상을 받는 것이고 시상은 상을 주는 것이다.

우리 말글의 발전을 위해서도 어려운 한자말을 쓰는 것보다 쉬운 토박이말로 바꿔 쓰면 이해도 빠르고 의사소통도 잘된다.

빌다와 빌리다

'빌다'와 '빌리다'는 현행 맞춤법에서는 구분해서 쓰기가 그리 어렵지 않다. '빌다'는 구걸의 뜻이나 축원, 간청의 뜻으로 쓰이고, '빌리다'는 한자어로 차용이나 임대의 뜻으로 쓰인다.

(1) 그는 밥을 <u>빌어먹고</u> 산다.
(2) 소녀는 하늘에 소원을 <u>빌었다.</u>
(3) 학생은 선생님에게 용서해 달라고 <u>빌었다.</u>

위 (1)에서 '빌어'는 남의 물건을 공짜로 달라고 호소하여 얻어먹는 '구걸'의 뜻이 있고, (2)는 바라는 바를 이루게 하기 위하여 신이나 사물 따위에 축원하는 뜻이 있다. (3)의 '빌다'는 잘못을 용서해 달라고 호소하는 뜻을 지니고 있다.

그러나 '빌리다'의 경우는 '빌다'의 뜻이나 쓰임에 차이가 있으므로 쉽게 구별된다.

(4) 친구에게 돈을 <u>빌렸다.</u>
(5) 너무 바빠서 남의 일손을 <u>빌렸다.</u>
(6) 이 자리를 <u>빌려</u> 감사의 말씀을 드립니다.

위 (4)의 '빌리다'는 '남의 물건이나 돈 따위를 나중에 도로 돌려주거나 대가를 갚기로 하고 얼마 동안 쓰다'는 뜻의 '차용'의 의미이고, (5)의 '빌리다'는 남의 도움을 받거나 사람이나 물건 따위를 믿고 기댄다는 뜻이다. (6)의 경우는 어떤 일을 하기 위해 그 기회를 이용한다는 뜻이 내포되어 있다.

위에서 (4), (5)는 '빌다'와 뜻이 잘 구별되어 혼동할 염려가 없다. 그런데 (6)의 경우는 '빌려'를 '빌어'로 잘못 쓸 여지가 있다. 이것은 종전의 맞춤법(1988년 이전)에서 빌려오는 것은 '빌다'로, 빌려주는 것은 '빌리다'로 구별해서 적은 적이 있기 때문이다.

지금은 이들을 모두 '빌리다'의 형태로 적고, 위 (1)~(3)과 같이 '빌다'는 그 뜻이 다르게 쓰이므로 자주 혼동할 일은 없을 것이다.

3개월과 3월 그리고 석 달

　개월과 월, 달은 모두 달을 나타내는 단위 명사인데 그 쓰임새에는 조금씩 차이가 있다. 한 달은 30일이 표준이며 양력으로는 한 달이 30일 또는 31일이고, 음력으로는 29일이나 30일 된다.

　(1) 우리는 3개월 전에 이곳으로 이사했다.
　(2) 우리는 지난 3월에 결혼했다.

　'개월'은 위 (1)과 같이 달의 수를 세는 데 쓰는 말이다. '개월' 앞에는 반드시 '3'과 같은 수를 나타내는 말이 쓰인다. 이는 '몇 달의 기간'을 나타내며, 한자말로는 삭(朔)이라고 한다.
　'월(月)'은 (2)처럼 쓰인다. 일 년을 열둘로 나눈 것의 하나 또는 그 수를 세는 데 쓰는 말이다. '월'도 수를 나타내는 말 뒤에 의존적으로 쓰이지만 '개월'과는 차이가 있다. 개월은 기간을 나타내지만 여기서는 그 때(달)를 가리키기 때문에 다음과 같이 쓰면 어법에 맞지 않는다.

　(2)' 우리는 지난 *3개월에 결혼했다.

　'월'도 기간을 나타내는 경우가 있는데 이때는 그 앞의 수관형사가 없이 쓰이는 것이 보통이다.

  (3) 그들은 월 1회씩 경제교육을 받는다.
  (4) 월 평균 기온이 2도가 올랐다.

  위의 (3), (4)는 한 달이라는 기간을 나타내며 앞에 꾸미는 말이 없이 독립적으로 쓰였다.
  '달'은 '월'의 토박이말로 뜻은 '월'과 같지만 쓰임새는 조금 다른 점이 있다.

  (5) 그 일을 마치는데 <u>석 달</u>이 걸렸다.(○)
  (5)′ 그 일을 마치는데 <u>3월</u>이 걸렸다.(×)
  (6) 이번 달에는 명절이 끼였다.(○)
  (6)′ 이번 월에는 명절이 끼였다.(×)

  (5)에서 달은 기간을 나타내는 말이다. 달이 토박이말이므로 앞의 수 관형사를 한자어가 아닌 토박이말 '석'과 어울린다. 기간을 나타낼 때 (5)′의 월은 어울리지 않는다. (6)의 달은 기간이 아닌 해당 '달'을 가리킨다. 이때에도 앞 관형사는 토박이말 '이번'과 어울리고 (6)′의 한자어 '월'은 어울리지 않는다. 이를 한자어 '당월(當月)'이라고 쓰면 한 단어의 한자어로 어울리는 예를 볼 수 있다.

  (7) 1월, 2월, 3월, 4월, 5월, 6월……
  (8) 한 달, 두 달, 석 달, 넉 달……
  (8)′ 1월달, 2월달, 3월달, 4월달……
  (9) 1개월, 2개월, 3개월, 4개월……

지금까지 살펴본 월, 달, 개월의 쓰임새로 볼 때, 월은 일 년을 열둘로 나눈 것의 하나 또는 그 수를 나타낼 때 쓰이고, 달이나 개월은 기간을 나타낼 때 주로 쓰인다. 위 (8)'처럼 월에 달을 붙여서 겹말로 써서 달을 나타내기도 한다.

이들 낱말의 쓰임새는 우리말을 토착어로 하는 사람은 관습에 의해 틀리지 않고 제대로 사용할 수 있다.

셋째 마당

우리말 다듬기

- 첫째 마디 바로잡아야 할 말들
- 둘째 마디 외래어와 외국어 다듬기

[당신을 위하여]

:: 휴게 미리 ::

왜냐면

ㅎ신문의 오피니언난은 사설, 칼럼, 왜냐면, 렌즈세상, 논쟁 등 다섯 종류의 글로 나뉘어져 있다. 다른 신문에서 볼 수 없는 '왜냐면'이란 말은 표제 앞에 반드시 붙이는 이 신문사 나름대로의 오피니언 형태의 작은 명패라 할 수 있다. 이 글들은 모두 독자들이 기고한 글을 채택해 실은 것으로 보인다. 예를 들면 다음과 같은 형태로 제목을 붙여 싣는다.

[왜냐면] '숲 태교'를 권합니다
[왜냐면] 대선 후보들이여, '국민총행복지수' 도입하라!
[왜냐면] 무상보육, 부모들의 선택권은 어디에 있나요?

'왜냐면'이란 뜻으로 보면 자신이 주장하는 이유를 강조하는 말투가 강하게 느껴지긴 하지만 내용상으로는 독자 칼럼이나 기고에 속하는 글들이다. '왜냐면'은 '독자칼럼'이나 '기고'보다 다른 신문사에서 쓰는 말보다 특이하고 외래어나 한자어가 섞이지 않았다는 점에서 훌륭하다.

그런데 이 말이 문법이나 어법에 맞는 말인지 살펴 볼 필요가 있다. 한 음절이 길어져도 '왜냐하면'이라고 해야지 '왜냐면'이란 말은 어법에 맞지 않는다. '왜냐하면'의 준말이 '왜냐면'이 될 수 없다. '뭐냐 하면'을 '뭐냐면'으로, '누구냐 하면' → '누구냐면', '어디냐 하면' → '어디냐면',

'무엇이냐 하면 → 무엇이냐면', '언제냐 하면 → 언제냐면'으로 줄여 쓸 수 없듯이 '왜냐하면'도 '왜냐면'으로 줄여 쓸 수 없다.

'누구냐 하면' 따위의 말들은 자립성이 없는 별개의 낱말들을 조합하여 두 어절로 나누어 쓰지만 '왜냐하면'은 '그러나, 그러면, 그러므로'처럼 관용적으로 쓰여 접속어로 인정하여 한 낱말로 붙여 쓴다.

그러나 이를 더 줄여서 '왜냐면'으로 쓰는 것은 어법에 어긋난다. 수많은 독자를 확보하고 있는 중앙 일간 신문에서 어문규범에 어긋나는 의견란을 고정해 쓰는 것은 삼가야 한다. 독자들이 이것이 바른 말인 줄 알고 배워 쓰기 때문이다.

어떤 신문에서 '말짱글짱'이란 난이 있는 걸 보았는데 이는 어법을 떠나 청소년들이 쓰는 속어인 '짱'을 쓴 것이 고와 보이지 않는다. 신문의 표제나 각종 난의 제목은 그 내용에 무엇이 담겨 있을 것인지 독자에게 암시는 말로 쓰되 어법에 맞고 품격도 생각하여 저속한 말은 피해야 할 것이다.

초역세권과 진짜 참기름

초역세권의 '초(超)-'는 보통의 기준치나 한계를 뛰어넘는다는 뜻을 지닌 접두사다. 보통은 초월, 초음속, 초음파, 초인간, 초특급 열차 따위처럼 쓰인다.

초특급 열차는 우리나라에서는 '케이 티 엑스(KTX)'라고 부르는 고속 열차가 여기에 해당된다. 이 열차가 처음 생길 때 영어로 이름 지은 것부터 시빗거리가 많더니, 최근엔 열차 고장이 잦아 걱정을 끼치고 있다.

요즘 세계적인 경제 불황이 지속되면서 우리나라에도 건설 경기가 침체되고 지어놓은 아파트가 잘 분양이 되지 않아 여기저기에 분양 알림막이나 광고판이 눈에 자주 뜨인다. 그 글귀를 보면 '초역세권! 지하철역에서 걸어서 3분!'이라고 써 붙여 놓았다. 역세권이란 말도 근래에 생긴 말로 역에서 가까운 거리에 있다는 뜻을 지닌 조금은 생소한 말이다. 여기에 이를 또 강조하여 '초역세권'이라 하니 '초-'는 군더더기 말이 될 수밖에 없다.

'참기름'이면 충분한데 '진짜 참기름'란 말도 비슷한 유형의 말이다. '장충동 보쌈 할머니집'에서, '장충동 원조보쌈 할머니집'으로, 여기서 한 걸음 더 '장충동 진짜 원조보쌈 할머니집'까지 간판이 점점 길어진다. 초고층 건물, 초긴장 상태, 초미니스커트, 초호화주택, 초대형 홈런……. 접두사 '초-'를 붙인 말이 점점 늘어나고 있다.

경제가 어렵고 살기 힘든 세월이라 그런지 무엇이든 덧붙이고 과장해야 믿어준다고 생각하는 모양이다. 경제가 살아나고 보다 살기 좋은 때가 오면 이런 군더더기 말이 살아질 지 의문이다.

삼가다와 삼가하다

'삼가다'는 '①몸가짐이나 언행을 조심하다. ②꺼리는 마음으로 양(量)이나 횟수가 지나치지 아니하도록 하다.'의 뜻으로 쓰이는 동사다.

그런데 사람들은 흔히 '-하다'를 붙여 만든 동사가 많아서 그런지 '삼가다'의 기본형을 '삼가하다'로 잘못 알고 있는 듯하다. '흡연을 삼가해 주세요.', '이곳 출입을 삼가해 주십시오.'와 같이 잘못 쓰고 있다.

이들은 모두 '흡연을 삼가 주세요.', '이곳 출입을 삼가 주십시오.'라고 써야 맞는다. 이 낱말은 '삼가다'가 기본형이므로 '삼가고, 삼가는, 삼가면, 삼가지, 삼가야, 삼가라……'처럼 활용한다.

(1) 소속 직원이 아닌 분은 사용을 *삼가해 주세요.
(2) 자정 이후에는 이곳 출입을 *삼가하도록 해 주십시오.
(3) 대감은 말을 *삼가하시게.

사람이 많이 모이는 공공장소나 관공서에 가면 '삼가해 주세요, 삼가합시다, 삼가도록' 등과 같은 경고 문구를 쓴 것을 자주 볼 수 있다.

위 (1), (2)에서 '삼가해'는 '삼가'로, '삼가하도록'은 '삼가도록'이라고 적어야 한다.

(3)의 경우는 '정도전'이라는 방송극에서 여러 번 들은 말인데 사극이

긴 하지만 중세국어에서도 '삼가하시게'가 아닌 '삼가시게'로 대본을 써야 옳다.

'삼가다'의 잘못 쓰는 예를 몇 개 들어본다.

(4) 우리는 그곳에서 사진 찍는 일을 *삼가했다. ⇒ 삼갔다
(5) 이곳에서는 낚시를 *삼가하도록 합시다. ⇒ 삼가도록
(6) 임신 중에는 술을 *삼가하는 것이 좋다. ⇒ 삼가는

한편 '삼가'는 부사로서 '겸손하고 조심하는 마음으로 정중하게'란 뜻으로 입말보다는 주로 글말에서 공손함을 표시할 때 쓰인다. 초상 때 조의를 표하는 문구로 '삼가 고인의 명복을 빕니다. 삼가 조의를 표합니다.'처럼 쓰이기도 하고 '삼가 새해 인사를 드립니다.'처럼 쓸 수 있다.

옛날에는 신하가 임금에게 '삼가 아뢰옵니다.'처럼 말하기에서도 쓰였으나 현대국어에서는 주로 글말에서만 드물게 쓰인다는 점에서 이제는 퇴색해 가는 예스러운 말에 속한다고 볼 수도 있겠다.

(7) 삼가 재(齋)를 올린다.(고은 씨의 시)
(8) 삼가 두 분 선사님의 문답에 대해 여쭙습니다.(누리사랑방에서)

위에 쓰인 두 문장도 '삼가'가 바르게 쓰인 예인데 '삼가'라는 말이 자주 쓰이진 않지만 잘못 쓰이는 경우는 별로 없다.(2014. 4. 22.)

방죽과 윤중제

　　1963년 김포공항이 문을 열면서 당시 박정희 정부는 일제 때부터 군사비행장으로 쓰던 여의도 땅을 개발하여 대규모 상업지구로 바꾸기로 하였다. 이 사업을 하고 나니 홍수 때마다 한강물이 넘쳐 여의도를 덮치므로 이것을 막기 위해 1968년, 7km나 되는 섬 둘레에 긴 둑을 쌓게 되었다.

　　이렇게 대규모 공사를 끝내고 나니 이 긴 둑의 이름을 지어야 했다. 누가 제안했는지 몰라도 서울시특별시에서는 그 이름을 '윤중제(輪中堤)'라고 지어 부르기 시작했다. 우리 국어사전에 '방죽'이란 말이 엄연히 있는데 어디서 찾았는지 사전에도 없는 일본말을 갖다 붙인 것이다.

　　우리말 '방죽'을 일본에서는 '와쥬우'라고 부른다. '와쥬우(윤중;輪中)'란 '에도 시대에 물난리를 막기 위해 하나, 또는 여러 마을을 둑으로 둘러막은 물막이 협동체(일본 〈광사원〉)'를 가리킨다. 그들은 이런 마을을 와쥬우[輪中]라 하고 그 둑을 와쥬테이(윤중제;輪中堤)라고 불렀던 것이다.

　　이 둑 이름을 이렇게 지어놓고 보니 여의도에는 윤중유치원, 윤중초등학교, 윤중중학교, 윤중테니스장 등 '윤중'이 들어가는 고유명사 간판이 계속 불어나게 되었다.

　　이와 함께 길 이름도 '윤중로'가 되었다. '윤중로'는 지금의 서강대교 남쪽 끝에서 국회의사당 뒤쪽을 지나 여의2교 북쪽 끝까지 이어지는 길을 말한다. 지금은 공식적으로 '여의서로'의 일부 구간이 되었지만 아직도 '윤중로'란 말이 남아 있고 '여의도 벚꽃 축제'를 '윤중로 벚꽃 축제'라고 부르는 사람들도 있다.

'윤중제'는 『표준국어대사전』에 다행히 올라 있지 않지만, 일본말로 둑 이름을 지어 이에 영향을 받은 학교이름은 이제라도 고쳐야 할 텐데 안타까운 일이다. 어느 우리말 단체에서 '윤중'이라는 학교이름이 일본말이니 우리말로 고치라고 교육부에 건의했더니, 해당 학교 동창회에서 반대해서 고칠 수 없다고 알려왔다고 한다.(청풍자)

'윤중제'와 같은 뜻을 가진 우리말로는 '방죽', '섬둑'이 있다.

『표준국어대사전』에 '방죽'은 ①물이 밀려들어 오는 것을 막기 위하여 쌓은 둑. ≒축방(築防). ②파거나, 둑으로 둘러막은 못. ③『방언』'웅덩이'의 방언(강원, 전북, 충청). [<防築]으로 풀이하고 있다.

일본말 '윤중제'에 해당하는 뜻은 ①이고, ②는 글쓴이가 어릴 적에 시골에서 붕어나 미꾸라지, 참게 따위를 잡으러 다니던 넓은 못을 가리킨다.

'섬둑'이란 섬의 둘레를 둘러쌓은 둑을 뜻하므로 '윤중제'에 대체할 만한 우리말로 '방죽'과 함께 쓸 수 있는 말이다.

이렇게 이해하기 쉽고 좋은 우리말을 두고 어떤 연유에서 '윤중제'란 일본말을 그 당시에 썼는지 모르지만 앞으로 땅이름이나 거리 이름을 지을 때 이런 실수는 하지 말아야 한다.

'영부인'은 대통령 부인인가?

　일반적으로 '영부인(令夫人)'이라고 하면 많은 사람들이 대통령의 부인을 높여 일컫는 말로 오해를 하는 듯하다.

　그러나 '영부인(令夫人)'은 지위의 높고 낮음에 관계없이 '남의 아내를 높여 이르는 말'이다. 그러니까 대통령의 부인이건 동료 직원의 부인이건 모두 높임 호칭으로 '영부인'이라고 부를 수 있는 것이다.

　그런데 언론에서조차 대통령이나 국가 원수(다른 나라)의 부인에 한정해서 영부인이란 호칭을 쓰고 있다.

　(1) 역대 영부인 내조 스타일(《ㅎ일보》 2013. 1 .5. 표제)

　(2) 수백억 혈세 낭비 영부인 사업 '한식세계화' 결국… 감사원감사전망
　　　(《ㄱ일보》 2013. 1. 6.)

　위 (1), (2)의 기사 표제에서 '영부인'이란 낱말 앞에 대통령이란 말은 생략되었지만 기사 내용을 보면 우리나라 역대 대통령 부인들이 혈세를 낭비했다는 내용으로 이들 기사에서 쓰인 영부인은 대통령의 부인을 가리키는 것이다. 대통령 부인을 '영부인'이라고 높여서 부르는 것이 잘못된 것은 아니나 '영부인' 앞에 '대통령'이란 말을 붙이지 않으면 사실상 누구의 부인인지 알 수 없는 표현이 되는 것이다.

사람들이 영부인을 대통령 부인으로만 착각하는 것은 영부인의 '영(令)'자가 '영(領)'인 것으로 혼동해서 그렇지 않나 하는 생각이 든다. 굳이 대통령의 부인만을 '영부인'이라고 부르기 위해, 한자로 '領夫人'이라고 쓴다면 일부 사람들이 고개를 끄덕일지 모르겠다. 그러나 이런 글자로 된 영부인이란 한자어는 없다. 뿐만 아니라 언론에서마저 그렇게 쓰니까 잘못된 인식이 널리 퍼진 것 같다.

　그러면 우리가 전통적으로 써 오던 '영부인'의 정체는 무엇인가? 앞에서 밝힌 대로 영부인은 남의 아내를 높여 부르는 말로 써 왔다. 자녀의 결혼식에 내외가 함께 오도록 초대하는 말로 "이번 잔치에 영부인께서도 꼭 함께 오십시오."라고 말할 수 있다. 청첩장에도 안내 말씀을 마친 맨 끝에 '동령부인(同令夫人)'이란 말을 반드시 써 넣었다. 이 말은 '존경하는 부인과 함께'라는 뜻으로, 초청장에서는 부부가 동반해서 와 줄 것을 정중히 이르는 말이다. 한자말이라 어색해서 언제부턴가 사라진 말이긴 하지만 북한에서는 아직도 이 말을 쓰는 것으로 알려져 있다.

　영부인과 같은 뜻으로 귀부인(貴夫人)·영규(令閨)·영실(令室)·합부인 등의 한자어가 있으나 현대에는 잘 쓰이지 않는다.

　'영식'은 윗사람의 아들을 높여 이르는 말이고 '영애'는 윗사람의 딸을 높여 이르는 말인데, 요즘엔 잘 쓰지 않지만 이것도 대통령의 아들딸에만 한정해서 쓰던 시절이 있었다.

'초딩팀'이 잘한다(?)

골프 전문 방송에서 초등학교 저학년 어린이 선수팀과 성인여성팀(아마츄어 방송인 여성)이 편을 갈라 골프경기를 하는 프로그램을 보았다. 초등학교 저학년이라는 어린이팀은 몸집은 작고 어리지만 골프를 제대로 교습 받은 학생들인지 놀라울 정도로 골프 실력이 좋았다.

그런데 경기를 하면서 재미있는 장면에서 자막을 써서 보여 주는데, 방송에서 써서는 안 될 인터넷 통신 용어가 가끔씩 나와 글쓴이를 놀라게 했다.

원래 어린이팀 자막은 '초등학생팀'이라고 하여 별 무리가 없었다. 그러나 간간이 보여주는 맛보기 자막엔 '다시 천진난만하게 걸어 들어가는 초딩 ○○○'라는 글자가 보였다. 이것은 어린이 팀의 한 선수가 드라이버 티샷을 멋있게 할 때는 침착하고 어른스럽게 멀리 바르게 보내 놓고, 제자리로 걸어 들어올 때는 초등학교 어린이의 어린 모습이 그대로 드러난다는 뜻으로 표현한 자막이다.

이와 비슷하게 '간발의 차이로 앞서가는 초딩팀'이란 자막도 나왔다. 이런 식의 자막으로 '초딩'이란 말을 방송 자막으로 공공연히 쓰는 것이었다.

초딩, 중딩, 고딩이란 말은 어린이나 학생들의 인터넷 통신언어로 쓰이다가 이제는 사이버 공간을 벗어나 아이들의 생활 언어로까지 번져 우리가 바로잡아 주어야 할 말이다. 그런데 공공성을 중시해야 하는 텔레비전 방송에서 오락성만을 추구하기 위해 이런 말을 쓴다는 것은 지양해야 할 일이다.

'초딩' 뿐만 아니라 선생님을 '샘'이라고 하는 말도 방송에서 들은 적이 있다. 인터넷 통신 언어는 모두 나쁜 것이고 표준어가 아니니까 써서는 안 된다는 말이 아니다.

짝퉁이나 왕따란 말은 인터넷 통신언어에서 비롯되었지만 지금은 국어사전에 올랐다. 짝퉁은 속어 수준으로 올랐지만 성장기의 누리꾼들이 지어 낸 말이라고 해서 모두 써서는 안 된다고 금기시할 수도 없다. 그러나 대부분의 통신 언어는 처음엔 글자 수를 줄이기 위해서 '샘'과 같은 말을 만들고, 타자의 편의를 위해 소리 나는 대로 쓰거나 또래들끼리 통하기 쉬운 은어나 그림말(이모티콘), 더 나아가 이른바 외계어라는 것까지 나왔다. 초기에는 이런 말들을 금기시해 왔으나 이제는 성인층에서 따라가기 바쁠 정도로 함께 쓰고 있다.

그러나 대부분의 통신 언어는 우리말의 어법과 근간을 흔들어 말글 발전에 방해 요소가 되는 것들이 많다. 관련 학자들은 통신언어에 대해 제2의 문화 언어로 인정해 주고 이는 사이버 공간에서만 사용하며 생활 언어에서는 쓰지 않도록 하는 것이 바람직하다는 견해가 우세하다.

'초딩'이나 '샘'과 따위의 통신언어를 방송 자막이나 방송언어로 쓰는 것은 방송 본연의 사명을 망각한 올바르지 못한 일이다

대원군

　대원군(大院君)은 조선시대에 임금의 대를 이을 적자손이 없을 때, 가장 가까운 왕족 가문 중에서 임금을 세웠는데 그 임금의 친아버지에게 봉하던 존호이다. 조선시대 대원군은 선조의 아버지 덕흥군(德興君)을 덕흥대원군으로 추존한 데서 비롯되어, 4명이 대원군에 봉해졌다.

　1623년(광해군 15년) 광해군을 폐출하고 선조의 5남으로 인빈김씨(仁嬪金氏) 소생 정원군 부(琈)의 아들 능양군 종(倧)을 왕으로 옹립하여 인조가 되자, 정원군(定遠君)을 정원대원군으로 추존했고, 그 뒤 1632년(인조10년) 다시 원종(元宗)으로 추존하였다.

　또 1849년(헌종 15) 헌종이 후사가 없이 죽자, 순원왕후 김씨의 명에 따라 전계군(全溪君 : 장헌세자의 손자 은언군의 아들)의 아들 덕완군 승(昇)이 왕위에 올라 철종이 됨으로써 전계군(全溪君)을 전계대원군으로 추존하였다.

　1863년(철종 14) 철종이 후사가 없이 죽자, 대왕대비 조씨(헌종의 생모)의 허락을 받아 흥선군(興宣君) 하응(昰應)의 둘째 아들 명복((命福 ; 고종의 아명)이 왕위에 올라 고종이 되자, 이하응은 흥선대원군에 봉해졌다.

　이처럼 조선시대 대원군에 봉해진 사람은 모두 4명이지만, 흥선대원군을 제외한 3명은 그들이 죽은 뒤 추존되었고, 오직 흥선대원군만 생전에 대원군으로 봉해진 것이다.

흥선대원군은 고종이 12세의 미성년이었으므로 표면상으로는 조대비가 수렴청정하는 것으로 되어 있었으나 실질적으로는 흥선대원군이 섭정하며, 모든 정책의 결정권을 부여받아 내외의 격변하는 시기에 실권을 쥐고 10년 동안 혁신정책을 폈다.

흥선대원군은 대권을 잡자 세도정치를 하던 안동김씨의 주류를 숙청하고 당파를 초월하여 인재를 등용하였으며, 부패관리를 적발하여 파직시키기도 했다. 47개 서원(書院)을 제외한 전국의 모든 서원을 철폐하고, 국가재정의 낭비와 당쟁의 요인을 없앴다.

관복과 서민들의 의복제도를 개량하고 사치와 낭비를 억제하는 한편, 세제를 개혁하여 양반과 상민의 차별 없이 세금을 징수하여 백성들의 부담을 덜어 민생이 다소 안정되고 국고도 충실한 나라를 만들었다.

그러나 경복궁을 중건하면서 당백전(當百錢)을 발행하고 원납전(願納錢)을 강제로 징수하여 백성의 생활고가 가중되었다. 천주교도 박해를 비롯한 통상수교거부정책 등 쇄국정책을 고집함으로써 1866년(고종 3) 병인양요에 이어 1871년 신미양요를 초래하여 국제관계가 악화되고 외래문명을 빨리 받아들이지 못했다. 섭정 10년 동안 반대세력이 형성되면서, 며느리인 명성황후가 반대파를 포섭하고 1873년 그의 실정(失政)에 대한 최익현의 탄핵을 받고, 고종이 친정을 선포하자 운현궁으로 은퇴하게 되었다.

1882년 임오군란으로 다시 정권을 잡고 난의 뒷수습에 힘썼으나, 며느리인 명성황후가 실권을 잡으며 청나라 군사가 출동하고 천진(天津)에 4년간 유폐되었다. 1885년 귀국하여 운현궁에 칩거하면서 재기의 기회를 노리던 중 1887년 청나라의 원세개[袁世凱]와 결탁하여 고종을 폐위시키고 장손 준용을 옹립하여 재집권하려다가 실패하였다.

을미사변 이후 대원군은 또다시 잠시 정권을 잡지만 친러파가 대두하면서 축출되었다. 3년 후인 1898년 흥선대원군은 78세를 일기로 사망하였으며 1907년(광무 11) 대원왕(大院王)에 추봉(追封)되었다. 이처럼 흥선대원군은 살아서 대원군에 봉해지면서 파란만장한 생애를 보낸 인물로 역사적으로 널리 알려져 있다.

원래 대원군은 임금의 아버지에게 내리던 작위였으나 역대 대원군 중에서 흥선대원군 이하응이 너무나 유명해짐에 따라 마치 대원군이라는 보통명사가 고유명사처럼 잘못 쓰이고 있다. 따라서 고종의 아버지인 이하응을 가리킬 때는 반드시 '흥선대원군'이라고 해야 맞는 호칭이다.

이것 좀 드셔 보세요

웃어른에게 존댓말을 할 때 존대법을 잘 몰라서 어색한 말을 하는 경우가 종종 있다. "이것 좀 드셔 보세요."와 같은 말도 잘못된 존댓말이다. 여기서는 서술어 부분에서 이중 존대를 썼기 때문에 어색한 것이다. '드셔'와 '보세요'에 모두 존칭 접미사 '-시-'가 들어 있다. '드셔'는 '드시어', '보세요(보셔요)'는 '보시어요'의 준말이므로 이중 존대가 된다. 이 문장은 "이것 좀 들어 보세요." 이것 좀 잡숴 보세요."라고 해야 올바른 표현이다.

"내 손을 잡아 보세요."라고 말하면 자연스럽다. 그런데 "내 손을 잡으셔 보세요."라고 말하지는 않는 것과 같은 이치다. 이와 마찬가지로 "이리로 올라가 보세요."나 "자리에 앉아 주세요."를 "이리로 올라가셔 보세요.", "자리에 앉으셔 주세요."라고 말하지 않는다. 이와 같이 서술어가 둘 이상 겹쳐 있는 경우는 맨 마지막 말만 높임말을 쓰는 것이 올바른 존대법이다.

방송의 요리 프로그램에서 음식을 만들어 놓고 "이것 좀 드셔 보셔요."라고 말하는 것을 자주 보는데 바로잡아야 할 표현이다.

이와는 경우가 다르게 손윗사람이 아랫사람에게 "자네도 들어 보시게."라고 음식을 권했을 때 "예, 저도 들겠습니다."라고 대답했다면 이것은 예의에 어긋나는 말이다.

'들다'는 어른 앞 에서 '먹다'를 높이는 말로 쓰거나, 동년배나 손아랫사람에게 하대보다는 점잖게 높이는 말로 쓰는 말이다. "오랜만이니 맛있게 많이 드시게.", "자네, 점심 들었나?"처럼 쓰인다. 그러나 자신의 행위에는 '들다'가 아닌 '먹다'를 써야 한다. 웃어른이 손아랫사람에게 "자네도 좀 들게." 하면, "예, 저도 먹겠습니다."로 대답하는 것이 예의이다. 어른 앞에서 "저도 들겠습니다."라고 하면 자신을 높이는 말이 되므로 예의에 어긋난다.

웃어른에게는 "드십시오."라는 말보다는 "잡수십시오."가 더 정중한 말이다. 그러므로 나이가 많으신 어른께는 "어르신, 더 잡수십시오."라고 말하는 것이 올바른 예절이다. '음식을 들다'에서 '들다'는 '먹다'의 예사높임이라면 '잡수시다'는 아주높임에 속한다. 우리말은 존대법 체계가 매우 발달되어 있어서 상황에 맞게 바로 써야 실수하지 않는다.

삼우제

삼우제(三虞祭)는 장사를 지낸 뒤 죽은 이의 혼백을 평안하게 하기 위하여 지내는 제사이다. 장례를 치른 후 3일째가 되는 날에 지내며 첫 번째의 성묘가 된다.

이날은 산소에 가서 묘의 성분 상태를 살펴보고 간소하게 제수를 진설하여 제를 올린다.

전통적인 의미에서 삼우제는 초우, 재우, 삼우 등 3번 지내는 것이나 현대에는 초우와 재우는 생략하는 경우가 있다. 가정의례준칙에서는 아래와 같이 삼우제 예식도 생략이 가능하다고 명시하고 있다.

> 제9조 (상례) 사망 후 매장완료 또는 화장완료시까지 행하는 예식은 발인제와 위령제를 행하되, 그 외의 노제·반혼제 및 삼우제의 예식은 이를 생략할 수 있다.

초우(初虞)는 장례를 지낸 날 중으로 지내는 제사이다. 이 초우부터 정식으로 제사를 지내는 것이다.

재우(再虞)는 초우를 지낸 뒤 유일(柔日)을 당하면 재우를 지내는데, 유일이란 을(乙), 정(丁), 기(己), 신(辛), 계(癸)에 해당되는 날이다. 제사 지내는 절차는 초우 때와 마찬가지다.

삼우(三虞)는 재우를 지낸 뒤 강일(剛日)을 당하면 삼우를 지낸다. 강일이란 갑(甲), 병(丙), 무(戊), 경(庚), 임(壬)에 해당하는 날이다.

삼우제(三虞祭)는 장례를 치른 후 3일째가 되는 날 지내는 제사로 첫 번째의 성묘를 뜻한다. 그런데 이 삼우제에 대한 잘못된 인식으로 발음이 잘못 전해져 '삼오제'라고 하는 이들이 많다. 이는 바로잡아야 한다.

운명을 달리하다(?)

오랜만에 가깝게 지내던 선생님으로부터 누리편지(이메일)를 받았다. 재미있는 유머와 함께 보낸 안부 편지였는데, 글 가운데 우리말 쓰임이 잘못된 부분이 있어 바로잡고자 일부분을 소개한다.

전에 근무를 같이하던 젊은 선생님이 뇌출혈로 갑자기 <u>운명을 달리하였다</u>는 소식을 접하고 더욱 마음이 착잡하여 이렇게 쉰 소리를 했습니다.
(2003. 9. 1. 누리편지 내용 중에서)

물론 이 분의 글을 흠잡으려는 것이 아니라 '유명을 달리하다'를 '운명을 달리하다'로 잘못 쓰고 있는 사람들이 의외로 많기 때문에 이를 바로잡고자하는 것이다.

사람이 죽었을 때 쓰이는 우리말은 무수히 많다. '죽다, 뒈지다, 사망(하다), 숨지다, 돌아가시다, 별세(하다), 서거(하다), 타계(하다), 운명하다, 유명을 달리하다, 세상을 떠나다' 등 사람의 지위나 관계, 존비법 따위에 따라 다양하게 표현한다.

'운명하다'나 '유명을 달리하다'와 같은 말들은 보통 유식하게 말한다고 어려운 한자말을 쓰다가 실수를 저지르는 것이다. '운명(殞命)'이란 말의 한자도 어렵거니와 '유명(幽明)'은 본디 어둠과 밝음을 아울러 이르는 말에서, 이것이 저승과 이승을 아울러 일컫는 말로도 쓰이게 되었다. 따라서 '유명을 달리했다'고 하면 '이승에서 저승으로 갔다'는 뜻으로 '죽었다'의 높임말이다. 이렇게 '운명'이나 '유명'처럼 어려운 말을 잘못 써서 실수를 하는 것보다 쉬운 토박이말로 '돌아가셨다'고 하면 예의에 어긋날 일도 없고 말실수를 하지도 않게 될 것이다.

'탈북 동포'라고 불러 주세요

신문에서 위와 같은 제목의 독자 칼럼을 읽었다. 이것은 탈북동포 이주성이란 분이 직접 쓴 글이다. 우리는 북한에서 탈출하여 대한민국에 정착해 살고 있는 사람들을 탈북자, 북한 이탈주민이라 부르기도 하고 좀 더 나은 말을 만들어서 새터민이라고 부르고 있다. 그런데 이들은 이런 부름말(호칭)이나 가리킴말(지칭)이 마음에 내키지 않아 한다는 말을 어느 탈북동포의 강의에서도 들은 적이 있다.

'새터민' 정도면 바람직하게 들리는데 왜 싫어할까? 이 칼럼은 '노무현 정부 시절 국민의 의견을 수렴해 정했다는 새터민이라는 말은 이북에서 온 우리에게 외국에서 살 길을 찾아 이주해 온 이방인으로 불리는 모멸감을 안겨준다.'고 했다. 이들은 단지 생활이 힘들거나 굶주림을 달래고자 탈북해 대한민국에 온 것이 아니며, 모두 북한 정권의 독재와 폭압에 대한 항거로 목숨을 걸고 자유를 찾아 월남한 사람들이라는 것을 생각해야 한다는 것이다. 이 나라가 국민의 요구에 의한 사상에 따라 남북이 갈린 것도 아니고, 스탈린주의자들의 욕심에 의해 갈라진 슬픔의 역사를 생각지 아니하고 탈북 동포를 이방인 취급을 하는 것 같아 안타깝다는 내용이다.

이들을 부르는 용어에 대해 좀 더 깊이 있게 생각해 보면 탈북자, 북한 이탈주민, 새터민 등의 용어가 다른 나라 사람들이라는 느낌을 주는 것이 사실이다. 같은 민족, 즉 동포라는 개념이 빠져 있는 것이다.

북한을 탈출해 우리와 함께 살고 있는 동포의 숫자는 1994년을 기점으로 하여 매년 급격히 늘어나고 있고, 2007년 10월 현재 탈북동포의 숫자가 11,696명을 넘은 이후에도 지속적으로 증가하고 있다.(북한이탈주민후원회, 2008) 이들에 따뜻한 보금자리와 일터를 제대로 만들어 주지도 못하면서 이들을 부르는 용어마저 나그네처럼 느끼는 말로 대우해서는 안 될 것이다. 이주성 님이 제안한 대로 북한을 탈출해 대한민국에 정착한 사람을 부르는 말을 '탈북동포'라는 용어로 통일해 부르는 것이 좋겠다.

제6공화국

공화국이란 본래 주권이 국민에게 있는 민주정치를 하는 나라를 말한다. 그러나 3대 세습 정치를 하는 북한도 나라이름이 '조선민주주의 인민공화국'이니 세계적으로 공화국의 뜻이 바르게 쓰이고 있다고 볼 수는 없다.

그 앞에 붙는 공화국을 가리키는 숫자는 공화국의 헌법이 바뀔 때마다 새로운 숫자를 붙여 나간다.

우리나라는 광복 후 이승만 정권이 제1공화국, 그 다음 장면 정권은 과도정부였으며, 윤보선 정권이 제2공화국, 박정희 정권의 3선 개헌 때부터가 제3공화국이 된다. 그 후 최규하 과도정부가 제4공화국, 전두환 군사정권이 제5공화국, 그리고 대통령 직선제로 개헌한 때부터의 노태우 정권이 제6공화국이다.

그 후 김영삼 정권도 제6공화국 헌법을 그대로 썼으므로 제6공화국이긴 하나 군사 정권의 연장선상에 있는 노태우 정권과 차별화하기 위해 제6공화국이란 말을 쓰지 않았을 뿐이다. 따라서 제6공화국을 노태우 정권 말기라고 하는 것은 옳지 않다.

제6공화국 이후로 대통령은 5년 임기로 5년에 한 번씩 선거를 치러 바뀌어 왔다. 노태우 대통령 이후 대통령이 된 김영삼 대통령은 오랫동안 민주화 운동을 해 온 사람이었으므로 신군부 세력이었던 노태우 정권의 후계자가 되는 것을 거부했다.

　그는 6공화국이 아닌 7공화국을 선포하고 싶어 했다. 그러나 7공화국의 선포는 법적으로나 역사적으로 문제가 뒤따른다. 공화국의 숫자를 바꾸는 것은 혁명적 변화와 그에 따르는 헌법 개정 등이 뒤따라야 하는데, 노태우에서 김영삼으로 이어지는 정권 교체는 기존 헌법의 틀에서 평화적인 선거로 이루어진 정권이다. 그래서 '제 몇 공화국'이란 명칭 대신 '문민정부'란 말을 만들어 썼다.

　쿠데타로 정권을 잡은 과거 군사 정권과 다르다는 정체성을 표현하기 위한 말이라 할 수 있다. 그 후에도 김대중 정부는 '국민의 정부', 노무현 정부는 '참여 정부'라 이름 지어 불렀으나, 이명박 정부, 박근혜 정부는 이런 명칭을 쓰지 않고 있다.

　굳이 공화국에 숫자를 붙인다면 아직까지 헌법의 틀이 바뀌지 않았으니 지금도 제6공화국이겠으나 이젠 공화국에 숫자를 붙이는 전통이 사라졌다고 보아야 할 것이다.

대포통장과 대포차

　텔레비전 방송에서 대포통장, 대포차와 같은 새로 생긴 말들을 가끔 듣는다. 이런 낱말은 국어사전에도 없는 속된 시쳇말로 쓰이는 것을 언론에서 공공연히 쓰고 있는 것이다.

　대포통장이란 통장 소유자가 실질적으로 통장 주인이 아닌 타인의 이름으로 개설된 통장을 말한다. 예금통장이나 현금카드 등을 타인에게 양도하거나 대여 판매하는 행위는 불법이며 이것이 범죄에 이용되면 형사처벌을 받는다.

　대포통장은 사용하는 사람의 신원을 감추기 위한 수단으로 사용되며, 노숙자 또는 신용불량자 등의 명의로 개설된 은행 통장으로 전화 금융 사기와 같은 범죄에 악용된다고 한다.

　대포차라는 것도 있다. 국어사전에 나와 있는 대포차라고 하면 이는 '포차(砲車)'와 같은 뜻으로 '화포를 끌고 다니는 차' 또는 '대포를 운반하기 쉽도록 바퀴를 단 포가(砲架)'를 가리킨다.

　이렇게 구에서 쓰는 대포차가 아니라, 속어로 쓰는 대포차란 말이 있다. 이것은 한마디로 무적차량이라 할 수 있다.

　승용차나 화물차나 모든 차량은 제조하여 판매가 되면 차량등록증이 있다. 사람으로 치면 주민등록원부 같은 것이다. 그래서 매도 등의 소유권이전이 있든지, 저당권, 가압류 등의 사실이 있으면 차량등록증에 표시가 된다. 그리고 차량소유자는 취득할 때 취득세나 이전세, 공채세, 등록세 등의 세금을 납부해야 하며, 소유자는 1년에 두 차례 차량 보유세를 납부한다.

그런데, 차량소유자가 부도 등의 사유로 재산 상태가 급격히 악화되어 차량에 관한 각종 세금과 공과금, 과태료 등을 납부하지 못하게 되면, 세무서나 구청 등에서 가압류를 하게 되고, 국세징수법 등 관련법에 규정된 절차를 거쳐 압류를 하게 된다.

번호판 압수 후에는 강매, 경매 등의 절차를 거쳐 판매가 되면 그 비용으로 세금을 충당하는 것이다. 여기서, 차량의 번호판을 압수하기전 차량소유자가 불량한 마음을 먹고, 차량을 제3자에게 팔게 되면 바로 속칭 대포차가 되는 것이다.

이렇게 거래된 차량은 붑법이기 때문에 차량등록원부에 매매 사실을 기재할 수 없다. 그래서 대포차가 무적차량이 되는 것이다. 대포차는 조직 폭력배나 범행을 위한 수단으로 싸게 사서 사회에 문제를 일으키므로 단속의 대상이 된다.

그러면 대포폰은 또 무엇인가?

대포폰이란 가입자도 모르는 사이에 만들어진 손전화(휴대전화)다. 실명 가입자 몰래 그의 신상정보를 이용하여 전화를 만드는 것이다. 단지 요금청구지를 다른 곳으로 하면 가입자는 가입사실 여부를 확인할 수 없기 때문에 계속 쓸 수가 있다. 그래서 대포폰의 사용기간은 구입하고 최초 요금 청구일까지가 된다. 대포폰을 이용하여 외국인들에게 돈을 받고 전화를 임대해 주고 돈을 버는데 사용한다. 또는 손전화로 결제를 하고 물건을 사거나 인터넷에서 대금 결제를 하는데도 사용한다. 대포폰의 가장 큰 사용목적은 국제통화다. 엄청난 양의 통화를 하고 요금을 안내는 수법으로 쓰인다.

이렇게 보면 '대포'라는 글자가 들어가는 '대포통장'이나 '대포차', '대포폰'은 모두 나쁜 짓을 하기 위한 목적으로 만들어진 것들이다. 대포라는 말은 화약 무기의 뜻 이외에 주변의미로 '허풍'이나 '거짓말'을 빗대어 이르는 말로도 쓰인다.

여기에 쓰인 대포는 이 의미를 약간 확장하여 쓰기 시작한 것으로 보인다. 그러면 이 낱말들은 아직 사전에 오르지 않은 속어인데 방송이나 다른 언론 매체에서도 공공연히 쓰는 것은 바람직하지 않아 보인다.

위에서 밝힌 의미에 접근시켜 대포통장은 '차명통장이나 속임통장'으로, 대포차는 '무적차, 무적차량' 그리고 대포폰은 '불명전화' 정도로 고쳐 부르면 어떨까 생각해 본다. 더 좋은 말이 있으면 환영하며 새로 지어서 고쳐 불렀으면 하는 바람이다.

내로라하다

'내로라하다'는 '내노라하다'로 잘못 쓰는 경우가 흔하다. 요즘은 신문이나 방송에서 바르게 쓰고 있어서 생활언어에서도 오류가 많이 줄어든 듯하다.

(1) 이번 행사에는 <u>내로라하는</u> 연예인들이 많이 참석했다.
(2) <u>내로라하는</u> 씨름 선수들이 모래판에서 힘을 겨루었다.

'내로라하다'는 위 (1), (2)처럼 쓰인다. 이 낱말은 어떤 분야를 대표할 만하다는 뜻의 동사로 '내로라'가 어근이고 여기에 접미사 '-하다'가 결합하여 이루어진 말이다.

'내로라'는 옛말에서 왔다. 옛말 '내로라'는 '나[我]+이+로+라'로 분석되는데, 그 뜻은 '(바로)나다'와 같은 정도로 해석된다. '로'의 옛 형태는 '오'인데 이것이 변화를 거쳐 '오'는 없어지고 현대국어에는 '로'와 '노'의 형태로 남은 것으로 보고 있다. '내로라', '가노라'와 같이 말이다.

'내로라하다'는 '(그 분야에서 손꼽히는 사람은) 바로 나다'라는 뜻에서 '어떤 분야를 대표할 만하다'는 의미를 가지게 되면서 접미사 '-하다'를 취하여 '내로라하다'로 쓰이는 것으로 보인다.

많은 사람들이 '내로라하다'를 '내노라하다'로 잘못 쓰는 것은 '나를 자신있게 내 놓는다.'는 의미에서 유추하여 '내놓다'의 '노'(ㅎ탈락)를 쓰지 않나 하는 생각이 든다.

이 쪽으로 앉으실 게요

어깨가 아파서 침을 맞으러 한의원에 갔더니 간호사가 안내하는 말이 이상하게 들렸다.

　　"이 쪽으로 앉으실 게요."
　　"상의를 탈의하실 게요."
　　"옆으로 누우실 게요."

이처럼 "-하실 게요."라는 말을 자주 쓰는 것이 어색한 것이다.

이런 말은 요즘 병·의원에 가면 간호사로부터 흔히 들을 수 있다. 그 밖에도 백화점이나 편의점, 미용실 등 고객을 상대로 하는 업종의 종업원들이 주로 쓰고 있다. 어떤 백화점이나 대형 편의점에서는 종업원이 "이쪽에서 계산하고 가실게요.", "영수증 받으실 게요."와 같은 비문법적인 말을 쓰기도 한다.

언제부턴가 고객 중심의 친절을 강조하다 보니 어법을 무시한 과잉 친절 말투가 유행하기 시작한 것으로 보인다. 위와 같은 표현은 고객이나 환자에게 명령형 말투를 쓰면 공손하지 못하다는 생각에서 누군가가 창안해 낸 말이 아닌가 추정된다.

손윗사람이나 귀한 손님에게 명령형 어미를 쓰면 불쾌할 수도 있다. "이쪽으로 앉아(요)."라고 하면 아랫사람에게 쓰는 말이라 불쾌할지 모르지만 "이쪽으로 앉으세요." 또는 "이쪽으로 앉으시지요."라고 높이면 어색하지 않고 어법에도 맞는다. "영수증 받으실 게요."는 "영수증 받으세요.", "영수증 받으시지요."로 쓰면 고객이 기분 나쁠 일도 없는 공손한 말이다.

또 과장된 존댓말로 "커피 나오셨어요.", "이 상품은 매진되셨어요." "이 구두는 할인 제품이시구요."와 같은 말도 쓰인다. 이런 문장에서는 듣는 사람이 아닌 '커피, 상품, 구두'을 높인 것이므로 역시 어법에 맞지 않는다. 이들은 마땅히 "커피 나왔습니다.", "이 상품은 매진됐습니다 (다 팔렸습니다).", "이 구두는 할인 제품이구요."처럼 '−시−'를 빼야 자연스럽다.

서비스 산업의 각 분야에서 경쟁이 치열해지다 보니 손님을 최대한 존대하려는 종업원과 대접받기를 바라는 고객의 심리를 빌미로 존댓말이 지나쳐 비문법적인 말들이 생겨난 것으로 보인다. 사람이 아닌 사물에 대해 '−시−'를 붙여 말하거나, '앉으실 게요.'처럼 어법에 어긋난 존대 표현을 쓰는 것이 우리 주변에 널리 퍼지고 있는 것이다. 이는 종업원 교육이나 각급 학교의 국어교육, 우리말 바로쓰기 운동 등을 통해 바로잡아야 할 언어 습관이다.

재중동포와 조선족

　구한말 우리나라는 바람 앞의 등불처럼 위태로웠고, 사람들의 삶은 피폐해져 갔다. 새로운 삶의 터전을 찾아 정든 고향을 떠나는 사람들이 생겨났으며 일제에 나라를 빼앗기면서 이러한 사람들의 수는 더 늘어갈 수밖에 없었다. 눈물을 머금고 정든 조국을 등지고 중국으로, 러시아로 떠났다.

　그들은 낯설고 물선 곳에 집을 짓고 불모지를 개간했다. 아이들도 태어났다. 그렇게 만들어진 마을은 독립군이 뿌리를 내리고 활동할 수 있는 발판이기도 했다. 그러나 이는 희망이기도 했지만, 한편 고난이면서 절망이기도 했다.

　1945년 조국은 광복을 맞았다. 그러나 많은 이들이 다시 돌아오지 못했다. 이것은 그들의 운명이었으며 중국 땅에 머물던 이들과 2세, 3세들은 '조선족'이란 새로운 이름을 얻었다.

　광복 이후 민주주의와 공산주의가 양분된 이념의 격동기에 6.25전쟁까지 겪으면서 중국과 우리는 사상과 이념의 차이, 6.25 때 북한을 도와 우리와 싸운 중국은 적국으로 분류되어 외교의 길이 열릴 수가 없었다.

　세월이 흐르면서 1992년 막혀 있던 한국과 중국 사이에 길이 열렸다. 두 나라가 외교관계를 맺은 것이다. 그 후 이른바 '조선족'이라 불리는 이들은 뿌리를 찾고 돈을 벌어 꿈을 이루기 위해 한국 땅을 찾기 시작했다. 지금은 우리 주변에서 이들을 쉽게 찾아볼 수 있다.

그러나 이들은 '조선족'이라고 부르면 아주 서운해 한다. 같은 민족이라고 생각하고 한국 땅을 찾았는데 마치 다른 민족 대하듯 하니 섭섭하지 않을 수 없다.

중국에서 중국인들이 함께 사는 다른 민족인 만주족이나 한족과 구분하기 위해 '조선족'이라는 명칭을 사용하는 것은 당연하다. 그러나 우리가 '조선족'이라고 하면 우리와 그들이 다른 민족이라는 말이 되니 섭섭할 수밖에 없다.

그리고 우리 사회에서 쓰이는 '조선족'이라는 말에는 차별적인 의미가 들어있다. 일본에 거주하는 이들에게는 '재일동포', '재일교포'라 하고, 미국에 사는 이들을 가리킬 때는 '재미동포', '재미교포'라고 한다. 그런데 그들만 '조선족'이라 부른다면 그들은 자신들을 얕보고 차별한다는 느낌을 받을 수도 있다.

이들 역시 국적은 달라도 한 겨레이므로 '재중 동포 또는 중국 동포'라고 부르는 것이 바람직해 보인다. 교포, 교민이란 말도 나그네, 이방인과 같은 어감이 있어서 동포로 바꿔 부르는 것이 좋겠다. 이것은 한 핏줄을 타고난 같은 민족이란 뜻을 담아 동포라는 말이 들어가야 민족의 동질성을 느낄 수 있기 때문이다.

지금은 우리나라도 국제결혼이 보편화되어 다문화 가정이 점점 늘어가고 있는데 무슨 한 핏줄, 한 민족을 찾고 있느냐는 반론도 있을 수 있다. 그러나 이것은 별개의 문제로 온 지구촌에 퍼져서 살고 있는 우리 동포들은 국적은 달라도 한 핏줄이란 가족 개념으로 서로 돕고 의지하며 살고 있고 나라의 위상을 높이는 데에도 한몫을 하고 있다. 우리가 이들 동포에 대한 부름말을 깊이 배려하지 않고 마구 불러댄다면 이것은 대한민국 국민의 도리가 아니다.

[우리에게 오늘이 소중한 이유]

:: 둘째 마당 ::

외래어의 정의와 범주

　외래어는 외국어가 우리나라에 들어와 우리말로 삼아 쓰는 것을 가리킨다. 그런데 외래어가 국어의 범주에 들어가느냐 아니냐를 놓고 학자에 따라 두 가지로 갈린다. 주류를 이루는 하나는 외래어는 외국에서 들어온 말을 일시적으로 빌려 쓰는 것이기 때문에 국어의 범주에 들지 않는다는 것이고, 다른 하나는 외래어는 이미 우리말로 굳어져서 국어와 함께 널리 쓰이므로 국어의 범주에 들어 있다는 주장이다.

　이러한 생각들은 개인의 학문적 판단에 의해서 의견이 대두되기도 하지만 국어사전에 나타난 뜻풀이를 보고 정의를 내리는데서 문제를 일으키기도 한다.

　우선 국립국어원의 『표준국어대사전』에는 외래어를 다음과 같이 풀이했다.

　　　외래-어(外來語)[외 : --/웨 : --]
　　　「명사」『언어』
　　　외국에서 들어온 말로 국어처럼 쓰이는 단어. ≒들온말 · 전래어 · 차용어.

　이 사전의 뜻풀이에서 '국어처럼 쓰이는 단어'라 했으니까 외래어는 국어가 아니라는 것이다. 국어가 아닌 낱말을 국어사전에 올렸다는 것부터가 이치에 맞지 않는다.

한편 이희승 책임감수『엣센스 국어사전』(민중서림)에는 '외래어【外來語】외국으로부터 들어온 말이 국어에 파고들어 익게 쓰여 지는 말. 곧, 국어화한 외국어. 차용어(借用語).' 라고 풀이했고, 인터넷 사전『위키백과』에는 '한국어의 외래어란 외국어에서 들어와 한국어의 일부로 굳어진 말을 말한다.'고 하여 외래어를 한국어로 굳어진 것으로 풀이함으로써 국어의 범주 안에 넣고 있다. 이렇게 국어사전마다 외래어에 대한 풀이를 달리 하고 있으니, 언중이나 국어학자들의 외래어에 대한 정의도 엇갈린다.

그러면 외래어는 국어인가, 아닌가? 개념과 그 범주를 뚜렷이 밝힐 필요가 있다.

외래어는 다른 나라에서 들어온 말을 우리말로 바꾸지 못해서 그대로 굳어져 널리 쓰이는 말이므로 우리말답지 않지만 국어의 범주에 이미 들어 있는 것이다. 그러니까 국어사전에 올라 있는 외래어는 한자어와 함께 국어의 한 부류를 이루고 있다고 보아야 한다. 외래어가 국어가 아니라면 국어사전에 올리지 않는 것이 옳다.

위에서 보았듯이 나라에서 만들었다고 볼 수 있는『표준국어대사전』(국립국어원)의 외래어에 대한 뜻풀이부터가 잘못 돼 있다. '외국에서 들어온 말로 국어처럼 쓰이는 단어'라로 풀이했으니, 외래어가 국어의 범주에 들지 않는다고 해석하게 되는 것이다. 이것은 '외국에서 들어온 말로 국어로 굳어져 쓰이는 단어' 정도로 풀이해야 언어 현실에 맞고, 이치에 부합한다.

한자어도 넓은 의미에서 외래어라고 말하기도 하는데, 역사적으로 보면 외래어라 할 수 있을지 모르지만 이는 한글 창제 이전부터 우리가 써 왔으며 이제는 웬만한 한자어는 한글로 써도 무슨 말인지 다 아는데 굳이 이를 외래어에 포함시킬 필요가 없다. 그러니까 외래어도 국어의 한 부류이며, 더구나 한자어는 두말할 것도 없이 국어의 범주 안에 있다.

외래어는 국어가 아니라고 주장하는 이들은 위에서 밝힌 국어사전의 뜻풀이에 근거를 두지만, 국어사전에 올라 있는 말이 국어가 아니라고 하는 것은 현실에도 맞지 않다. 결국 토박이말, 한자어, 외래어가 모두 국어의 범주 안에 있으며 우리는 이를 바탕으로 말글생활을 하고 있는 것이다.

《우리말 우리얼》 2012. 3.

발레파킹

한국방송 누리집의 소비자 고발 프로그램에서 발레파킹이란 말을 보았다. 주차를 대신해 주는 대리주차를 발레파킹이라고 한다.

발레파킹(valet parking)은 영영사전을 찾아보면 '호텔·레스토랑 등에서 주차 담당원이 손님 차를 주차장에 넣고 내오는 서비스'라고 풀이하고 있다.

주차장이 복잡해서 주차가 어렵거나 초보운전자인 경우, 유용하게 이용할 수 있는 서비스다. 그런데 고발 내용을 보면 대리주차가 선택사항이 아니라 무조건 이용해야 하는 업소가 있으며 대리 주차비를 따로 내야 한다는 것이다. 차에 흠집이 생겨도 정확한 근거가 없다는 이유로 보상을 거부당하기 일쑤이며 무책임한 대리주차 서비스에 소비자의 피해사례가 속출하고 있다는 보도 내용이다.

우리가 상식적으로 알고 있는 무료 대리주차가 아니라 요금도 따로 내고 불쾌한 상황이 자주 벌어지니 소비자 고발에 오를 만하다.

그런데 이 글의 내용을 자세히 살펴보면 우리말인 대리주차라는 말을 사용하면서도 외국어인 발레파킹이란 말을 은근히 가르쳐주는 느낌이 든다.

우선 제목에는 불편한 선택, 발레파킹! 글 내용에도 '주차를 대신해 주는 서비스인 이른바 발레파킹!', '발레파킹에 숨겨진 불편한 진실을 소중남이 취재해 봤다.' 등의 문장을 쓰고 있다.

'대리주차'란 우리말이 엄연히 잘 통용되고 있는데 생소한 외국말 '발레파킹'을 끌어들이려는 이유가 무엇인지 궁금하다. 언론의 외국어 퍼뜨리기는 의도적인 것 같은데 이것을 외래어로 만들어 우리말의 어휘를 확대하려는 것인지 외국어(영어) 사대주의는 아닌지 그 속내를 알 수 없다.

애그플레이션

요즘 신문을 제대로 읽으려면 신생 외래어 한두 개는 공부해야 한다. 종이신문은 1년이나 2년 주기로 다른 신문으로 바꿔 보는데 신문의 외국어(외래어) 남용은 어느 신문이나 여전하다. 이런 현상은 영어를 좀 아는 독자까지도 불편하고 피곤하게 하는 일이다.

오늘은 애그플레이션이란 단어가 눈에 뜨인다. 이 신문의 표제는 '옥수수·콩 말라가는데 … 먹을 것 많아진 농산물 펀드'이고 부제는 "'애그플레이션 공포'를 먹는 투자의 세계"이다.

여기서 '농산물 펀드'라는 용어도 낯설지만 '애그플레이션(agflation)'이란 낱말은 웬만한 영한사전에도 나오지 않는다.

이 기사의 일부를 두 군데만 끊어서 소개하면 다음과 같은 말들이 나온다.

(1) 이상고온과 가뭄이 미 대륙의 중서부 곡창지대를 강타했다. 이 때문에 옥수수·대두 같은 주요 농산물 작황이 "1988년 대가뭄 이래 최악을 기록할 것"(로이터통신)이라는 전망도 나온다. 공급이 달리니 가격은 오른다. 최근 국제 곡물가격이 급등하고 있다. 2007~2008년 세계 식량대란을 몰고 왔던 **애그플레이션**이 재현되는 것 아니냐는 우려가 나온다.

(2) 그러나 최근의 곡물가격 상승은 일시적이라는 주장도 있다. 김철중 한국투자증권 연구원은 "농산물 재고량이 많아 **애그플레이션**의 가능성은

작을 것"이라고 분석했다.

이와 같은 방법으로 기사의 여기저기에 '애그플레이션'이란 외국어를 썼다. 그런데 다행스럽게도 기사 맨 아래에 백과사전 풀이하듯이 '애그플레이션'에 대한 용어 풀이를 해 놓는 친절(?)을 베풀었다.

애그플레이션(agflation)은 '농업(agriculture)과 인플레이션(inflation)을 합성한 조어. 농산물 가격이 오르면서 일반 물가도 오르는 현상을 말한다.'는 것이다.

기사를 쉬운 우리말로 써서 독자가 빠르게 이해하도록 하는 것이 신문의 생명이지 어려운 외국 전문 용어를 독자들에게 공부시켜 읽게 한다는 것은 서로의 시간 낭비, 노력 낭비이며 결국은 경제적 낭비이다.

위 신문에서 (1)의 '애그플레이션'은 '농산물 가격 인상에 따른 물가 오름세' 정도로 바꿔 써 놓으면 이해가 될 것이고, (2)의 경우는 '이에 따른 물가 오름세 현상'이라고 쓰면 의미도 바르게 통하고 기사 내용을 쉽게 이해할 수 있을 것이다.

하우스푸어와 워킹푸어

　국립국어원은 '우리말 다듬기'라는 사이트를 따로 만들어 신생 외래어나 외국어 어휘, 지나치게 어려운 용어를 다듬는 일을 하고 있다. 이 일은 2004년에 '리플 → 댓글'로 다듬은 것을 시작으로 2013년 1월까지 346개의 어휘를 다듬어 널리 쓰도록 홍보하였다.

　처음엔 누리꾼들로터 다듬을 말을 제안 받고 이를 다듬은 어휘를 공모하여 누리꾼 투표로 최종 다듬은 말을 선정 발표하는 형식을 취했다. 그러나 이들이 전문성이 떨어진다는 판단에서인지 요즘은 다듬은 말 최종 선정을 말다듬기위원회에서 의미의 적합성, 조어 방식, 간결성 등을 기준으로 이 제안어들을 심사한다고 한다.

　작년 11월부터 공모하여 올해 처음으로 다듬은 말은 '하우스푸어(house poor)'와 '워킹푸어(working poor)'이다.

　'하우스푸어(house poor)'는 '집을 가지고는 있지만 경제적인 어려움을 겪고 있는 사람'을 가리키는 말이다. 이들은 주택 가격이 오를 때 저금리를 바탕으로 대출을 지나치게 많이 받아 집을 마련했다가 금리가 오르고 집값이 내리는 겹치기 손해를 보고 있는 사람들로서, 겉으로는 중산층인 사람들도 있지만 현재는 원리금 상환 부담 때문에 어려움을 겪고 있는 사람들이다.

　이런 낯선 외국어를 처음 접하는 것은 보통 신문이나 방송 곧 언론을 통해서다. 신문을 보면 '하우스푸어(house poor)'가 들어간 표제들을 쉽게 찾아낼 수 있다.

> ·금융위 하우스푸어 대책, 집주인·금융사 손실분담 구조될 듯
> (≪ㅈ일보≫ 2013. 1. 14.)
> ·국민銀도 하우스푸어 프리워크아웃 동참…이자 유예
> (≪ㄷ일보≫ 2013. 1. 17.)
> ·금감원, 인수위에 '하우스푸어 세부대책' 보고
> (≪ㅇ뉴스≫ 2013. 1. 23.)
> ·"하우스푸어 지분 20~30% 할인 매각" 금감원, 하우스푸어 대책 인수
> 위 보고
> (≪ㅎ일보≫ 2013. 1. 23.)

이처럼 쏟아내는 언론의 신생어들은 대부분 영어로 되어 있다. 국립 국어원은 '하우스푸어'의 다듬은 말로 '내집빈곤층'을 선정했다. 내 집을 가지고 있으면서도 빈곤에 시달린다는 뜻으로 '하우스푸어'의 뜻으로 적합하다.

이와 비슷하게 '워킹푸어(working poor)'란 말도 생겼다. 장기적인 경제 불황이 가져다 준 새 용어들이다.

'워킹푸어'는 '일자리가 있는데도 경제적인 어려움을 겪고 있는 사람' 이라는 뜻으로 열심히 일을 해도 형편이 나아지지 않는 계층을 이르는 말이다. 미국에서 1990년대 중반 등장한 말로, 2000년대 중반 이후부터 세계적으로 널리 쓰이고 있다. 우리나라에서도 외환위기와 세계금융 위기 이후 일하는 빈곤층이 늘어나면서 이 말이 언론을 통해 들어와 널리 쓰이기 시작한 것으로 보인다.

국립국어원 '우리말 다듬기'에서는 '워킹푸어'의 다듬은 말로 '근로빈 곤층'을 최종 선정했다.

'키'가 아니라 '열쇠'다

외래어와 외국어가 우리말을 잠식하는 비율이 급속도로 늘어나고 있다. 과거 '한자(漢字) 사대주의'가 '영어 사대주의'로 바뀌어 가는 것이 아닌지 염려된다.

1980년대 후반 영어 열풍이 몰아치면서 우리말에 영어를 조금씩 섞어 쓰는 것을 자랑스럽게 여기는 것 같더니 요즘은 지구촌 시대라 하여 각 분야별로 영어이름을 지어 쓰는 일이 보편화되었다. 개인기업의 상호·상품명은 물론이고 공공기관과 전철역까지 영어로 쓴다.

외국에서 들어오는 새로운 문명이나 현상의 경우도 우리말로 고쳐 쓰는 것이 바람직한데, 최근엔 이미 있는 우리말조차 외국어로 바꿔 쓰는 지경이다. '해피'를 넘어 '해피하다'는 말처럼 영어의 줄기에 우리말 접사를 붙여 쓰기도 한다. 아예 '상자는 박스, 열쇠는 키'로 둔갑해 인터넷 표준국어대사전에 올라 국어 행세를 하고 있다.

『표준국어대사전』(1999, 종이사전)의 440만여 개의 낱말 중 9.2%의 서양외래어가 들어 있다. 그러나 국립국어원 조사에 따르면 "2002년부터 2004년까지 3년간 늘어난 신어(새로 생긴 말) 1690개 가운데, 서양식 외래어와 이를 일부 포함한 외래어까지 합치면 전체의 57.6%를 차지한다고 한다. 이런 추세라면 국어사전이라고 자랑스럽게 내놓을 수 있겠는가. 신생 외래어의 급증은 결국 우리말을 오염시켜 그 특성과 순수성을 잃게 만든다.

이제 '네티즌'을 '누리꾼'으로 바꿔야 한다. 가능한 것은 다듬은 우리 말로 쓰도록 노력하고, 날로 늘어나는 신생 외래어도 최소화하는 방안을 강구해야 한다. 신생 외래어를 줄이기 위한 방안으로 귀화어로 만들어 쓰는 방법도 필요하다. 귀화어란 말 그대로 언어의 국적을 바꾸는 것이다. '남포'가 'lamp'에서 귀화하여 우리말이 되었고, '고무'는 'gum' 에서 왔으나 지금은 그 뜻이 다르게 쓰인다. 지금은 남포나 고무신을 외래어라 하지 않는다. 이들 낱말은 우리말로 귀화한 것이다.

언어 습관은 쉽게 고쳐지지 않는다. 우리 말글을 바르게 키우려면 모든 국민의 의지가 필요하다. 여기에 언론이 앞장서야 한다.

《중앙일보》 2011. 9. 26.

스크린도어가 열립니다

　우리가 일상생활에서 대중교통을 이용하다 보면 여러 가지 안내판을 보게 되고 안내 방송도 듣는다. 이런 안내판이나 안내 방송이 요즘은 최첨단 컴퓨터 기술의 활용으로 더욱 편리해졌다. 전철이나 버스 안에서 정거장 안내는 기본이고, 전철은 전광판을 이용해 타야 할 차가 어디쯤 오고 있음을 실시간으로 알려 주며, 버스는 주요 정류소마다 '버스 도착 정보 안내 시스템'이라는 것을 설치해 노선번호별로 예상 도착 시간을 알려 준다.

　그런데 우리를 이렇게 편리하게 안내해 주는 말이나 글이 외래어나 외국어를 섞어 써서 거북한 경우가 흔히 있다. 전철에서는 승객의 안전을 위해 덧문을 만들고 나서 '스크린도어가 열립니다'와 같은 혀 꼬부라진 안내 방송을 한다. 국립국어원의 '우리말 다듬기'에서는 '스크린도어'라는 말을 이미 '안전문'으로 다듬은 지 오래다. 어떤 역에서는 '문이 열립니다'라고 말하는 음성을 들은 적이 있다. 또는 '덧문'이란 말도 괜찮다. '안전문'이 정확한 뜻에 가깝지만 '덧문'이 더 친근감이 있고 우리말답다.

　버스도 자동 안내 장치가 잘 되어 있는데 여기에 쓰이는 말에도 어색한 것이 있다. '버스 도착 정보 안내 시스템'이란 말에서도 우리말답지 못한 냄새가 풍긴다. 이것은 '버스 도착 정보 알림(안내)'과 같은 쉬운 말로 쓰면 '시스템'이란 영어를 모르는 사람도 쉽게 알아 볼 것이다. 이 알림판에는 노선번호, 도착예정시간, 통과위치 등이 표시되는데 '현재 통과 위치' 밑에는 '3개 전, 5개 전' 따위로 안내하고 있다. 이것은 도착 전 남은 정류장의 수효를 나타낸 것인데, 이는 장소를 나타내는 단위이 므로 '3곳 전, 5곳 전'으로 써야 바른 표현이다. '개'는 물건의 수효를 나타낼 때 쓰는 단위이므로 여기에 어울리지 않는다.

여기서 '잠시 후 육십오다시일(65-1)번 버스가 도착합니다'라는 안내 방송도 나온다. '-(줄표)'를 대부분의 사람이 '다시'라고 읽는다. 주민등 록번호, 통장 번호를 부를 때도 마찬가지다. 이 기호를 영어인 'dash'로 읽는 것이다. 영어 발음을 외래어 표기법에 맞게 쓰면 '대시'이지만 일 본식 발음을 거치면서 '다시'라는 외래어로 굳어진 것으로 보인다. '-(줄 표)'를 말로 표현할 때는 '육십오 줄표 일'로 읽는 것보다 '의·에'로 읽으 면 쉽게 통한다. 안내 방송은 '육십오의(에) 일 번 버스가 잠시 후 도착 합니다.'라고 하면 된다.

우리가 외래어나 외국어를 남용하지 말아야 하는 이유는 이것이 우리 말글 발전에 큰 걸림돌이 되기 때문이다. 세계 1등 문자인 한글과 한국 어가 세계 공용어로 발돋움해가는 이때에 국어사전에 외래어가 폭증하 는 것은 우리 말글의 순수성과 정체성을 잃는 중대한 일이다. 말은 곧 얼이며, 그 민족의 으뜸 문화다. 사회의 각 분야에서 온 국민이 우리말 지키기에 관심을 가져야 할 때다.

《세계일보》 2011. 12. 21.

＊이 글은 신문사에서 제목을 '외래어 대신 친근한 우리말 씁시다'로 고쳤습니다.

외래어로 정착된 '파이팅'

'파이팅'이란 말은 『표준국어대사전』에 올라 있는 외래어다. 이 사전을 보면 '운동 경기에서, 선수들끼리 잘 싸우자는 뜻으로 외치는 소리. 또는 응원하는 사람이 선수에게 잘 싸우라는 뜻으로 외치는 소리. '힘내자'로 순화.'로 풀이해 놓았다. '파이팅(fighting)'은 원래 전쟁터에서나 쓰는 도전적인 말이기 때문에 영어권에서도 운동경기나 어떤 구호로 자주 쓰지는 않는다.

그런데 우리나라는 다른 나라를 침략하는 도전적인 국가도 아니면서 '파이팅'을 지나치게 애용한다. 운동경기뿐만 아니라 '전국 노래 자랑'에서 응원하는 구호로도 쓰고, '퀴즈대한민국'에서 '힘내자'라는 뜻으로도 외치고, 방송에서 웬만한 겨루기 대회에서 응원이나 자신의 힘을 북돋우는 구호로 '파이팅'을 외친다. 응원 알림막엔 '파이팅'을 외래어 표기법에 맞지 않는 '화이팅'으로 써서 들고 응원하기도 한다.

나아가 '파이팅'이 술 마실 때 건배 구호로도 쓰이는가 하면, 환자의 병을 빨리 낫기를 기원하는 구호로까지 발전했다. 어느 라디오 방송에서 좋아하는 음악을 신청하며 사연 적은 것을 진행자가 읽는데 "입원해 있는 형부에게 빠른 회복을 빌며 이 곡을 보내드립니다. 형부 파이팅!" 물론 환자에게 힘내라는 뜻이겠지만, '파이팅'이 전투적인 낱말이라는 것을 안다면 환자에게 그리 좋은 위안의 말은 되지 못한다.

이런 상황에서 쓰이는 '파이팅'이란 말이 적절하지 않음을 인식해서인지 국립국어원은 '우리말 다듬기'라는 사이트에서 누리꾼 투표를 통해 '아자'(2004년)라는 말로 다듬었다. 방송에서 '아자'라는 말을 한두 번 들은 것 같기는 한데 널리 쓰이지 않아 아쉽다.

꼭 '아자'가 아니더라도 '힘내자', '가자', '이기자' 등 상황에 맞는 우리말을 쓰는 것이 좋겠다.

아직도 '보이스피싱'인가?

전화를 사용한 금융사기가 아직도 기승을 부리고 있다. 그 수법도 나날이 지능적으로 발달해 피해자와 피해액이 계속 늘어나고 있다. 처음엔 보통 은행이나 검찰, 경찰을 사칭한 전화로 사기 행위를 하더니, 그 다음에 우체국 직원의 실명을 거론하며 사기 행각을 벌이는 사기도 등장했다. 인터넷 전화를 이용해 해외에서 전화가 걸려온 것처럼 가장하기도 하고, 아이를 납치했다며 돈을 요구하는 사례가 발생하는 등 사기 수법이 점점 다양하고 지능적으로 변화한다.

이렇게 사기 전화가 판을 치자 한 경찰서는 이에 취약한 노인들을 상대로 예방교육을 하기도 했다. 전화 금융사기 예방 10계명도 등장했다. 몇 개만 살펴보면, 동호회 사이트 등에 회원 주소록을 싣지 않는다, 자녀의 친구나 담임교사 연락처를 확보해 둔다, 세금 또는 보험료를 환급해 준다는 말에 속지 않는다, 걸려온 자동응답 전화로 상담원 연결을 하지 않는다 등이 여기에 들어 있다.

그런데 전화를 이용한 금융사기를 아직도 '보이스피싱'이라 한다. 방송은 '보이스피싱'과 '전화 금융 사기' 또는 '음성 전화 사기' 따위를 혼용하고 있고, 신문은 대부분 '보이스피싱'이라는 말을 쓴다.

보이스피싱(voice phishing)은 '음성(voice)과 개인정보(private data), 낚시(fishing)를 합성한 용어이며 전화를 통해 불법적으로 개인정보를 빼내서 범죄에 사용하는 범죄'를 가리킨다.

국립국어원은 '보이스피싱(voice phishing)'의 다듬은 말로 '음성 사기 전화'를 권장하고 있다.

사기 수법이 지능화하면서 '스미싱'과 '파밍'이란 용어도 생겼다. 스미싱은 문자메시지(SMS)와 피싱(phishing)의 합성어로, 인터넷 접속이 가능한 똑똑전화(스마트폰)의 문자메시지를 이용한 휴대전화 해킹 수법을 뜻한다. 해커가 보낸 문자의 주소를 클릭하면 악성코드가 깔리게 되고, 이를 통해 소액 결제 등 피해를 입게 된다. 스미싱 피해를 막기 위해서는 휴대전화 소액결제 서비스를 차단하고, 인터넷 주소가 포함된 문자메시지는 삭제하고 필요시 해당 사이트로 직접 접속하는 것이 좋다고 한다.

한편 파밍은 '해커가 주소(도메인) 자체를 중간에서 탈취, 진짜 사이트 주소를 입력해도 가짜 사이트로 연결되도록 유도하여 개인정보를 훔치는 사기 수법'을 이르는 말이다.

국립국어원은 스미싱은 '문자결제사기'로, '파밍(pharming)'은 '사이트금융사기'로 다듬었다.

키티맘과 워킹맘

'키티맘(Kitty Mom)'은 2004년쯤부터 우리나라에 들어와 쓰이기 시작한 신조어다. 이것은 20대 중반 이후 30대 중반까지의 젊고 학력이 높은 기혼 여성을 가리킨다. 이 말은 일본 캐릭터 '헬로키티'와 함께 성장한 세대라 하여 키티맘이라 부른다.

인터넷 1세대이자 'X세대'로도 불리는 이들은 결혼하여 어머니가 되면서 당당하게 자신을 표출하고 가정과 사회의 기존 인간관계까지도 바꿔 나가는 과감함을 보여주고 있다. 고도 경제성장기에 태어난 키티맘은 유치원을 다녔고, 어릴 때부터 사교육을 받고 자라난 세대다. 1960년대에 태어난 세대와는 자라난 과정이나 학교교육도 달랐다. 그래서 이들은 자녀교육에 대한 관심이 유별나다고 한다.

어느 광고기획사와 전문가들은 키티맘의 특징을 크게 '합리적인 소비 성향'과 '원만한 대인관계', '적극적인 정치 사회 참여'라고 분석한다.

나이가 25살에서 35세가 되는 기혼 고학력 여성이라 해서 모두가 키티맘이 될 수는 없다. 자녀교육에 대한 높은 관심을 충족시켜 줄 돈이 없어 어쩔 수 없이 쉴 틈 없이 일해야 하는 고달픈 이들도 많다.

이렇게 자녀의 뒷바라지를 위해 식당에서 일하는 주부를 '웨이트리스맘'이라 부르며, 미국에선 생활이 넉넉하여 걱정 없이 축구장까지 따라다니며 자녀 뒷바라지에만 신경 쓰는 주부를 '사커맘'이라 부른다.

키티맘이란 용어는 학계, 재계, 광고업계가 미국에서 유행하는 말을 우리나라에 그대로 받아들여 시조어로 번지기 시작했다. 이들을 도와 이 말을 퍼뜨리는데 앞장선 것은 언론, 특히 신문이다.

'워킹맘(Working mom)'은 또 무엇인가? 이 말은 최근에도 신문에서 자주 보는데, 우리처럼 둔감한 사람도 영어를 좀 배웠으니 감이 좀 잡힌다. '걸어다니는 엄마'라는 뜻은 아닐 테고, '일하는 엄마', '직장에 다니는 엄마'를 그렇게 부른다.

ㅈ일보 '토요추적'이라는 난에 '급식 당번이라고요? 워킹맘은 괴로워'라는 표제가 있었다. '워킹맘' 밑에는 '직장에 나가는 엄마'라고 친절하게 번역을 해 놓았다.

이 기사의 내용은 초등학교에서 급식도우미를 돌아가면서 해 달라고 부탁이 왔는데, 이 어머니는 직장에 다니고 있어서 그 역할을 할 수가 없다는 것이다. 그래서 다른 사람을 고용해서 보내야 할지 고민 중인 직장 가진 엄마의 딱한 사정을 쓴 내용이다.

그밖에도 친환경 주부는 '에코맘(Eco Mom), 경찰을 도와 어린이를 돌보는 엄마 경찰은 '폴리스맘(Police Mom)' 등 '맘'을 붙여 만든 신조어들이 우리말을 오염시키고 있다.

그러면 우리는 왜 익숙지도 않은 '키티맘'이니 '워킹맘'이니 하는 외국말을 써야 하는가? 우리말이 어휘수가 부족해서인가? 영어 공부를 위해서인가?

이런 현상은 영어 열풍에서부터 영어 광풍으로 치달으면서 이와 맞물려 생겨난 영어 사대주의가 가져온 산물이라 생각한다. 이들은 우리말로 충분히 표현이 가능한 것을 언론에서 앞장서 퍼뜨리기 때문에 독자나 시청자는 따라 쓰다가 물이 드는 경우가 대부분이다.

영어 '맘(Mom)'은 우리가 알다시피 어머니의 애칭이다. 우리나라 사람은 당연히 '엄마'라고 부른다. 그러면 앞에 나온 '키티맘'은 '신대대 엄마'라고 하면 충분하고, '워킹맘'은 '일하는 엄마', '직장 다니는 엄마' 등으로 표현하면 문맥을 보고 영어 모르는 사람도 내용을 이해할 수 있다.

간혹 뜻이 일치하지 않거나 음절수가 좀 길어진다고 해도 충분히 우리말로 표현이 가능하다.

스펙 대신 사람을 본다

세계 경제가 어려운 가운데 우리나라도 여러 분야에서 어려움을 겪으며 고급 인력을 지닌 고학력자들도 취업이 되지 않아 여러 방면으로 노력을 하고 있다. 일자리를 얻기 위한 다양한 방법 중 '스펙(spec) 쌓기'라는 용어가 등장했다. 여기서 '스펙'이란 취업에 필요한 각종 자격증, 어학 점수, 금융 자격증 등을 의미한다. 이러한 '스펙'들은 해당 분야 취업에 유리하게 작용하기도 하는 모양이다. 그러나 이제는 서류 전형에 의존하는 '스펙'이 입사에 큰 구실을 하지 못하고 있다. 실력만 있으면 면접을 볼 수 있는 기회를 주고 능력과 자질 그리고 사람 됨됨이를 평가하고 심사하는 등 다양한 전형 방법으로 사원들을 뽑는 것으로 알려졌다.

이처럼 어제부턴가 우리나라는 각 분야의 용어들을 외국말로 만들어 의사소통이 어렵고 사람들을 힘들게 하고 있다. 영어 열풍이 몰아치면서 '인천메트로, 러브샷, 풀옵션, 워킹 스쿨버스, 캠퍼스 타운(역이름), 스크린도어' 등 신생 외래어를 만들어 쓰거나 외국어를 섞어 쓰는 사례가 급격히 늘어나면서 우리 말글의 순수성을 훼손하고 있다.

국립국어원은 '스펙'이란 말은 '공인 자격'이란 말로 다듬었다고 발표했다.

'스펙'이란 말은 원래 영어 '스페시피케이션(specification)'에서 유래한 말로 주로 물품의 세부 명세(서), 또는 내역(서), 시방서를 가리킬 때 쓴다. 그런데 최근 우리 사회에서 자주 입에 오르내리는 '스펙'은 그 본래의 뜻에서도 벗어나 학점과 외국어 능력, 자격증 등 취업을 위한 자격 조건을 아우르는 뜻을 가진 신조어로 쓰이고 있다.

(1) 좋은 직장에 취업하려면 스펙을 쌓아야 해.
(2) 그 기업체에 들어가려면 어떤 스펙이 필요해?
(3) 스펙 대신 사람을 본다… 대기업 열린 채용 확산

(≪ㅈ일보≫ 2012. 5. 23.)

위의 쓰임으로 보아 다듬은 말 '공인자격'이란 말은 어느 경우에도 자연스럽게 그 뜻이 통한다. 다행스러운 일이다. 어떤 경우는 그 쓰임새가 문맥에 따라 다르게 표현되어 뜻이 조금씩 달라질 때가 있다. 이때는 그 문맥에 맞게 바꿔 쓰면 된다.

스펙이란 말은 위 (1)~(3)과 같은 뜻과 아주 다른 뜻으로 쓰이는 경우가 있다. 인터넷에서 골프채를 사려고 고르다 보면 '아시안 스펙, 일본 스펙'이란 말이 있다. 이 말도 어원은 같겠지만 아시아 사람이나 일본 등 동양 사람들 체형에 맞는 골프채라는 뜻이다. 이 경우에 스펙을 '공인 자격'이라고 번역할 수는 없다.

이때는 '사양(仕樣)'이란 말이 적합한데 일본식 한자말이라 마땅치 않으면 '아시안 설계, 일본형 제품, 한국형 설계' 등으로 소비자가 알 수 있는 말로 고쳐 쓰면 될 것이다.

영어로 이름 짓는 풍토

　요즘 우리나라의 각종 이름을 대부분 영어로 짓는 것이 유행으로 번져 그 도를 넘어섰다. 언제부턴가 영어 열풍이 몰아쳐 영어 조기 교육, 토플, 토익 등 영어 공부에 몰입하더니, 이제는 길가에 나서면 외국어로 쓴 간판들이 부쩍 늘었다. 그 중엔 영어를 한글로 쓴 것, 아예 영어(로마자)로 쓴 것, 한글·영어·한자를 섞어 쓴 것 등 다양하다. 처음엔 세계화를 내세워 'LG, SK, KT, POSCO ……' 등 대기업들이 이름을 바꾸더니, 각종 공장, 영업소 간판, 음식점, 빵집, 가게 이름 등 외래어 간판이 시내를 도배하고 있다. 새로 짓는 아파트 이름은 외국어 이름이 기본이고 옛날에 지은 아파트도 영어로 이름을 바꾸는 판이다. 외국어로 이름을 지어야 집값이 오른다고도 하고, 시부모나 장인, 장모 등 노인들이 찾아오기 어렵게 영어로 이름을 짓는다는 웃지 못할 농담도 있다.

　최근 두 살이 채 안 된 글쓴이의 외손자가 아기 놀이방에 다니게 되었다며 딸이 좋아하는 모습을 보고 나도 기분이 좋았다. 그런데 어느 날 내 책상 위에 놓고 간 외손자의 이름표를 보고 놀라지 않을 수 없었다. 이름표는 가로 타원형 모양인데 귀여운 아기 그림이 있고, 가운데에는 아기 이름, 그리고 그 아래엔 '놀이 어드벤쳐 스쿨'이라고 한글로 쓰여 있는 것이 아닌가? 그리고 가장자리에는 파란 바탕색에 흰 영어 글씨로 'NOL-E ADVENTURE SCHOOL'을 반복하여 테를 둘러 놓았다. 모양은 예쁜데 그 안에 쓰인 내용들이 한심하게 느껴졌다.

두 살도 안 된 아기에게 영어 조기교육을 시키려는 것인지, 부모에게 영어 공부를 시키는 것인지 그 의도를 알 수 없었다.

아기용 장난감에도 영어, 1쪽짜리 유아용 동물 그림에도 이름을 영어로 써 놓았고, 장난감 단추를 누르면 애완동물 이름이 영어로 나온다. 이것이 영어 조기 교육인가? 우리는 우리도 모르게 영어에 묻혀 살고 있다. 이것은 빙산의 일각일 뿐이다. 시내에 나가 거리를 둘러봐도 구석구석 자세히 살피면 한글이 설 자리에 영어가 자리잡고 있다.

다행이 대기업들이 영어 잘하는 사람보다는 사람 됨됨이를 보고 신입사원을 뽑는다는 신문 기사를 보고 다소 안심한 적도 있지만 미친 듯이 파고드는 영어 잠식 현상은 우리말을 좀먹는 무서운 열병과 같은 존재다. 한자사대주의가 아직도 꿈틀거리고 있는 상황에서 휘몰아치는 영어 광풍이 영어사대주의로 흘러가고 있음을 경계해야 한다.(2012. 8. 2.)

'몸캠' 조심하세요

　요즘 화상통화로 음란 몸매나 몸짓을 보여주는 '몸캠'이란 말이 생겨났다. 알몸을 캠코더로 찍는다는 뜻으로 이를 줄여 '몸캠'이란 신조어를 만든 것 같다. 이런 일이 '몸캠'으로 끝나는 것이 아니고 이를 악용한 협박, 금품갈취 등의 새로운 범죄가 기승을 부리고 있다고 한다. 전화 금융사기와 비슷한 수법이다.

　경찰에 따르면 화상채팅에서 만난 여성을 상대로 음란행위를 했다가 협박당하고 돈까지 뜯긴 피해 남성의 상담이 꾸준히 접수되고 있다고 한다. 이런 범죄를 저지르는 사람들은 젊은 여성을 고용, 인터넷 채팅으로 남성에게 접근해 "메신저로 화상채팅을 하면서 서로 몸캠을 하자"고 먼저 제안한다.

　남성이 이에 응하면 음란행위를 동영상 파일로 저장한 뒤 "돈을 입금하지 않으면 동영상을 인터넷에 유포하겠다"고 협박해 금품을 뜯어낸다는 것이다.

　경찰이 해당 동영상을 올린 인터넷 주소(IP)를 추적해 보면 소재지가 중국으로 확인되는 경우가 많아 추적이 어렵다고 한다. 경찰은 중국에 근거를 둔 일당이 중국동포나 탈북여성을 고용, 채팅으로 남성을 유인케 하는 것으로 보고 있다.

　아래와 같은 청소년 피해 사례도 있다. 이는 인터넷에 본인이 직접 올린 글이다.

　　17살 남자인데요 어떤 사람이 갑자기 화상대화를 걸어서 봤더니 여자라
서 몸캠을 했어요. 얼굴까고 실제로 만나자고 해서 전화번호까지 가르쳐
줬거든요? 그런데 그것이 남자가 여장을 한 거였어요. 진짜로.
　　녹화도 했다고 녹화파일도 저한테 보내줬고요. 지금 그 사람이 제 녹화파
일(얼굴, 몸 다나옴)이랑 전화번호랑 학교 알고 있는데 자꾸 경찰에 신고하
겠다고 문자 오고 전화 오는데 저 어떻게 하죠. 정말 무서워 죽겠어요.

　위 학생의 경우는 피의자가 내국인이므로 경찰이나 사이버 수사대나
그런 계통의 기관에 신고하면 해결될 것 같다.
　정보기기가 나날이 발전하면서 생활이 편리해 진 건 사실이지만 이에
따른 부작용도 만만치 않다. 우선 누리꾼들이 화상 음란 동영상 통화
같은 일을 자제하는 것이 이른바 '몸캠' 피해를 예방할 수 있는 첫 번째
방법일 것이다.
　'몸캠'이란 신조어가 벌써 언론에서 쓰이고 있으니 이를 우리말로 다
듬어 써야 할 필요성을 느낀다. 위 내용에 담긴 뜻으로 보아 '알몸 동영
상 통화', '음란 화상 통화' 정도로 바꿔 쓰면 음절수는 좀 많아도 내용
전달에는 무리가 없을 듯하다.

힐링 뮤직과 힐링 댄스

　새로 만들어 쓰는 외래어 중에, 앞에 '힐링(healing)'이란 말이 들어가는 어휘가 늘어나고 있다. '힐링'이란 치유, 치료의 뜻으로 얼마든지 우리말 표현이 가능한 말들을 외국어로 쓰고 있는 것이다.

　'힐링 뮤직(healing music)'은 음악으로써 어떤 치료를 한다기보다는 마음의 평안과 안정을 찾는 데 도움이 되는 음악 장르를 의미한다. 최근 도시생활에 지친 사람들의 정신과 마음을 치유하는 힐링 뮤직 콘서트가 사람들의 관심을 끌고 있다. 이 장르의 대표적인 심리치료 음악으로는 일본의 자닌토, 노르웨이의 시크릿 가든 등이 있다. '힐링 뮤직'은 치유 음악, 치료음악이란 우리말로 얼마든지 바꿔 쓸 수 있다.

　의학적인 치료 효과를 돕기 위한 이런 종류의 치유 방법은 여러 가지가 있다. 이들 치료 방법은 주로 심리적 안정이나 마음을 편안하게 하는 데 효과를 보고 있는 것으로 알려져 있다. 이런 치료법 중에 '미술치료'라는 것도 있지만 이 용어는 외국어로 쓰지 않아 누구나 그 뜻을 쉽게 짐작할 수 있다.

　그러나 어느 방송 프로그램 제목을 '힐링 캠프'라 붙인 것도 있고, 힐링 댄스, 힐링 푸드, 힐링 에코, 힐링 트래킹, 힐링 하우스 등 우리말을 외면한 용어들이 생겨나면서, 이들이 번져나가고 있다. 대통령 선거를 앞두고 신문의 정치면에 '문재인, 민주화 운동 성지에서 힐링 행보 이어가…'와 같은 기사 표제까지 등장했다.

위 어휘들을 보면 모두 우리말로 옮겨 쓰면 간단하고 편한 말들이다. 그 중 '힐링 에코'란 말은 좀 옮기기가 까다로운 편이다. 여기서 '힐링 에코'는 '에코힐링(eco-healing)'이라고도 하는데 자연(ecology)과 치유(healing)의 합성어다. 이는 자연 속에서 치유력을 회복하고 몸과 마음이 건강한 삶을 누리는 것을 의미한다. 그러면 이 말은 '자연 치유'라는 말로 번역이 가능하나 '저절로 낫는다'는 뜻의 이중적 의미가 있어서 곤란한 측면이 있다. 이 말이 꺼림칙하다면 말이 좀 길어지더라도 '자연을 통한 치유'로 표현할 수 있다. 바꿔 쓸 더 간단한 우리말이 있으면 다행이다.(2012. 10. 3.)

슈퍼리치

요즘 신문 경제면을 보면 '슈퍼리치(super-rich)'란 신용어가 자주 나온다. 영어를 좀 아는 사람도 이 경제 용어를 잘 모르면 '큰 부자'나 '부유층'정도로 이해할 것이다. 그러나 이 말은 '10억 원 이상의 금융자산을 가진 부유한 사람들을 일컫는 말'이므로 부유층을 더 구체적으로 표현한 용어다.

다음은 '슈퍼리치'란 말이 들어간 신문표제들이다.

> (1) 2억 초과 즉시연금 등 장기저축성보험 '슈퍼리치' 과세 비상세법시행령 개정안 입법예고(≪ㅅ경제≫ 2013. 1. 17.)
> (2) 슈퍼리치는 요즘 中본토 ETF 산다(≪ㅎ경제≫ 2013. 1. 17.)
> (3) 예금에서 투자상품으로 슈퍼리치 돈이 움직인다(≪ㅎ경제≫ 2013. 1. 13.)
> (4) 부인에게 자녀에게 슈퍼리치 증여 열풍(≪ㅈ일보≫ 2013. 1. 18.)(금융자산 10억 원 이상)

위 (1), (2), (3)의 기사 표제는 아무런 번역이나 해설 없이 '슈퍼리치'란 말을 쓰고 있어 표제를 보고 기사 내용을 예측하기 힘들다.

그러나 (4)의 ㅈ일보 기사의 표제에는 '슈퍼리치' 밑에 작은 글씨로 '금융자산 10억 원 이상'이라는 토를 달아 놓아 독자에게 도움을 주고 있다.

그 아래 기사내용을 보면 '금융자산 10억 원 이상인 부자가가 왜 금융자산을 증여했는지 그 이유를 알 수 있다.

금융소득종합과세 기준이 연 4000만 원에서 2000만 원으로 낮아지면서 늘어나게 된 세금 500여만 원을 아끼기 위해서다. 10년 단위로 배우자에게 6억 원, 자녀에게 3000만 원까지 증여를 하면 비과세 혜택을 받는다는 증여세법을 십분 활용했다.

위에 나온 것처럼 금융소득종합과세 기준이 낮아졌기 때문이다. '슈퍼리치'의 뜻을 써 주지 않은 신문보다는 이 신문이 '슈퍼리치'라는 용어 이해가 빠른 것은 사실이다. 그러나 우리는 왜 신문이나 방송에서 이런 외래 경제 용어를 따로 공부해 가며 시간을 허비해야 하는가 생각해 볼 문제이다.

이것은 언론이 이들 용어를 외국어로 써 놓고 위 (4)와 같은 방법으로 이해시키는 이른바 '길들이기'를 하기 때문이다. 신생 경제 용어나 전문 용어가 매체를 타고 국내에 들어오면 이를 외국어로 바로 전파할 것이 아니라 번역해서 퍼뜨리면 우리 국민들은 바로 이해하고 시사영어 공부하는 시간이 절약될 것이다.

결국 '슈퍼리치'는 '10억 원 이상의 금융자산가' 정도로 번역되는데 말이 좀 길어지는 경우가 있어도 번역해 써야 하며, 언론사 사이에 차이가 생기면 이를 조정, 통일하면 된다.

외래어 다듬기

우리말을 바르게 가꾸어 나가는 데 걸림돌이 되는 일들은 여러 가지가 있지만 글쓴이는 우리말에 외국말이 자꾸 끼어드는 것을 가장 걱정한다.

국립국어원은 2004년 4월부터 '우리말 다듬기' 운동을 시작했다. 이는 주로 외래어나 외국어를 우리말로 바꾸어 다듬는 작업으로 '모두가 함께하는 우리말 다듬기'라는 누리방을 만들어 순화 대상 어휘를 제시한 뒤 누리꾼의 투표로 이를 다듬었다.

그러다가 2011년 12월 '말다듬기 위원회'를 출범시켰다. 누리꾼의 다양한 의견으로 폭을 넓힌 뒤 전문가로 구성된 위원회가 논의의 깊이를 더하는 틀을 갖추게 된 것이다. 말다듬기위원회에서는 누리꾼들이 제안한 순화 대상어 중 순화가 필요하다고 판단되는 말을 결정한다. 그리고 누리꾼이 제안한 순화어 후보와 말다듬기위원들이 제안한 순화어 후보를 아울러 검토하여 그 중에서 순화어를 확정하고 있다. 이런 과정을 거쳐 한 달에 한 개씩 확정된 순화어를 발표한다.

'우리말 다듬기'에서 발표한 순화어는 지금까지 총 399개이다. (2014. 6. 2. 현재)

이 순화어 중 다듬기에 성공한 어휘와 우리에게 친근하게 널리 쓰일 수 있는 말들을 골라 일부 소개하고자 한다.

- 리플 → 댓글
- 스크린 도어 → 안전문
- 이모티콘 → 그림말
- 미션 → 중요임무
- 네티즌 → 누리꾼
- 블로그 → 누리사랑방
- 포스트잇 → 붙임쪽지
- 퀵서비스 → 늘찬배달
- 옴부즈맨 → 민원도우미
- 오프라인 → 현실공간
- 게이트 → 의혹사건
- 투잡 → 겹벌이
- 빅 리그 → 최상위연맹
- 호스피스 → 임봉사자
- 터프가이 → 쾌남아
- 프로슈머 → 참여형소비자
- 교례회 → 어울모임
- 풀세트 → 다모음
- 스카이라운지 → 하늘쉼터
- 치어리더 → 흥돋움이
- 타임서비스 → 반짝할인
- 캡처 → 장면갈무리
- 세트피스 → 맞춤전술
- 웰빙 → 참살이
- 스팸 메일 → 쓰레기편지
- 파이팅 → 아자
- 무빙 워크 → 자동길
- 콘텐츠 → 꾸림정보
- 내비게이션 → 길도우미
- 로밍 → 어울통신
- 유비쿼터스 → 두루누리
- 파파라치(paparazzi) → 몰래제보꾼
- 메신저 → 쪽지창
- 엑스파일 → 안개문서
- 헝그리 정신 → 맨주먹정신
- 셀프카메라' → 자가촬영
- 블루오션 → 대안시장
- 옴부즈맨 → 민원도우미
- 선팅 → 빛가림
- 실버시터 → 경로도우미
- 파트너십 → 동반관계
- 바우처 제도 → 복지상품권제도
- 백댄서 → 보조춤꾼
- 뉴타운 → 새누리촌
- 언론플레이 → 여론몰이
- 스폿광고 → 반짝광고

이 '우리말 다듬기' 운동은 국립국어원이 주관하더라도 많은 누리꾼들과 온 국민이 관심을 가지고 순화어 활용에 동참하는 노력이 필요하다.

한글을 온 누리에

- 첫째 마디 우리말 생각
- 둘째 마디 한글의 세계화

[
우리들 생각

:: 첫째 마당 ::
]

한글, 온 누리와 함께하려면

　세종대왕이 한글을 만드신지 566돌이 지났다. 우리 선열들이 이를 지키고 발전시킨 덕분으로 우리는 오늘 편리한 말글 생활을 하고 있다. 우리나라는 한글로 공부한 실력과 능력으로 세계 10위권의 경제 대국으로 성장했다. 그러나 세계의 유수한 학자들로부터 으뜸 글자로 칭송 받고 있는 한글을 우리가 제대로 쓰고 우리말을 바르게 가꾸어 가고 있는지 한번 생각해 볼 때다.

　한글이 한자의 굴레에서 벗어났다 싶으면 한자사대주의자들이 다시 고개를 들곤 한다. 그들은 한자도 국자(國字)라는 터무니없는 이론을 내세워 작년에도 국어기본법을 고쳐 교과서와 공문서에 한글과 한자를 섞어 쓰도록 시도했다가 실패했다.

　여기에 영어 열풍이 몰아치면서 한글은 외래어와 외국어 섞어 쓰기에 휘둘리며 제 갈길에 방해를 받고 있다. 우리는 한글을 사랑한다고 하면서 은근히 홀대하고 있는 것은 아닌지 되새겨볼 일이다.

　이 글에서는 우리 말글 쓰임새의 현실을 살펴 우리말이 가야할 바른 길을 찾아보고 한글이 온 누리의 글자가 될 것을 기대하며, 그 방안을 모색하고자 한다.

　한글과 우리말이 바른 길을 가지 못하는 걸림돌은 여러 가지가 있겠지만, 우선 온 국민이 이를 잘 가꾸고 지켜 나가려는 의지가 부족한 것으로 보인다. 말과 글은 그 민족의 얼이요, 문화의 대표적 산물이며 도구다. 한자나 영어 글자가 하나 틀리면 부끄럽게 생각하며 한글 맞춤법이나 발음이 틀리는 것에 대해선 대수롭지 않게 생각한다. 우리말에 외국어를 섞어 쓰고 인터넷 통신언어가 바깥세상으로 튀어나와 우리말을 어지럽히는 것을 부끄럽게 생각해야 한다.

제일 큰 문제는 우리 말글이 외래어(외국어)에 오염되어 가고 있다는 현실이다. 회사이름이나 간판, 광고, 상품, 아파트이름 등 우리 주변이 온통 외래어로 얼룩져 있고, 우리말 속에는 '오픈하다, 쿨하다, 해피하다, 디테일하다'처럼 영어의 줄기에 가지(-하다)를 붙여 쓰는가 하면 '상자'는 '박스', '열쇠는 '키'로 둔갑하여 우리말 속에서 영어가 주인 행세를 하고 있다.

여기에 언론은 외래어를 남용하는 정도를 넘어서 신생 외래어를 퍼뜨려 우리말을 오염시키는 역기능을 하고 있다. 각 분야의 새로운 용어들이 외국어로 들어오는 것을 번역 없이 그대로 쓰거나, 기존 우리말을 영어로 만들어 쓰기도 한다.

예를 들면 로스쿨, 리콜, 스펙, 미션, 마일리지, 매니페스토, 보이스피싱, 힐링, 발레파킹 등 수없이 많다. '대리주차'란 우리말이 잘 쓰이고 있는데 갑자기 '발레파킹'이란 무엇인가? 경제용어는 어려운 외래어가 더 많다. 신문에서 경제면을 제대로 읽으려면 하루 한두 가지의 새 외래어를 공부해야 이해를 할 정도다.

시청이나 구청, 도서관 등 지자체의 공공기관에서 쓰는 공문서도 국어기본법을 지키지 않는다. 회의 자료에 한자를 노출시켜 쓰는가 하면, "Fly to the World1' 교육 결과 알림"과 같은 공문서 제목도 있다. 국어기본법(제14조)에 공문서는 한글로 써야 하며 대통령령이 정하는 경우에 괄호 안에 한자 또는 다른 외국문자를 쓸 수 있다고 명시돼 있다.

공공문서 안에 벤치마킹, 프로젝트, 매뉴얼, 시스템, ○○아젠다, 멘토, 컨설팅 따위의 외래어를 마치 공공의 행정 용어처럼 쓰며, 홍보 책자를 하나 만들어도 외래어 쓰기를 선호한다. 언어 환경이 이렇다보니 우리도 느끼지 못하는 사이에 한글을 홀대하며 영어 사대주의에 빠져드는 현상이 날로 급증할 수밖에 없다.

학교에서는 국어를 배우면서도 논술 과외를 해야 하고, 직장에서는 직원들이 영어보다는 국어 실력이 부족해서 문서 작성이나 보고서를 제대로 쓰지 못한다는 불만의 소리도 들린다.

찌아찌아족에게 처음으로 펼친 한글 보급 사업이 재정적 어려움으로 일시 중단되었다가 다행히 재개되었다. 작년에 시작된 볼리비아의 아이마라족, 최근엔 솔로몬 군도의 소수민족들에게 한글 보급을 시작했다. 이들 사업이 성공적으로 이루어지기를 기대한다. 이처럼 글자 없는 3,000여 소수민족에게 영어를 가르치면 1.2% 정도 이외는 문맹이니, 그들은 자기네 토착어를 한글과 같은 쉬운 문자로 배워 쓰기를 원한다. 이들 뿐만 아니라 지구촌은 한류 열풍과 함께 대한민국을 알기 위해 한글과 한국어를 배우려는 외국인들이 부쩍 늘어나고 있다.

그러면 한글과 우리말의 밝은 미래를 위해 이들을 어떻게 가꾸고, 우리가 해야 할 일은 무엇인지 생각해 보자.

첫째, 국어능력을 향상시키고 우리 말글을 바르게 가꾸기 위한 국어교육 정책과 제도 개선이 필요하다. 영어 중심의 초·중등교육 정책을 바로잡고, 올바른 국어교육의 틀을 바로 세우는 교육과정의 과감한 수정이 필요하다. 문학 교육 중심으로 짜인 국어과 교육과정은 학생들의 언어능력 향상에 큰 도움을 주지 못하고, 논술이나 보고서 작성 등 막상 직장에서 요구하는 국어 능력에 미치지 못하는 부분도 있다. 현행 끼워넣기식 문법 교육을 수정, 강화하여 학생들의 언어 능력과 말본 체계를 세워주어야 한다.

한편 국어능력 인증시험을 국립기관으로 통일하고, 이 시험의 결과를 공무원 채용 시험, 언론사·기업체의 입사 시험, 특히 교사 임용의 전제 조건으로 반드시 반영할 필요가 있다.

둘째, 방송이나 신문·잡지 등 언론 매체는 물론 모든 국민이 반드시 어문규범을 지켜야 할 것이다. 모든 글자는 한글 맞춤법, 표준어 규정, 외래어 표기법, 국어의 로마자 표기법에 따라야 한다. 언론사나 공공 기관에서 어문규범을 어긴 사람은 간단한 징계를 하는 방안도 생각해 볼 수 있다. 특히 우리말 오염의 주범인 신생 외래어를 다듬어 쓰는 일이 시급하다. 국립국어원의 누리방 '우리말 다듬기'와 같은 운동을 널리 전파하는 방법도 좋을 것이다. 이보다 앞서 언론은 외국어 용어가 들어오면 바로 번역해서 쓰고 번역에 차이가 있을 경우 언론사끼리 조정하여 통일해서 쓰면 될 것이다. 그 중 가능한 낱말은 '남포(lamp)'처럼 귀화어로 정착시키는 방안도 생각해 볼 일이다.

셋째, 한글의 상품 가치를 높여 이를 온 누리에 펴는 일에 힘써야 한다. 한글을 발전시켜 세계화하려면 한글 보급을 위한 교재 개발과 부단한 연구를 계속해야 한다. 여기엔 정부의 의지가 필요하다. 지나친 영어 예산, 불합리한 복지 예산 따위를 절감하고 한글 연구와 발전, 보급에 과감한 투자를 해야 한다. 이들 사업을 대학 예산이나 학회, 지자체 등에 맡길 것이 아니라 국가가 적극적으로 나서야 한다. 우리 경제도 어렵지만 우리가 가난했던 시절 선진국의 도움을 받았으니 이제는 베풀어야 할 차례다. 한글 보급 사업은 당장은 어렵더라도 훗날 우리의 풍요로운 미래를 보장해 줄 것이다.

아직 결정이 나지 않은 우리나라 대문, 광화문 현판은 한글로 달아 '한글마루지(광화문 일대 한글 명소)'사업과 격을 맞추어 한글의 우수성을 세계에 널리 알려야 한다. 울산의 최현배 선생 생가 주변을 한글마을로 조성한다는 반가운 소식도 들린다.

　한국어 사용자수 세계 12위, 이제 지구촌에 한글 시대가 다가오고 있다. 우리는 미래에 한글(한국어)이 세계 공용어가 될 것을 믿으며 한글을 바르게 가꾸고 우리말의 격을 높이는 일에 힘을 모을 때다.

≪한글새소식≫ 484호, 2012. 12.

국어기본법 흔들지 말라

공문서에 한자를 혼용하자는 내용의 국어기본법 일부 개정안이 비슷한 내용으로 국회에 두 건이나 발의되어, 지난 제헌절을 맞아 한글단체들이 반대 성명을 냈다. 현행 국어기본법 14조는 '공공기관 등의 공문서는 어문규범에 맞추어 한글로 작성하여야 한다. 다만, 대통령령으로 정하는 경우에는 괄호 안에 한자 또는 다른 외국 글자를 쓸 수 있다.'라고 되어 있다.

이것을 김광림 의원 대표 발의안(111명)에는 '……한글로 작성하되 한자어의 경우에는 한자를 쓸 수 있다.'라고 했고, 이강래 의원 등의 발의안(22명)은 '한자를 오른쪽 괄호 속에 병기하여야 한다.'라고 명시하여 한자어에 한자를 함께 적도록 하는 강제성을 띠고 있다. 이 두 법안의 공통 핵심은 공문서에 힌글과 한자를 혼용 또는 함께 적자는 것이다.

이 두 개정안은 온 국민이 오랜 세월 동안 함께 쓰고 지키고 가꾸어 온 우리 말글을 뿌리째 흔들겠다는 심각한 사안이다. 이들 개정안의 제안 이유를 보면 우리말의 70%가 한자어로 되어 있고, 그중 동음이의어가 90% 이상이어서 한자로 쓰지 않으면 의미 구별이 안 되며, 한자는 국자(우리나라 글자)이므로 의무교육과정에서 한자를 가르쳐야 한다는 것 등이다.

우리말의 70%가 한자어로 되어 있다는 말은 일제강점기 때 국어말살 정책에 따라 만든 '조선어사전'(1920)에 바탕을 둔 것이고, '표준국어대사전'(1999)에는 한자어가 57.3%를 차지하고 있다. 사전의 올림말에 한자어의 비율이나 수효가 많은 것은 이제 중요하지 않다. 우리가 일상생활에서 쓰는 한자어는 이미 한글화되어 한자로 쓰지 않아도 그 뜻을 알기 때문이다. '학교'를 한글로 써도 한글을 깨우친 어린이라면 그 뜻을 알게 되며, '경제, 검찰, 문화, 철학, 학문 …' 따위의 한자어를 한자로 쓴다고 해서 그 뜻을 빨리 알아차리는 것도 아니다. 더 어려운 한자어는 국어사전을 찾는 것이 빠르며, 배우기가 어려워 시간과 경제성에서 이득이 없다.

한자어 중 동음이의어가 90% 이상이어서 한자로 쓰지 않으면 구별이 되지 않는다는 말도 궤변이다. '정당(政黨)과 정당(正當)', '공기(工期)와 공기(空器), 공기(空氣)', '하수(下水)와 하수(下手)' 등 일상생활에서 쓰는 동음이의어들은 말과 글에서 앞뒤의 문맥을 보고 구별할 수 있다. 한자가 국자이니 의무교육과정에서 한자를 가르쳐야 한다는 주장은 억지에 불과하다. 이것도 국한혼용론자들이 주장하는 내용과 똑같은 말인데, 한자가 국자라고 하는 것은 중국의 임어당이 한자를 동이족(동쪽 오랑캐)이 만들었다고 말했다는 것을 믿고 하는 말이다.

의무교육과정에서 한자를 가르쳐야 한다는 주장은 배워야 할 것이 많은 초등학교 어린이들에게 한자의 짐을 지우는 가혹한 일이다. 현재 상용한자는 중·고교에서 가르치는 1800자로 충분하며 초등학교부터 한자를 가르치면 한자 사교육을 부추기는 부작용이 더 클 것이다. 공교육에서 한자교육은 현재 상태로 충분하다. 공문서에 한자를 섞어 쓰도록 하겠다는 위 두 개정안은 국민의 알 권리를 제한하고 공무원의 업무를 과중시키는 개악 안이다. '국어기본법 일부 개정 법률안'은 모두 철회해야 마땅하다. 《서울신문》 2011. 8. 12.

새 광화문 현판은 한글로

　광화문 현판을 어떤 글자로 할 것인지 아직 결정되지 않은 것으로 보인다. 자재 준비는 됐으나 글씨가 결정되지 않았다는 것이다. 문화재청이 지난해 11, 12월 4대 궁 및 종묘 방문객, 성인 남녀 등 5000명을 대상으로 설문조사한 결과 현판 글씨는 한글 53.7%, 한자가 41.3%로 나타나 한글 의견이 우세했다. 그런데 문화재 전문가들에게 자문한 결과는 한자가 월등하게 높았다고 한다. 그래서 문화재청은 2, 3월 중 공청회를 열어 다양한 의견을 듣고 결정할 예정이다.

　글씨의 실물 조합을 보지 않은 상태에서 원론적으로 한글이냐 한자냐를 따지는 것은 별 의미가 없다는 지적도 있다. 이것은 일의 앞뒤를 가리지 못하는 말이다. 글자가 한글이냐 한자냐를 먼저 정해야지, 그것과 상관없이 어느 글자체가 좋은가 모양을 보고 결정한다는 것은 순서와 이치에 맞지 않다.

　광화문 현판은 숭례문과 같은 옛 문화재를 복원하는 것과는 다른 큰 뜻이 있기 때문에 반드시 한글로 달아야 한다. 그 이유는 첫째, 광화문은 우리나라의 대문이다. 우리 대문의 문패를 왜 한자로 달아야 하는가? 서울을 찾은 외국관광객 상당수가 광화문 앞에서 기념사진을 찍는다. 대한민국은 글자가 없는 나라로 오해할 수도 있고, 중국 관광객은 '과거에 우리의 지배를 받았던 역사를 잘 보여 주고 있구나'라고 생각하며 흐뭇해할 것이다. 중국 톈안먼(天安門) 현판을 한글로 바꾸어 단다면 아마 톈안먼 광장에 대규모 시위 사태가 벌어질 것이다.

둘째, 광화문 안에 있는 경복궁은 조선왕조의 법궁으로 세종대왕이 그 안에서 한글(훈민정음)을 만들었고, 광화문이라는 이름도 세종대왕이 지었다. 그래서 그 앞길이 세종로이며, 옆에 세종문화회관이 있고 정면에는 세종대왕 동상이 있다. 바로 뒤에 광화문 현판이 있는데 이것을 한자로 써 붙이면 과연 잘 어울리겠는가.

셋째, 문화재 복원의 문제다. 문화재청 관계자에 따르면 글자의 복원과 관련해 한글로 쓰면 '월인천강지곡'에서 '광화문' 세 글자를 집자(集字)하는 방식을 생각하고 있으며, 한자로 쓸 경우 세 가지 방안을 고려하고 있다고 한다. 이 중에서 거론된 고종 때 임태영의 글씨는 이미 깨진 판이고 복원의 의미도 없다. 이는 어차피 짝퉁일 수밖에 없다. 한자 복원에 의미를 둔다면 1339년 태조 때 처음의 것을 복원해야 하는데 그것은 불가능하다.

광화문 한글 현판 걸기 공청회는 지난해 2월 한글학회 주최로 열린 바 있다. 여기서도 해례본체, 언해본체, 궁체, 박정희체 등 다양한 글씨체 대안이 나왔는데 좋은 글씨체는 얼마든지 있다.

문화재청은 과거의 문화재적 가치에 집착하거나 옛것에 못이 박힌 문화재 전문가 또는 위원이라는 사람들의 의견에 중심을 둘 것이 아니라 여론조사 결과를 반영하고 각계각층의 다양한 목소리도 들어야 한다. 나라의 미래를 멀리 내다보는 시각에서 올바른 판단을 해 역사에 길이 남을 광화문 한글 현판을 달기를 기대한다.

《동아일보》 2012. 1. 13.

한글날부터 공휴일로 되돌리자

한글 단체들이 한글날을 공휴일로 지정하자는 범국민운동을 벌이고 있는 가운데 민주통합당은 '어버이날 공휴일'을 19대 국회 개원 즉시 추진하겠다고 밝혔다. 이에 대해 '한글날 공휴일 추진 범국민연합'은, '민주통합당은 자기 당 소속 국회의원 96%가 찬성하고, 국민의 대다수가 바라는 한글날 공휴일 지정 문제에 대해서 아무런 정책도, 관심도 기울이지 않은 채 엉뚱하게 어버이날을 공휴일로 하자는 발의를 한다고 하니 의아하고 그 저의마저 의심스럽다.'고 비판했다.

한글날은 1924년 일제강점기에 우리말과 글을 지키기 위해서 기념하기 시작했으며 대한민국 정부가 수립된 이후인 1949년부터 공휴일로 지정됐다. 하지만 1990년 노태우 정권 때 공휴일이 너무 많다는 이유로 공휴일에서 제외되고 국경일에서 기념일로 격하됐다. 그 후 한글 단체와 국민의 성원으로 2005년 국경일로 다시 승격됐으나 공휴일로 지정되지는 않았다.

현재 5대 국경일은 삼일절·제헌절·광복절·개천절·한글날로 지정돼 있지만 제헌절과 한글날은 공휴일이 아니다. 국경일마다 지닌 상징적 의미가 모두 크고 중요하다. 그러나 우리가 실제로 세계에 내놓고 자랑할 수 있는 것은 세계의 으뜸 글자인 한글이다. 한글로 사람을 가르쳐 겨레의 힘을 키우고 경제 대국으로 가는 바탕을 이루었으며 문화 강국으로서의 면모를 갖추어 한류 열풍이 지구촌을 뜨겁게 달구고 있다. 국경일 중에 나라와 민족에게 이바지한 공헌도를 따진다면 당연히 한글날이 1등 국경일인데 마땅히 경사스럽고 자랑스러운 날로, 제일 먼저 공휴일로 지정되어야 할 날이다.

최근 한국경총 관계자는 공휴일 추가 지정이 경제적 부담을 가중시키고 형평성에 어긋난다고 주장했다. 문화체육관광부가 조사한 바로는 경제적 효과도 긍정적이며, 형평성의 문제는 그가 국경일과 기념일을 혼동하는 것 같다. 이것은 한글날 하루 정도를 양보하는 방안과 다른 공휴일 하나를 줄이는 방법도 있다. 통합민주당이 발의하겠다는 어버이날 공휴일 추진도 물론 뜻있는 일이다. 어버이날 쉬면서 부모님과 더불어 효도하고 싶다면 5월 8일을 꼭 지킬 이유가 없으니, 5월 둘째나 셋째 주 일요일로 정하는 방법도 있다. 어버이날에 앞서 국민의 83.6%가 찬성하는 한글날 공휴일 지정이 일의 올바른 순서일 것이다.

《조선일보》 2012. 5. 23.

* 한글날은 그 중요성의 인식과 온 국민의 성원으로 법정 공휴일로 재지정되어 2013년 한글날부터 시행되었다.

서울시교육청, 초등 한자교육 중단하라

　최근 서울시교육청은 한자교육추진단을 만들어 초등학교 한자 교육을 강화하기 위한 구체적인 계획 수립과 교재 개발 등을 논의하겠다고 밝힌 바 있다. 이에 앞서 서울시교육감은 올해 2학기부터 한자교육을 서울시교육청의 특색사업으로 추진하겠다고 말해왔다. 국어 이해능력을 높이고 세대 간 언어장벽을 없애기 위해 한자교육이 필요하다며 국어·수학·과학·사회 교과서에 나오는 어휘를 중심으로 한자교육을 하겠다는 것이다.

　한글전용이 교과서에 정착된 지 40년. 한글은 배우기 쉽고 편리해 지식·정보통신시대에 세계에서 주목받는 으뜸글자다. 이제 와서 초등학교에 한자교육을 강화하겠다는 구시대적 발상은 공부해야 할 것이 많은 어린이들에게 한자의 짐을 지워 가방을 무겁게 만드는 일이다.

　서울시교육청의 한자교육 발상은 한자단체들의 주장과 그 목표가 거의 일치한다. 이들의 추진계획은 우선 현행 교육과정에서 허용하는 재량활동과 방과후 활동 등의 범위 안에서 한자교육을 강화하고 학부모들의 찬성 반응을 유도한 다음, 이를 정규교과에 반영하여 궁극적으로는 초·중·고등학교의 모든 교과서에 한자를 혼용하는 것을 목표로 하고 있다.

　이들이 한자교육을 주장하는 이유로 우리말의 70% 이상이 한자어이기 때문에 한자를 배워야 그 뜻을 알 수 있다는 것이다. 이들이 근거로 삼는 것은 조선총독부에서 발간한 조선어사전(한자어 비중 69%)이다. 그러나 한글학회의 『우리말큰사전』과 국립국어원이 펴낸 『표준국어대사전』의 한자어 비율은 각각 52%와 57.3%이다.

우리말에 한자어가 아무리 많다 하더라도 생활언어는 이미 한글화되었다고 보아야 한다. '학교'를 '學校'로 써야만 그 뜻을 이해하는 것이 아니다. 이들은 초등학교 교과서에 나오는 '삼각형', '사각형'과 같은 개념어를 쉽게 이해시키기 위해서 한자를 가르쳐야 한다고 주장한다.

이들 개념어도 한글로 가르쳐서 모양이나 모형을 보여주면 금방 이해한다. 간혹 어려운 개념어가 교과서에 있다 하더라도 설명이나 국어사전을 통해 충분히 이해시킬 수 있다. 모든 한자어를 한자로 가르쳐 배우는 것이 다소 도움이 될 수는 있으나 우리는 시간과 경제성을 따져 봐야 한다.

'세대 간 언어 장벽을 없애기 위해 한자교육이 필요하다'는 말도 어이없는 주장이다. 우리나라 사람들이 한자 실력 차이로 세대 간에 언어 소통이 되지 않는다는 말을 들어본 적이 없다.

서울시교육청은 '국어 교육=한자교육'이라는 등식을 강요하고 있다. 이는 다른 아이가 한자를 배우니까 우리 아이도 가르쳐야 한다는 학부모의 불안 심리를 자극, 한자 사교육을 조장하여 학부모들에게 부담을 주는 일이라는 것을 명심해야 할 것이다.

우리가 쓰는 상용한자는 중·고등학교에서 한문시간에 1800자를 가르치고 있다. 이것으로 한자교육은 충분하며 개인의 필요에 따라 한자를 더 공부할 사람은 알아서 배운다.

서울시교육청은 우리 한글문화의 역사를 조선시대로 되돌리려는 서당식 한자교육 추진을 중단하고 창의적인 국어교육 방법을 모색해야 할 것이다. 《서울신문》 2013. 7. 16.

다시 고개 드는 한자 사대주의

  김세연 의원을 비롯한 세 의원이 6월 7일 국회에서 '한자교육기본법' 제정을 위한 공청회를 열고, 이 법안을 국회에 상정하겠다고 하여 한글 단체들이 철회를 요구하며 나섰다. 한자와 한글과의 싸움은 이미 오래 전에 한글의 판정승으로 끝났는데 아직도 시대착오적인 발상을 하고 있다는 사실이 안타깝다.

  지금 우리나라에는 '전국한자교육추진총연합회'라는 단체가 중심이 되어 몇 개 단체에서 초등학교부터 한자를 가르쳐야 한다는 주장을 펴고 있다. 이번 법안 제출도 연합회의 입김과 활동이 작용한 것으로 보인다. 이들은 최근 '제2의 독립운동'이라며 '한자교육 촉구를 위한 천만인 서명운동'을 시작했다. 이들은 '현정부는 국민의 89%가 찬성하고, 역대 국무총리 전원과 교육부장관 13명이 촉구한 초등학교 한자교육을 실시하지 않아 서명운동으로 투쟁한다'고 하는데, 89%의 찬성률은 어떤 근거로 썼는지 모르겠다.

  한자의 원산지인 중국에서조차 글자가 너무 어려워 궁여지책으로 한자의 획수를 줄인 간자(簡字)라는 것을 만들어 쓴다. 일본 역시 약자라는 것을 따로 만들어 동양 3국이 서로 다른 한자를 쓰고 있는 실정이다.

  우리는 한글이라는 쉽고 세계적으로 우수한 글자를 가지고 있어서 정보화 시대에 가장 앞서가는 문자 생활을 하고 있는 이때 '한자교육기본

법안'이 왜 튀어 나오는가? 이것은 앞에 든 연합회가 계속 정치권에 접근하여 한자 부흥의 시대를 열겠다는 해묵은 소리를 하기 때문인 것으로 보인다. 법안의 제안 내용을 보면, 초·중등학교에서 한자교육을 소홀히 하여 우리말의 70% 이상을 차지하는 한자어에 대한 문해불능자의 수가 급속히 늘어나 혼란을 겪는다든가, '품격 높은 우리말의 사용과 학문 발전을 통한 민족문화의 창달에 막대한 장애가 예상'되어 한자교육 강화를 위한 제도를 마련해야 한다는 것이다.

이 법안의 주장은 위 연합회에서 외치는 목소리 중의 일부다. 이들은 이런 방법으로 2002년도에 역대 국무총리(21명), 국회의원(13명)의 서명을 받았다며 초등학교 한자교육을 외치다 외면당했고, 정권이 바뀔 때마다 다시 고개를 들고 나온다. 거기에는 애국적(?)인 주장 외에 한자능력인증시험이라는 것에서 재미를 톡톡히 본 잇속이 깔려 있다.

한자교육을 소홀히 해서 문해불능자수가 급격히 늘었다는 말도 이상하다. 우리나라 글자는 한글이요, 문맹자가 거의 없는 세계 유일의 나라로 알려진 대한민국을 모독하는 말이다. '품격 높은 말', '학문 발전'을 위해서 한자교육이 필요하다는 말도 구시대적인 말이다. 어려운 한자어를 많이 쓰면 유식하다던 시대도 지났다. 학문 발전을 위해 학문용어가 어려운 한자말이면 차라리 괄호 속에 영어를 써 넣는 것이 학자들에게 더 편리할 것이다.

'한자교육기본법안'에는 따로 한자교육개발원을 설립하고, '한자 및 한자어 개발 단체의 지원은 물론, 한자 및 한자어 관련 행사의 개최와 지원, 한자 및 한자어 교육에 소요되는 경비 지원'을 명문화해 경비 지원을 요구하고 있는데, 한글학회의 법안철회 성명대로 염불보다는 잿밥에 관심이 있는 듯하다. 현재 한자 교육은 중·고교에서 1800자를 가르치고 있는데 한글학회는 이것으로 충분하다는 입장이며, 초등학교부터 한자를 가르칠 경우 한자 사교육이 염려된다는 여론이 지배적이다. 올바른 정치를 하는 국회라면 이를 승인할 리 없지만 법안 제출 당사자들이 이를 아예 철회하는 것이 좋을 듯하다.

《경향신문》 2011. 6. 15.

송도신도시 다리이름 우리말로 지어야

　인천 송도 신도시와 연수구 쪽 도심을 잇는 다리 이름을 짓는데 인천 경제자유구역청과 연수구청이 의견을 달리하여 쟁점이 되고 있다. 이들 다리는 임시로 송도 1, 2, 3교로 부르고 있는데, 송도 신도시에 모두 17개의 다리를 놓을 계획이어서 지금 쓰고 있는 다리 이름을 제대로 짓고자 하는 것이다.

　인천경제자유구역청은 시민 공모와 심사위원회를 거쳐 이들 이름을 송도1교는 캠퍼스교, 송도2교는 컨벤션교, 송도3교는 아암교로 정하고, 연수구에 통보해 왔다. 이에 대해 연수구청은 지명위원회를 열고 논의한 결과 '캠퍼스교, 컨벤션교'는 받아들일 수 없다고 결론지었다고 한다.

　연수구 지명위원회의 반대 결론은 당연한 것이다. 그러지 않아도 우리나라의 각종 간판이나 이름을 영어로 지어 달아, 학력이 낮거나 나이 든 사람은 외우고 부르기조차 어려운 판인데 외국인을 위해 다리 이름까지 영어로 짓는다면 우리의 정체성은 어디에서 찾겠는가? 인천에 있는 다리 이름은 그 역사와 지역특성을 살려 우리말로 지음으로써 오히려 우리 고유의 것을 외국인들에게 알리는 문화로 발돋움해야 한다. 이것이 바로 우리의 정체성을 찾고 명품(브랜드)가치도 더 높이는 계기가 될 것이다.

경제청에 의하면 '캠퍼스교'는 이 다리를 지나면 인근 대학 캠퍼스와 연결되고, '컨벤션교'는 송도컨벤시아와 연결된다는 점을 고려하여 외국인의 편의를 위해 이름을 정했다는 것이다. 이는 도로 표지판이나 언어 소통에서 외국인에게 다소 편리한 점이 있을 수 있다. 그러나 이름은 우리나라의 먼 미래를 내다보고 신중하게 지어야 한다. '캠퍼스교'는 대학 안에 있는 다리를 지칭할 때 쓰이기도 하고 '컨벤션교'는 우리나라 사람이 발음하기도 힘들다.

연수구청은 3교의 이름은 그대로 받아들여 '아암교'(근처의 아암도 참고)로 하고, 1교는 옛 지명을 딴 '동막교', 2교는 '소암교' 또는 '척천교'로 하는 안을 내놓고 있다. 이것이 우리말답고 인천지역 정서에 어울린다. '동막'은 '논에 물을 대기 위해 둑을 쌓아 막는다'는 뜻의 옛말인데, 이미 지어 쓰는 말로 '동막역'이 있고 '동막초등학교'도 생긴 지 오래다. 역사적으로 보나 위치, 지역의 특성을 살리는 좋은 이름이다. 2교 '소암'과 '척천(척전)'은 '소암'이 더 적절해 보인다. 고개(재)의 앞마을이란 뜻에서 따온 '척천(척전)'이란 말은 '척천교' 또는 '척전교'라고 불러야 하는데 발음이 불편하다. 아무리 좋은 이름도 부르기 불편하면 의사소통에 장애가 될 수 있다. 소암은 송도 유원지 쪽 동춘동에 속해 있는 마을 이름을 딴 것으로 2교에서 멀지 않아 다리 이름으로 부를 만하다.

이렇게 보면 1교는 동막교, 2교는 소암교, 3교는 아암교가 되는데, 2교와 3교의 이름이 비슷하여 혼동할 염려가 있다. 이런 단점을 보완할 수 있는 더 좋은 이름을 찾아보는 것도 좋을 듯하다.

인천경제자유구역청은 이들 다리 이름이 공모와 명칭심사위원회를 거쳐 선정된 것이므로 고치기 어렵다고만 할 것이 아니라 지역주민 의견이나 지역의 특성, 역사성 등이 올바로 반영되지 못한 점을 고려하여 이를 바로잡아야 할 것이다.

또 다리 이름은 통상적으로 그 다리를 관리하는 기관이 정한다. 이 다리를 앞으로 인천시가 관리할 것이라면 다리 이름 짓는 일은 경제청이 아닌 인천시(연수구)이어야 하는데 이런 규정도 살펴볼 필요가 있다.

《경인일보》 2012. 1. 31.

[
화내지 않는법

:: 미래 로펌 ::
]

한글 문화와 우리

　최근 한류열풍이 지구촌에 거세게 불고 있다. 이 한류의 바람은 저개발국에서만 부는 것이 아니라 선진국에서 더 거세다.

　우리는 일제 강점기를 거쳐 광복 이후 6·25 전쟁까지 겪으면서 먹고 살기에 급급하여 선진국을 따라잡기 위한 노력을 끈질기게 해 왔다. 이러한 노력의 주된 활동은 경제 성장을 목표로 60년간을 달려 왔다고 볼 수 있다. 흔히 중국인들을 '만만디(천천히)'문화라 하고 우리나라는 '빨리빨리' 문화라 일컫는다. 그런데 우리 자신이 '빨리빨리' 문화를 비하하며 너무 서두른다고 비판한다.

　그러나 어찌 보면 이 '빨리빨리' 문화가 우리나라를 짧은 기간에 세계 10위권의 경제 대국으로 우뚝 서게 한 점을 간과할 수 없다. 농경사회에서 산업화 사회로 넘어오면서도 우리 국민들은 부지런했고 열심히 일했다. 한국에 있는 중국 음식점(짜장면집)은 문을 열지도 않았는데 해장국을 비롯한 한국 음식을 파는 음식점은 새벽부터 문을 열거나 24시간 영업을 하는 집도 있다. 요즘은 우리 생활의 여유가 생기고 주 5일 근무제가 되면서 부지런히 일하는 문화가 주로 놀이(레저)문화로 바뀌어 가고 있다.

　우리가 빠르게 근대화의 기틀을 잡고 경제성장을 할 수 있었던 원동력은 높은 교육열과 낮은 문맹률에 있으며, 거기엔 쉽게 배울 수 있는 한글이 있었기 때문이다. 이런 점은 누구나 인정하나 한글이 우리를 살찌우게 했다는 점에 대해선 크게 인식하지 못하는 것 같다.

우리는 한글이라는 쉬운 글자가 있었기 때문에 한글로 공부를 하여 경제, 문화, 과학, 정보화 등 각 분야에서 선진국을 빠르게 따라 잡고 정보화 시대에도 앞서가는 선진국 대열에 끼게 되었다.

김동길 박사는 2010 한글학회 창립 기념 학술발표회 특강에서 그가 이 세상에서 가장 사랑하는 사람은 부모님이고 그 다음으로 한글을 사랑한다고 했다.

그는 역사학자다. 이 강연에서 한글이 앞으로 세계 공용어가 된다는 주장을 했는데 그는 이것을 역사의 수레바퀴형으로 설명했다. 글자의 역사는 고대 히브리문자, 페키니아 문자 등 오래된 문자들이 있지만 그 꽃을 피우며 1천 년을 이어온 문자는 그리스문자와 로마문자(기원전 9세기)로 우수한 글자 역사의 발상지가 유럽의 이곳이다. 이것이 역사의 흐름에 따라 지중해를 거쳐 대서양을 건너 지금 미국에 머물고 있다.

글자의 흐름이 시계 반대 방향으로 돌고 있으니 그 다음은 태평양을 건너 동북아시아로 온다. 그러면 여기에 한·중·일 세 나라가 버티고 있는데 글자는 한글, 한자, 가나(일본)가 있다. 어느 글자가 세계 공용어(글자)가 될 것인가? 이미 유수한 세계 언어학자들로부터 검증 받은 한글이 세계 공용어로 가장 적합하다는 결론이다.

김 교수는 이런 방법으로 한글이 세계 공용어가 된다는 예언을 한 것이다.

지은이도 이 강연을 듣기 전 비슷한 때에 다른 방법으로 한글의 우수성을 강조 하여 한글이 세계 공용어가 되는 날이 다가온다고 인천교육 삼락회 특강에서 말한 적이 있다.(2012. 10. 13.)

다국어 사전을 만들자

우리나라의 문맹률은 세계에서 매우 낮은 편이다. 한글을 읽고 쓸 수 있는 정도로만 본다면 문맹률은 1% 미만으로 세계 최하위권에 있다. 이것은 한글이 읽기 쉽고 배우기 쉬운 세계 으뜸 문자일 뿐 아니라 교육열이 높은 것도 한몫을 했다고 본다. 전문가들은 50년 후엔 0%에 가까운 문맹률을 보일 것으로 전망하고 있다. 그러나 만7세 이상인 사람 중에서 문장을 읽기는 하지만 그 뜻을 이해하고 또 표현하지 못하는 것도 문맹자라고 본다면 우리나라도 문맹률이 5%를 넘는다. 그래도 이는 세계적으로 지극히 낮은 수치이다.

이렇게 한글이 우수한 글자임에도 외국인이 한글을 배우는 데는 아무래도 어려움이 따른다.

이에 대해 신부용 님은 '한글의 쓰임새를 높이자'(한글새소식 484호)는 글에서 다국어 사전을 만들자는 의견을 냈다. 그는 우리나라도 다문화 가정이 급속히 늘어나면서 다언어 수요가 급속히 팽창하여 그들과의 언어 소통 문제가 시급한 복지 문제로 대두되었다고 말하고 있다. 지난 3년간 우리나라에는 십만 이상의 다문화 가정이 생겼는데 그 중 40%가 파경에 이르렀다 한다. 여기에는 여러 가지 문제점이 있을 것이다. 동남아에서 시집 온 신부들이 많은데 이들 파경의 가장 큰 원인은 소통의 문제이다. 이 가여운 여성들이 언어문화의 열악한 환경 속에서 과연 어떻게 의사소통을 하였을까? 이들이 겪는 언어 문제는 한글과 우리말을 연결 지을 수밖에 없다.

지금은 다문화 가정을 위한 언어, 적응, 상담봉사 등 다양한 교육을 하고 있다. 여기서 언어 소통의 문제가 가장 크게 대두되고 있는데, 이 문제는 한글로 입력하여 찾아보는 '다국어 사전 앱'을 만들어 보급한다면 어느 정도 해결될 것으로 보인다. 이 사전은 아래 그림에서 보듯이 한영사전에 여러 언어의 어휘를 추가하고 한글로 토를 달아 놓은 것이다. 컴퓨터에 입력해 놓으면 이 한글 토를 이용해 어느 나라 말이라도 검색하여 읽어 낼 수 있다.

가령 베트남에서 시집온 여성이 급하게 '다우더우'라고 외친다면 이를 바로 소리 나는 대로 한글로 적어 스마트폰에 입력하면 '두통'이라는 것을 알게 될 것이다. 한국어와 베트남어로 나란히 출력해 주므로 서로 뜻이 통하고 발음도 배우게 되는 효과를 볼 수 있다는 것이다.

한글 기반의 다국어 사전 모양

한국어	베트남어		영어헤		중국어	
두통	đau đau	다우더우	headache	헤드에이크	頭痛	터우퉁
병원	bêhn viên	벤비엔	hospital	하스피탈	醫院	이위안

(신부용)

위 모양의 다국어 사전에 다수가 필요한 언어, 태국어, 캄보디아어 등을 첨가해 나간다면 그야말로 우리와 외국인에게 유용한 사전이 될 것이다.

신부용 님은 이미 이러한 가능성을 입증하는 스마트폰 앱을 만들어 등록했다고 한다. 이 앱은 기존의 번역 프로그램과 달리 다국어용이며 언어를 지정하지 않아도 찾아 준다고 했다. 중국어에 '헤드에이크'라는 말이 없고 영어에 '다우더우'라는 말이 없기 때문에 가능하다는 것이다. 그리고 무엇보다 까다로운 철자를 맞추지 않고 들리는 대로 입력하여 찾아낼 수도 있다는 것이다.

이러한 형태의 다국어 사전의 기능은 영어보다도 유익하다. 특히 표기법 때문에 애를 먹는 시각 장애인들은 글자를 볼 수 없으므로 단어의 철자를 외워 자판으로 치는데 고생을 할 수밖에 없다. 예를 들어 [gə : rl], [sain]이란 소리를 듣고 'girl'이나 'sign'이란 표기법을 기억해야 자판을 바로 칠 수 있으니 쉬운 일이 아니다. 또 중국인이나 일본인은 로마자와 비슷한 국제 음성 기호로 바꾸어 쓴 병음 자판이란 것을 쓰지만 같은 소리의 여러 글자 중에서 단어의 뜻에 맞는 음가를 선택하는 불편함을 감수해야 한다. 지금쯤은 조금 빠른 방법이 개발 되었을 것이나 문자 체계의 한계가 있다. 한글이 맞춤법이 까다롭다고는 하지만 연음법칙이나 자음동화 정도의 규칙 정도만 알면 소리 나는 대로만 치면 되니 이들 언어의 불편함과는 비교가 되지 않는다.

이렇게 다국어 사전을 만들어 쓴다면 국내 다문화 가정이나 외국인 근로자와의 의사소통에 큰 기여를 하게 될 것이다.

이미 한글을 배우고 있는 찌아찌아족, 솔로몬 군도의 소수 민족, 볼리비아 원주민(아이마라족) 등 소수민족의 언어를 담은 다국어 사전을 만든 다면 한글의 세계화에 더욱 박차를 가하게 될 것이다.(2012. 12. 22.)

한글 새 문자, 논쟁 대상 아니다

이인철(서울아산병원 울산의대)교수가 '조선일보(2010. 1. 12.), 〈편집자에게〉'라는 의견란에서 한글 외래어 표기를 위해 새로운 자음 글자 5자를 만들어 쓰자는 의견을 냈다. 그 후 신문에서 이에 대한 찬반 논란을 벌인 적이 있다.

그는 한글에 딱히 'f, v, z, r, th' 등에 해당하는 발음이 없어서 이런 자음들을 억지로 표기하다 보니 외국어와의 호환성에 문제가 있어 혼선을 불러온다며 외래자음 표기를 위한 한글 자음들을 새로 만들자는 제안을 하고 글자 모양까지도 공개했다.

결론부터 말하면 이 교수의 한글에 대한 생각의 출발이 잘못됐다는 점을 지적하고 싶다. 한글은 우리말을 바르게 적고 사용하기 위한 수단이지 외래어나 외국어를 그들 발음에 맞게 표기하기 위한 수단으로 만든 글자가 아니라는 점이다. 이것은 세종대왕의 훈민정음 창제 목적에도 맞지 않는다. 이덕환(서강대) 교수가 지적한대로 한글은 '영어 발음기호'가 아니다.(《조선일보》 2010. 2. 3.)

한글 새 문자 만들기를 찬성하는 최성철님은 영어의 'file'과 'pile'에서 'f'와 'p'를 모두 'ㅍ'으로 적기 때문에 혼선을 빚는다고 했는데 대부분의 낱말은 보통 문맥 속에서 의미 구별이 가능하다. 영어 발음에 맞추어 한글 자음을 몇 개 더 만든다고 해서 영어 발음과 똑같은 한글 표기가 가능한 것도 아니며, 한글을 영어 발음에 맞추기 위해 한글 자모를 더 만들자는 것은 영어 사대주의에서 온 발상이라는 생각이 든다. 정보화와 더불어 밀려들어오는 외국어를 번역 없이 그대로 온 나라에 퍼뜨려 국어사전이 외래어에 침식을 당하고 있는 현실에서 이런 제안은 한글을 발전시키기 보다는 외래어 사용을 부추겨 한글 오염을 조장할 우려가 더 크다.

이 교수가 제안한 'f, v, z, r, th'의 다섯 글자를 한글 자음으로 새로 만든 모습을 보면 현행 한글 자음에 가획을 한 것이어서 간편하고 창의적이긴 하다. 예를 들어 'f'는 'ㅍ' 상단 중앙에 세로 1획을 더한 것이고, 'th'은 'ㄷ' 상단 중앙에 역시 세로 1획을 더한 것이다.

그러나 한글 자음 14 글자에 다섯 자음을 더 추가해서 현행 자음과 모음을 조합하여 사용한다면 엄청난 시간과 비용, 혼란이 뒤따를 것이다.

우리가 지금 쓰고 있는 한글은 훈민정음 창제 당시 28자에서 4자를 뺀 24자를 겹자음, 겹모음 등과 아울러 40개의 자모를 쓰고 있는데, 어문규범에서 불합리한 불만은 좀 있었지만 한글 자모가 부족하다는 주장은 거의 없었다.

이는 작년에 찌아찌아족에게 한글을 가르치면서 그들 언어를 한글로 표기할 때 발음 표기에 부족한 글자가 있어서 옛 글자 하나와 새로 만든 글자 하나를 추가한데서 이런 의견들이 나오지 않나 하는 생각이 든다.

이렇게 다른 언어를 쓰는 민족이 한글을 쓰겠다고 하면, 그야말로 한글 수출용으로 해당 언어를 표기하는데 필요한 자음이나 모음을 새로 만들어 보충할 수는 있다.

한글이 세계의 글자 중에서 가장 많은 수의 소리를 글자로 적을 수 있으므로 다른 언어를 글자로 표기하는 발음부호 수단으로도 가장 유용한 글자인데 이것은 별개의 문제다.

《한글새소식》 452호, 2010. 4.

찌아찌아족 한글 교육

2009년, 인도네시아의 부톤섬에 있는 소수 민족 찌아찌아족은 한글을 자기 민족어의 표기 문자로 채택해 화제를 모았다. 발표 당시에는 이들이 한글을 공식문자로 채택했다고 보도했는데 이것은 나중에 오보로 밝혀졌다.

찌아찌아족에게 한글을 보급하는 사업은 공식문자 채택과 관계없이 한글이 문자가 없는 민족들에게 글자로 의사소통을 하고 민족 정체성과 문화를 보존하는 데 큰 도움을 준다는 뜻에서 한글 세계화의 위대한 출발점이 되었다고 볼 수 있다.

이들은 찌아찌아어를 글자로 표기한 적이 거의 없었다고 한다. 문헌에 15, 16세기 아랍문자로 표기한 적이 있다는 기록이 있을 정도다. 로마자는 사람이름이나 축제명을 쓸 때 일부 쓴 적이 있다. 그들은 자신들 언어를 표기할 수 있는 문자생활은 하지 못하고 있는 상태였다.

이를 알게 된 훈민정음학회 관계자들이 바우바우시를 찾아가 한글 채택을 건의해 2009년 7월 한글 보급에 관한 양해각서(MOU)를 체결했으며 학회가 이들을 위한 교과서를 제작, 보급하고 한글 교육을 시작했다.

바우바우시는 찌아찌아족 밀집지역인 소라올리오 지구의 초등학생 40여 명에게 한글로 된 찌아찌아어 교과서를 나눠주고 주 4시간씩 수업을 시작했다.

'바하사 찌아찌아1'이란 제목의 교과서는 '부리'(쓰기)와 '뽀가우'(말하기), '바짜안'(읽기)의 세 부분으로 구성돼 있으며 모든 교재가 한글로 표기돼 있다.

교과서에는 찌아찌아족의 언어와 문화, 부톤섬의 역사와 사회, 지역 전통 설화 등의 내용은 물론 한국 전래동화인 '토끼전'도 들어 있다. 찌아찌아족의 한글은 자음과 모음을 우리가 쓰는 방식대로 사용하지만 한국에서는 사라진 비읍 순경음(ㅸ)을 쓰는 점이 눈에 띈다.

시는 이와 더불어 인근 제6고등학교에 다니는 학생 140여 명에게 매주 8시간씩 한국어 초급 교재로 한국어를 가르쳤다.

당시 한글을 가르치는 기관은 세종학당이었다. 세종학당은 문화체육관광부와 한국어세계화재단이 세계 각지에 설립하는 한국어 교육기관인데 재정적인 어려움을 겪으며 운영해 오다가 운영이 어려워져 한글교육을 중단하고 2010년 8월 한국인 교사가 철수한 적도 있다.

재정 부족 등의 이유로 중단됐던 찌아찌아족 한글 교육을 2011년 3월부터 재개했다. 마카샤르에 세종학당이 들어서며 인도네시아에 설치된 세종학당은 바우바우와 자카르타(한국문화원)를 포함해 모두 3곳이다.

2014년 3월에는 '한국찌아찌아문화교류협회'라는 이름으로 찌아찌아족 한글교육 지원 민간단체가 발족되었다.

다양한 직업을 가진 일반인 60여 명이 모여 만든 이 협회는 찌아찌아족에 대한 한글교육이 지속될 수 있도록 후원할 예정이라고 한다.

볼리비아, 솔로몬군도에도 한글 수출

인도네시아 찌아찌아족에 이어 지구 반대편 남미 볼리비아에서도 한글 표기 시범사업이 진행되었다. 시범사업 단계지만 해당 부족 인구가 무려 200만 명에 달해 한글 표기가 정식사업으로 정착되면 파급력이 상당할 전망이다. 이에 따라 한글 보급이 성공하려면 국가적 차원의 체계적 지원이 시급하다는 지적이다

2011년 4월 25일 주 볼리비아 한국대사관에 따르면 지난해 7월부터 수도 라파스에서 원주민인 아이마라족 공동체를 대상으로 한글 교육을 진행하고 있다고 한다.

아이마라족은 부족 인구가 볼리비아 원주민 가운데 두 번째로 많은 200여만 명에 이른다. 아이마라족은 말은 있지만 표기할 문자가 없어 부족 차원에서 스페인어를 차용해 사용하고 있다. 외교부 관계자는 "매주 토요일 1시간씩 이뤄지는 한글 수업에 현재 40여 명의 학생과 성인들이 참여하고 있다."고 전했다.(《연합뉴스》 2011. 4. 26.)

서울대 라틴아메리카연구소는 2011년 2월부터 1차 아이마라어 음소(音素) 분석을 진행했는데, 아이마라어는 자음이 ㄱ, ㅋ, ㄲ처럼 예사소리, 거센소리, 된소리로 나뉘는 등 한글 표기에 적합하다고 한다.

김창민 라틴아메리카 연구소장은 "아이마라어는 한글과 달리 모음의 수가 적다며 ㅏ, ㅜ, ㅣ가 주로 사용되고 ㅗ, ㅔ 정도만 쓰여 모음 숫자를

줄이는 방안을 연구하고 있다."고 말했다.

　연구소 측은 이르면 2012년부터 현지 언어 전문가를 초청, 한글을 배우도록 하는 사업도 추진할 예정이며, 현지에 한국문화원을 설치하는 계획도 추진한다고 한다.

　한편 남태평양 솔로몬군도에도 한글보급 시동이 걸렸다. 서울대가 문맹률이 98%에 이르는 남태평양의 섬나라 솔로몬군도에 한글을 보급하고 나섬으로써, 소리만 있고 문자가 없는 솔로몬군도에 한글을 이용한 토착어 표기법이 전파됐다.

　솔로몬군도는 60만 인구 가운데 공용어인 영어를 사용할 수 있는 사람이 1~2%에 불과한 전형적인 문맹국가다. 그나마 사용되는 토착어는 표기할 수 있는 문자가 없다. 사정이 이렇다 보니 제대로 된 학교 교육이 이루어질 리 없다.(《서울신문》 2012. 10. 9.)

　서울대는 아라레 중학교와 낄루사꽐로 고등학교에 한글표기법을 적용한 교과서를 배포하고 본격적인 시범 교육에 나섰다. 카리어와 꽈라아에어의 한글 표기는 자음과 모음을 우리 방식대로 사용하지만 현지어 중 영어 엘(L) 발음은 'ㄹ'을 겹쳐 쓴 자음으로, 알(R) 발음은 'ㄹ'로 표기해 구분하는 등 발음 특성을 살리는 방향으로 변형했다고 한다.

　교과서에는 현지 민담과 한국 창작동화, 토끼전 등이 담겼으며 모든 글이 한글로 표기돼 있다. 연말에는 초등학교 교과서를 개발해 교육을 확대할 예정이라고 했다.

　지금쯤은 이 한글 보급사업이 많은 성과를 거두고 있으리라 추정되는데, 이에 대한 자세한 보도는 나오지 않고 있다. 다가오는 한글날에는 세계적인 한글 보급 사업의 성과가 여러 곳에서 기쁜 소식으로 전해오리라 기대한다.(2014. 5. 5.)

정보화 시대의 한글

　우리는 혹독한 식민지를 경험한 나라로서 근대화의 기틀을 누구보다도 빨리 닦았다. 이렇게 빨리 기틀을 잡을 수 있었던 까닭은 문맹률이 낮고 교육열이 높았기 때문이라는 점은 누구나 인정하는 사실이다.

　한자를 혼용하던 시절 한자 문맹률은 턱없이 높았고 이것은 우리에게 의미가 없는 것이었다. 한자는 어렵고 한글은 배우기 쉽기 때문에 우리가 한자에 매달릴 필요가 없었다.

　우리는 문맹률을 낮추기 위해서 1960년대부터 한글 전용화 정책을 추구했다. 한글 전용화로 문맹률이 낮아지면서 누구나 쉽게 배우고 공부할 수 있어 배우지 못한 기성세대들은 자녀 교육에 교육열을 더욱 불태웠다. 1960~70년대의 급속한 산업화의 성공은 한글 전용의 물결을 타고 일어난 높은 교육열에 힘입은 바 크다.

　한글 전용화로 한글문화가 본격적으로 성장한 1980~90년대에 들어오면서 한글의 문명적 가치는 새로운 차원에서 더욱 뚜렷이 나타났다. 이제 문맹률의 차원을 넘어서 한글이 문명을 주도해 가는 현상이 나타나기 시작한 것이다.

　컴퓨터를 앞세운 정보화 시대가 열리면서 휴대전화의 위력이 한글의 문명적 가치를 한껏 드높이게 되었다. 휴대전화의 자판이 한글의 위력을 과시하게 된 것이다.

한글은 휴대전화 12개(숫자 포함)의 단추로 손쉽게 우리 글자를 만들어 우리말을 모두 담아 쓸 수 있다. 세계 어느 나라의 글자도 이런 기능을 갖지 못한다. 5만여 개의 한문자를 12개 단추로 불러올 수 없으며, 일본 가나 역시 50개의 가나 글자를 불러오지 못한다. 이들은 모두 로마자로 발음을 치고 전환열쇠로 자기네들 글자를 불러오는 방식밖에는 도리가 없다. 불편하기 짝이 없는 노릇이다.

그럼 영어 알파벳인 로마자는 어떠한가? 로마자는 자음과 모음이 뒤섞여 있으며, 자음과 모음이 계통성에 따라 분류되어 있지도 않다. 그래서 단추 마다 로마자를 3개씩 배분해 놓을 수밖에 없었다. 로마자로 문자를 찍으려면 자판을 보고 찍지 않으면 안 된다.

그러나 휴대전화의 한글 자판은 눈 감고도 칠 수 있다. 한글은 과학적 체계성을 가지고 있기 때문이다. 자음은 아·설·순·치·후라는 5가지 계통으로 분류되었다.(김주성, 2012)

예를 들어, 아음은 어금닛소리로 ㄱ, ㅋ, ㄲ, 설음은 혓소리로 ㄴ, ㄷ, ㄹ, ㄸ, 순음은 닿소리(입술소리)로 ㅁ, ㅂ, ㅍ, ㅃ, 치음은 잇소리로 ㅅ, ㅈ, ㅊ, ㅉ, 후음은 목구멍소리로 ㅇ, ㅎ으로 체계적으로 나뉘어져 있다.

모음은 천·지·인, 다시 말해서 ·, ㅡ, ㅣ로 분류되어 이를 조합하여 표시된다. 언어마다 20여 개의 모음을 가지고 있는데, ·, ㅡ, ㅣ의 기본 모음은 조합하면 표시하지 못할 모음이 없다.

이렇게 분석적으로 만들어졌기 때문에 한글을 불러올 때는 휴대전화의 단추가 8개만 있어도 충분하다. 모음은 세 단추면 충분하고, 자음은 다섯 단추면 충분하다. 모음은 간단하므로 자음을 예를 들어 보자. 아음은 ㄱ을 한 번 누르고, 이것을 두 번 누르면 ㅋ, 세 번 누르면 ㄲ 식으로 불러오면 되므로, 자음은 아·설·순·치·후의 다섯 개의 단추로 충분하다. 그래서 우리는 엄지 하나로 글자판을 보지도 않고 모든 글자를 칠 수 있다.

　탁월한 한글 자원 때문에 휴대전화는 우리의 문화상품이 되었으며, 어느 나라에서보다도 선구적으로 개발되었다. 뒤져 있던 삼성과 엘지가 미국과 일본의 선발 기업들을 단시일 안에 따라잡고 세계 굴지의 정보통신(IT) 기업이 될 수 있었던 것은, 그 중심에 한글이 있었기 때문이다.

　이제 우리는 선진국 따라잡기에서 뛰어넘기를 할 수 있는 충분한 가능성이 있다.

　한글은 그 자체로 발음기호 기능을 하는 가장 합리적인 글자다. 미래의 로봇문명에서도 우리가 유리하다. 로봇은 글자판을 치지 않고 모든 기계를 말로 명령하게 된다. 로봇 문명에서는 음성을 명령 코드로 정확하게 전환하는 것이 필수다. 최근 블루투스에서처럼 기계의 정확한 음성 인식이 가장 중요하다. 음성 인식을 정확하게 하려면 소리를 정확하게 명령 코드로 전환시킬 수 있는 발음기호가 필요하다. 글자 자체가 합리적 발음기호인 글자가 바로 한글이다.

　로마자는 이미 발음기호로서 역할을 못 하고 있다. 그렇다면 앞으로 미래 문명을 이끌어 갈 글자는 무엇인가? 바로 한글이다.

　그래서 우리는 따라잡기에 그치지 않고 뛰어넘기를 시도할 수 있는 것이다. 뛰어넘기의 중심 도구는 물론 한글이다.(2014. 5. 6.)

한글, 세계 공용어 된다

　한글은 이미 세계 1등의 으뜸 문자로 자리매김 했다. 이는 우리가 평가한 것이 아니고 세계의 언어학자 학술대회 그리고 글자를 평가하는 문자올림픽 등의 결과가 이를 증명한다. 한국어가 세계 공용어로 가능하게하는 것은 한글의 우수성이 큰 몫을 하고 있다. 한글이 세계의 으뜸 글자라는 사실은 여러 가지 경로와 평가를 통해 입증되고 있다.

　유네스코에서는 한글의 가치를 인정해 1997년에 훈민정음을 세계기록유산으로 지정했다. 한편 유네스코(UNESCO : 유엔 교육-과학-문화 기구)에서 해마다 문맹을 없애는데 공이 큰 사람이나 단체에게 주는 상이 있는데 그 이름이 '세종대왕상'이다. 세계적으로 아직도 문맹자가 매우 많아이 상을 만들게 된 것이다.

　프랑스에서 열린 세계 언어학자 학술대회에서는 '한글을 세계 공용어로 사용하는 것이 좋겠다.'는 내용의 의견이 있었으며(1996. KBS 한국방송), 제1회 세계 문자 올림픽에서는 한글이 1위(2009. 10.)를 차지했다. 그리스와 이탈리아 문자가 2, 3위를 했다.

　제2회 대회(2012)는 태국의 방콕에서 열렸는데 세계 공용어라 불리는영어는 3위에 그쳤고 2위는 인도의 텔루그 문자가 차지했다. 1위는 당연히 한글이다. 한글은 1차 대회에 이어 2연패를 한 것이어서 그 의미가더하다. 명실 공히 세계 최고의 문자임을 증명한 셈이다.

대회에는 독일, 스페인, 포르투갈, 그리스, 인도 등 자국에서 창조한 문자를 쓰거나 다른 나라 문자를 차용·개조해 쓰는 나라 27개국이 참가했으며, 참가한 각국 학자들은 30여분씩 자국 고유문자의 우수성을 발표해 승부를 겨뤘으며, 심사는 미국, 인도, 수단, 스리랑카, 태국, 포르투갈 등 6개국 심사위원이 맡았다고 한다.

영어 알파벳 26자로 표현할 수 있는 소리는 300여개에 불과하지만 한글 24자로 조합해서 만들 수 있는 글자 수는 11,172개가 된다. 우리가 실제로 소리를 적어 쓰는 글자 수는 6~7천여 개로 알려져 있는데 중국어, 일본어 각각 500개와는 상대가 되지 않는다. 정보화 시대에 가장 빠르고 정확한 전달 능력을 가진 문자도 한글임이 입증되고 있다. 7000여개의 세계 언어를 소리로 표기할 수 있는 가장 큰 그릇이 한글이라는 점은 타의 추종을 불허하기 때문에 문자가 없는 국가에서는 한글을 차용하려는 움직임도 보인다.

세계의 한국어 사용자 수가 12위권에 올라있는 가운데 한류 문화 열풍과 함께 한국어를 배우려는 사람들이 나날이 늘어나면서 세계의 대학에 한국어학과 개설 수도 급증하고 있다.

현재 유엔 공용어는 영어, 프랑스어, 러시아어, 스페인어, 중국어로서 2차 대전 승전국들의 언어가 차지하고 있는데, 현실과 거리가 있어 그 개혁바람이 불고 있다. 일본과 인도가 그들의 말을 유엔과 국제기구의 공용어로 채택하는 운동을 하고 있으며 우리도 이 운동에 시동을 거는 학술대회도 가진 바 있다. 한국어 표기 수단인 한글의 우수성, 경제력, 누리통신 인구 수, 국제 영향력으로 볼 때 한국어가 충분히 유엔 국제 공용어로 될 가능성이 있다. 2007년 세계지식재산권기구(WIPO) 총회에서 한국어가 국제특허협력조약(PCT) 국제 공개어로 채택된 것도 그 가능성을 높여주는 단서라 할 수 있다.

다솔 구법회(具法會)

1946년 인천광역시 강화군에서 태어났다.
인천교육대학을 나와
연세대 교육대학원에서 국어교육을 전공했다.
중고등학교에서 국어 교사로 재직하며 학생들과 더불어
30여 년간 우리말 가꾸기 운동에 노력해 왔으며
2005년 559돌 한글날에는
전국 국어운동 공로 표창을 받았고,
2012년 8월 31일 한글학회 공로회원이 되었다.
인천교육연수원, 인천교육과학연구원 교육연구사,
관교중학교 교감을 거쳐
연수중학교 교장으로 정년퇴임하여
한글학회 평의원으로 활동하고 있다.
저서로는『구법회의 우리말 바로 보기』(2004, 대한),
『우리말 돋보기』(2007, 보고사),
연구논문「현대 국어 접속어미의 의미·구문론적 연구」,
「대등접속문과 종속접속문」등 다수가 있다.

우리말이 보인다

2014년 10월 9일 초판 1쇄 펴냄

지은이 구법회
펴낸이 김흥국
펴낸곳 도서출판 보고사

책임편집 이유나
표지디자인 이준기

등록 1990년 12월 13일 제6-0429호
주소 서울특별시 성북구 보문동7가 11번지 2층
전화 922-5120~1(편집), 922-2246(영업)
팩스 922-6990
메일 kanapub3@naver.com
http://www.bogosabooks.co.kr

ISBN 979-11-5516-277-4 93710
ⓒ 구법회, 2014

정가 15,000원
사전 동의 없는 무단 전재 및 복제를 금합니다.
잘못 만들어진 책은 바꾸어 드립니다.

이 도서의 국립중앙도서관 출판예정도서목록(CIP)은 서지정보유통지원시스템 홈페이지
(http://seoji.nl.go.kr)와 국가자료공동목록시스템(http://www.nl.go.kr/kolisnet)에서
이용하실 수 있습니다. (CIP제어번호 : CIP2014023722)